KB273192

하나님의 형상

예수님 안에서 회복되다

하나님의 형상
예수님 안에서 회복되다

| 이요셉 지음 |

성경에서 배우는 라이프 코칭

그리스도인은 예수님을 본받아 하나님의 형상을 회복해 가도록 부르심을 받은 사람입니다. 그리고 그 회복된 형상의 모습으로 세상 가운데 살아갈 때, 하나님의 나라는 오늘도 우리 삶의 자리에서 세워져 갑니다. 이것이 성경이 가르치는 참된 그리스도인의 삶입니다.

좋은땅   BIBLICAL LIFE COACHING

감사의 글

성경 상담과 코칭에 필요한 조언을 해 주신 양연승(Dr. Jason Yang) 목사님께 특별한 감사를 드립니다. 신앙 훈련과 라이프 코칭으로 저를 돌보고 세워 주신 인생과 신앙의 멘토 Dr. Robert Springs, Norma Nicholes, Lee Nicholes, Dr. John S. R. Jung, Dr. Dan Jones께 깊이 감사드립니다.

성경적 삶 책자와 훈련 교재 프로젝트에 함께해 주신 David Lee, Heidi Chae, Tim Lee, Seth Kim, Lucy Park, Cindy Gong과 여러 동역자들께 감사를 전합니다.

하나님 형상의 회복을 위하여 사역 현장에서 함께 동역한 김조이 선교사님, 차혜민 선교사님, 권이현 교수님, 그리고 우리 하나교회 성도 여러분께 감사를 드립니다.

해외 사역 현장에서 다양한 문화를 경험하며 어려운 생활 여건을 함께 견디고 극복해 온 Joshua, John, 그리고 Rachel에게 아버지로서 고맙다는 마음을 전하며, 너희들의 이야기가 이 책을 쓰게 된 중요한 동기가 되었음을 글로 남기고자 한다. 그리고 하나님 나라를 위해 함께 평생 사역하는 동역자이자 아내인 June, 당신에게 깊은 감사와 사랑을 전합니다.

모든 것을 이루신 주님께 감사와 영광을 드립니다!

서문

그리스도인의 삶은 여전히 부분적이고 미숙합니다. 그럼에도 우리 안에 회복되어 가는 하나님의 형상을 통해 이 땅 가운데 하나님 나라를 세워 가며, 동시에 그 하나님 나라를 부분적으로나마 미리 누리며 살아가는 삶입니다. 그리고 이 하나님의 형상이 온전히 회복되기 위해서는 예수 그리스도를 통한 구원이 반드시 필요합니다.

우리는 이 구원의 은혜를 받은 후, 성화의 길을 걸어가며 장차 영화에 이르는 삶을 소망합니다. 그 과정에서 예수님의 제자로 부름 받아, 가정과 이웃, 학교와 직장, 그리고 타문화권을 포함한 땅끝까지 복음을 전하라는 사명을 받았습니다. 이 사명을 맡기신 하나님은 성령을 통해 우리에게 하늘의 신령한 복을 부어 주실 뿐 아니라, 예수 그리스도의 이름으로 모든 그리스도인을 신령한 삶에 참여하도록 초청하고 계십니다.

이 책은 평신도 선교사로서 세 자녀를 키우며 선교 현장에서 '성경적인 삶이 무엇인가?'를 고민하고, 삶으로 배우며, 필요할 때마다 자

   하나님의 형상 예수님 안에서 회복되다

료를 찾아가며 쓴 글입니다. 또한 선교지에서 만난 현지인들을 상담하고 함께 고민하면서, 그 과정에서 배우고 이해한 내용들도 담겨 있습니다. 그 여정 가운데 삶에 적용했던 성경 구절들을 인용했으며, 각 내용의 근거가 되는 성경 구절은 문장 뒤에 밝혔습니다.

부족한 표현이나 적절하지 않은 단어 선택이 있더라도 너그럽게 이해해 주시기를 부탁드리며, 이 글이 여러분의 삶을 주님 안에서 조금이라도 더 풍요롭게 해 준다면 그것으로 충분히 감사하겠습니다. 아울러 신학적인 이해나 적용에서 오해나 논란의 소지가 있다면 언제든지 기꺼이 배우고자 합니다.

마지막으로, 이 책이 이 땅에 하나님의 나라를 이루기 위해 더욱 성경적으로 살기 원하는 그리스도인과, 성경에서 말하는 그리스도인의 삶을 이해하고자 하는 분들께 작은 도움이 되기를 예수님의 이름으로 기도드립니다.

목차

Chapter I
형상의 시작과 회복

Chapter II
성품 형상

내가 그리스도를 본받는 자 된 것 같이
너희는 나를 본받는 자 되라(고전 11:1)

형상의 시작과 회복

Chapter Ⅰ에서는 다양한 형상의 종류와 정의,
그리고 그 개념과 회복에 관한 내용을 다루었습니다.
근본 형상과 기초 형상은 성격과 성품으로 표현됩니다.

하나님의 형상 · 성경적 근본 형상의 회복 ·

삶의 문제로부터 회복 · 트라우마로부터 회복 ·

기초 형상의 회복 · 성격 형상

하나님의 형상

‘형상’은 히브리어로 ‘복제된 형태’, ‘모형’, ‘반영’, ‘그림자’을 의미합니다. 이는 단순히 외적인 모습만을 가리키는 것이 아니라, 원형의 특성과 본질을 반영하는 것까지 포함합니다. 헬라어에서 ‘형상’은 원형을 완전하게 드러내는 복제물 또는 대표자를 뜻합니다.

창세기 1장 27절에는 “하나님이 자기 형상 곧 하나님의 형상대로 사람을 창조하시되 남자와 여자를 창조하시고”라고 말씀하십니다. 우리는 일반적으로 이 ‘형상’을 하나님의 속성과 성품, 능력, 그리고 관계를 담고 있는 것이라고 이해합니다.

보이지 않는 하나님의 형상을 아는 것은 막연하게 느껴지지만, 성경은 이를 쉽게 설명합니다. “그리스도는 하나님의 형상(고후 4:4)”이며, “본래 하나님을 본 사람이 없으되 아버지 품속에 있는 독생하신 하나님이 나타내셨느니라(요 1:18)”, “자기 형상 곧 하나님의 형상대로 사람을 창조하시되(창 1:27)”라는 구절들은 그리스도인이

하나님의 형상 예수님 안에서 회복되다

하나님의 형상을 찾아나가는 데 있어 중요한 이정표가 됩니다.

예수님께서 삶에서 보여주신 모습을 통해 우리는 보이지 않는 하나님의 구체적인 형상을 알 수 있습니다(히 1:3, 골 1:15). 이를 통해 우리 안에 지으신 하나님의 성품도 이해할 수 있습니다. 그리고 그리스도인은 하나님의 형상으로 오신 예수님을 본받아 거룩하고 영화로운 삶으로 초대받은 사람입니다.

> 하나님이 미리 아신 자들로 또한 그 아들의 형상을 본받게 하기 위하여 미리 정하셨으니 이는 그로 많은 형제 중에서 맏아들이 되게 하려 하심이니라 또 미리 정하신 그들을 또한 부르시고 부르신 그들을 또한 의롭다 하시고 의롭다 하신 그들을 또한 영화롭게 하셨느니라(롬 8:29-30)

'인간은 하나님의 형상대로 창조되었다'라는 것은 하나님을 반영하고 대표하며, 하나님과 교제할 수 있도록 창조된 독특한 '존재론적 특성'과 '본질적인 가치'를 의미합니다. 이 형상은 죄로 인해 훼손되었지만, 예수 그리스도를 믿고 성령의 인도하심을 따라 그분을 닮아가는 과정을 통해, 하나님의 형상은 점차적으로 회복될 수 있습니다.

형상 회복의 이유와 목적

우리가 하나님의 형상을 회복해야 하는 이유는, 하나님께서 처음 우리에게 주셨던 그 형상대로 우리가 다시 회복되기를 기뻐하시기 때문입니다. 하나님의 형상이 회복될 때, 우리는 하나님께서 우리를 창조하신 원리와 목적을 따라 살아갈 수 있는 능력을 얻게 됩니다. 그러므로 우리는 주님의 뜻 안에서 각자에게 주어진 삶의 목적을 깨닫고, 그 목적을 실현하기 위해 성령과 동행하며 회복된 하나님의 형상을 삶으로 드러낼 때, 우리 안에 참된 의미와 보람, 그리고 기쁨과 평안을 누리게 됩니다.

하나님은 거룩하신 그분의 형상대로 사람을 창조하셨습니다. 그런데 사람은 불순종의 결과로 타락하여 거룩함이 떠나가고 죄악 가운데 살아가는 모습이 되었습니다. 죄로 말미암아 사람이 하나님의 말씀과 뜻 안에서 온전히 살아가지 못하게 되면서, 결국 모든 사람이 하나님의 영광에 이르지 못하게 되었고, 그 결과 우리의 삶 역시 허무하게 되어 버렸습니다(롬 8:20).

> 모든 사람이 죄를 범하였으매 하나님의 영광에 이르지 못하더니(롬 3:23)

하나님의 형상과 하와의 타락에 대해 묵상하는 가운데 한 가지 질문이 마음에 남았습니다. 아담과 하와가 이미 하나님의 형상대로 창조되었다면, 유혹을 절제할 수 있는 능력과 겸손, 지혜와 순종의

하나님의 형상 예수님 안에서 회복되다

마음도 분명히 주어졌을 텐데, 왜 그 귀한 형상을 온전히 사용하지 못하고 마귀의 유혹에 넘어가 타락했을까 하는 것입니다.

그리고 창세기 3장과 마태복음 4장을 함께 살펴보면서, 유혹에 넘어져 타락한 아담과 하와의 이야기와 유혹을 이기신 예수님의 이야기 사이에 아주 큰 차이가 있음을 알게 되었습니다.

그것은, 아담과 하와는 마귀가 제기한 문제에 사로잡혀 거기서 벗어나지 못하지만, 예수님은 그 문제가 제기된 자리(상황)에 머무르지 않으시고 하나님께 시선을 고정하시며, 올바른 하나님의 말씀으로 마귀를 대적하셨다는 점에서 찾을 수 있었습니다. 아담과 하와, 그리고 예수님께서 광야에서 마주하신 유혹들은 단지 그 시대만의 이야기가 아니라, 오늘을 살아가는 우리 모두가 날마다 마주하는 현실입니다.

예수님은 첫째 유혹 앞에서 "사람이 떡으로만 살 것이 아니요, 하나님의 입으로부터 나오는 모든 말씀으로 살 것이라"라고 선포하시며, 눈앞의 필요와 욕구보다 하나님의 말씀이 생명의 근원임을 보여 주셨습니다. 둘째 유혹 앞에서는 "주 너의 하나님을 시험하지 말라"라는 말씀으로, 하나님을 내 원하는 대로 움직이려는 헛된 마음을 단호히 거절하셨습니다. 셋째 유혹 앞에서도 "주 너의 하나님께 경배하고 다만 그를 섬기라"라는 말씀으로 맞서시며, 세상의 영광과 권세보다 하나님께 대한 예배와 섬김이 우리 삶의 궁극적인 목적임을 보이셨습니다.

이처럼 예수님께서 말씀으로 마귀의 유혹을 이기신 이 방법은 먼

옛날 광야에서 한 번 있었던 사건으로 끝나지 않습니다. 오늘도 우리는 각자 삶의 자리에서 여러 모양의 유혹을 마주하며, 때로는 마음이 흔들리고, 때로는 넘어질 것 같은 연약함을 경험합니다. 바로 그런 순간에, 예수님께서 말씀으로 유혹을 이기신 그 방법이 우리에게도 그대로 적용될 수 있습니다. 말씀을 붙들 때, 우리도 주님 안에서 다시 일어나 유혹을 이기고 승리하는 은혜를 누릴 수 있습니다.

그러므로 우리 역시 하나님의 말씀을 단순한 정보나 교훈으로 머릿속에만 담아 두는 데 그치지 않고, 삶의 한가운데에서 붙들고 의지해야 합니다. 유혹이 다가올 때, 내 생각과 감정만을 따라가지 않고, 말씀이 우리에게 무엇이라고 말씀하시는지에 귀 기울이며, 그 말씀으로 유혹에 맞서 싸워야 합니다. 그럴 때 우리는 비로소 예수님께서 사단의 유혹을 이기며 보여 주신 길을 한 걸음씩 따라 걸어가게 될 것이며, 그 길 위에서 주님이 주시는 위로와 힘을 깊이 경험하게 될 것입니다.

우리가 하나님의 뜻 안에서, 하나님의 부르심에 순종하며 살아가려고 힘쓰는 과정은, 곧 우리가 하나님의 형상을 회복하고 주님을 닮아 가는 여정입니다. 이렇게 하나님의 형상을 회복해 갈 때, 우리는 하나님의 나라를 유업으로 이어받아 참된 축복과 신령한 삶을 누리게 될 것입니다(엡 1:3).

그리스도인의 자기실현은 언제나 하나님의 뜻 안에서 이루어져야 합니다. 하나님의 뜻을 벗어난 자기실현의 과정은 결국 하나님과의 올바른 관계를 무너뜨리고, 우리를 '불의한' 삶으로 내몰고 맙니다.

 하나님의 형상 예수님 안에서 회복되다

그러므로 우리는 내가 이루고 싶은 것보다, 하나님께서 내 삶을 통해 이루고자 하시는 뜻이 무엇인지 먼저 묻고 귀 기울여야 합니다. 내 꿈과 계획이 하나님의 말씀 안에서 점검될 때, 비로소 우리의 자기실현은 하나님을 기쁘시게 하고, 우리 자신에게도 참된 기쁨과 만족을 가져다주는 복된 길이 될 것입니다.

선과 악에 대하여 먼저 경험하고 지식으로 판단한 후에 악한 것을 자신이 스스로 극복해야 성장한다고 생각할 수도 있습니다. 하지만 하나님께서 하지 말라고 하신 일에 대해서는 순종함으로 복을 얻게 되고, 이미 죄를 지었다면 그것은 우리가 스스로 해결할 수 있는 문제가 아니라 오직 예수님을 통한 '회개'로서 회복될 수 있습니다(요일 2:1, 1:9, 행 13:38-39, 4:12, 2:38).

우리가 흔히 말하는 '원죄'는 결국 '자기중심적 존재 의식'으로 드러납니다. 태어날 때부터 형성된 '나'라는 의식이 이미 죄의 영향 아래 있기 때문에, 삶이 고통스러울수록 이 왜곡된 '나'의 의식은 더 깊이 드러납니다.

가끔 자살을 고민하는 분을 만나면, "왜 나를 만드셔서 이렇게 살게 하셨습니까?", "나는 태어나지 말아야 했습니다"라는 말을 듣곤 합니다. 이 말 속에는 육신으로 존재하는 '나'가 전부라고 여기는 생각이 자리하고 있습니다. 육신의 '나'가 전부라고 여기기 때문에, 육신이 힘들고 고통스러우면 차라리 이 육신을 버리고 모든 것을 끝내고 싶어 하는 마음이 드는 것입니다.

그러나 성경은 우리 인생에 또 하나의 선택을 알려 줍니다. 바로 하나님이 주신 '거듭남'입니다. 거듭남이란, 육신의 '나'가 인생의 전부라고 믿던 옛 존재 의식이 복음 앞에서 죽고, 예수 그리스도를 믿어 영원한 생명을 얻은 새로운 '나'로 태어나는 것을 의미합니다.

그래서 그리스도 안에서의 삶은, 고통스러운 현실을 부정하거나 도피하는 길이 아니라, 왜곡된 '나'에서 벗어나 하나님 안에서 새롭게 시작하는 길입니다. 육신의 생으로 끝나 버리는 인생이 아니라, 복음을 통해 새 생명으로 이어지는 인생, 이것이 하나님이 우리에게 열어 주신 또 하나의 선택입니다.

육으로 난 것은 육이요 성령으로 난 것은 영이니 내가 네게 거듭나야 하겠다 하는 말을 기이히 여기지 말라(요 3:6-7)

우리가 믿음으로 마음의 문을 열어 예수님을 영접할 때, 그 순간부터 주님과 조용하지만, 깊은 교제가 시작됩니다(계 3:20). 일상의 크고 작은 순간들 속에서 주님과 함께 걷는 삶을 경험하게 되고, 그 동행 가운데서 세상이 줄 수 없는 위로와 평안, 그리고 주님과 함께하는 삶의 참된 축복을 하나씩 누려 가게 됩니다.

우리가 하나님의 형상을 회복하려고 하는 궁극적인 목적은 단순히 더 나은 사람이 되기 위함이 아닙니다. 하나님을 마음과 뜻과 힘을 다해 사랑하고, 그 사랑으로 이웃을 품으며, 하나님의 자녀로서 영광의 자유와 신령한 축복을 누리며 살아가기 위함입니다. 하나님의 형상이 우리 안에 다시 회복될 때, 우리는 비로소 하나님께서 기뻐하시는

 하나님의 형상 예수님 안에서 회복되다

삶, 그리고 진정한 자유와 평안을 누리는 삶으로 나아가게 됩니다.

그 바라는 것은 피조물도 썩어짐의 종노릇 한데서 해방되어
하나님의 자녀들의 영광의 자유에 이르는 것이니라(롬 8:21)

형상 회복의 과정

사람이 존재 이유를 아는 것은 중요합니다. 성경 말씀에 의하면 사람은 창조자를 기쁘게 하는 존재이며, 하나님의 형상으로, 하나님이 창조하신 이 세상을 다스리고, 생육하며, 번성하고, 하나님이 보시기에 좋은 세상에서 살도록 창조된 피조물입니다.

그러나 사람은 하나님과 같이 되려는 유혹에 빠지면서 죄가 시작됩니다. 하나님과 같이 되려는 것은 자신이 마음대로 선과 악을 판단하고 심판하며 살아가고자 하는 자기중심적이고 이기적인 삶의 선택입니다. 이러한 삶의 결과는 하나님과의 관계를 단절시키고, 세상을 심판하시는 하나님의 주권을 무시하는 불순종의 태도가 되었습니다.

이렇게 자신이 삶의 중심이라는 생각은 하나님의 자리를 차지하려던 마귀의 타락과 본질에서 같습니다. 우리의 삶의 중심은 원래 하나님의 자리이며 하나님의 소유입니다. 따라서 하나님 중심의 삶으로 살아간다면 자연스럽게 하나님의 형상이 표현됩니다. 하지만 자기중심의 삶은, 하나님의 형상을 잃어버리고, 타락된 죄(마귀)의 형상을 따라 자신과 세상에 드러내게 됩니다(엡 2:2, 요 8:44, 행 13:10).

사람은 죄로 인해 하나님을 제대로 알지 못합니다. 마음 깊은 곳에서는 하나님을 필요로 하면서도, 막상 그분께 기꺼이 나아가기를 주저할 때가 많습니다. 잃어버린 하나님의 형상을 되찾고 싶어 스스로를 단련하고, 의로운 사람이 되려고 애를 써 보지만, 결국 자기 힘과 노력만으로는 그 형상을 회복할 수 없다는 한계 앞에 서게 됩니다(롬 1:17, 3:10).

그래서 우리는 때때로 겉으로 보기에는 의롭고 선한 삶을 사는 것처럼 보일 수 있습니다. 예의 바르고 성실하며, 남들에게 친절한 모습만 놓고 본다면 '괜찮은 사람'이라는 평가를 들을지도 모릅니다. 그러나 조용히 내면을 들여다보면, 여전히 하나님의 형상과는 거리가 먼 상태에 머물러 있음을 깨닫게 됩니다. 사람들의 칭찬과 인정으로는 채워지지 않는 어떤 공허함, 나 자신조차 어찌할 수 없는 왜곡된 욕망과 이기심이 그곳에 자리하고 있음을 보게 됩니다.

이러한 죄의 현실은 결국 서로에게 깊은 상처를 남기고, 가정과 공동체와 사회를 향해 불행과 고통을 끊임없이 확산시킵니다. 그러나 죄로 인한 고통과 내면의 상처, 나의 한계와 연약함을 솔직히 인정하고, 변화와 회복이 필요하다는 사실을 마음 깊이 깨닫게 된다면, 그것이 바로 새로운 전환점으로 하나님께서 허락하시는 은혜와 구원의 시간이 될 수 있습니다(고후 6:2).

그때부터 우리의 시선은 '내 힘으로 버텨 보려는 삶'에서 '하나님의 도우심을 구하는 삶'으로 옮겨 가고, 회복을 향한 새로운 걸음을 주님과 함께 내딛게 됩니다.

 하나님의 형상 예수님 안에서 회복되다

완전하신 하나님께서는 죄를 전혀 짓지 않는 기계적인 존재로 사람을 만드신 것이 아니라, 하나님과 인격적으로 사랑을 주고받을 수 있는 존재로 우리를 지으셨습니다. 왜냐하면 하나님의 가장 본질적인 속성이 바로 온전한 사랑이시기 때문입니다.

온전한 사랑 안에는 반드시 '자유의지'가 포함됩니다. 강제로 억지로 하는 사랑이 아니라, 스스로 선택하고 결단할 때 비로소 그 사랑이 온전히 드러나기 때문입니다. 그래서 하나님께서는 우리에게도 선택할 자유를 주셨고, 그 자유로운 선택을 통해 하나님을 사랑하고, 또한 하나님의 사랑에 응답하기를 원하십니다.

하나님의 온전한 사랑인 예수 그리스도를 마음으로 선택하고, 복음을 믿어 구원을 받는 일은 바로 하나님의 형상을 회복해 가는 여정의 시작입니다. 예수님을 믿는 그 순간부터, 우리는 하나님의 사랑 안에서 조금씩 새로워지고, 잃어버렸던 하나님의 형상을 다시 회복해 가는 은혜의 길을 걷게 됩니다.

그리스도인의 신앙생활은, 하나님께서 사람을 창조하실 때 주신 하나님의 형상을 회복해 가는 여정입니다. 곧, 구원받은 우리의 영혼 안에 부분적으로 회복된 하나님의 성품을 믿음으로 붙들고, 일상에서 조금씩 실천해 가는 삶이라 할 수 있습니다. 그리고 이 모든 과정의 궁극적인 목표는, 우리 삶이 점점 예수님의 삶을 닮아 가는 데에 있습니다.

하나님의 형상 회복의 과정에는 분명한 시작과 완성이 있습니다. 그 시작은 복음을 믿고 받아들이는 '거듭남', 곧 구원을 받아 새로운 영적 피조물인 그리스도인이 되는 순간입니다(고후 5:17). 거듭남은 복음을 들을 때 성령께서 우리의 마음에 빛을 비추셔서, 내 안에 깊이 자리 잡은 죄의 형상을 깨닫게 하시고, 그 죄로부터 돌아서는 회개로부터 시작됩니다.

그리고 우리는 하나님을 믿고, 하나님의 아들이신 예수님께서 우리의 죄를 대신 지시고 십자가에서 죽으시고 부활하셨다는 복음을 믿음으로 붙들 때, 하나님 앞에서 '의로운 사람'으로 다시 태어납니다(롬 5:19). 이렇게 의롭게 된 삶이 날마다 다듬어지고 자라 가는 과정에서, 우리는 점점 더 예수님의 모습을 본받게 되며, 마침내 영화로운 삶에 이르게 됩니다. 바로 그 과정이 곧, 하나님의 형상을 온전히 회복해 가는 은혜의 여정입니다.

> 우리가 다 하나님의 아들을 믿는 것과 아는 일에 하나가 되어 온전한 사람을 이루어 그리스도의 장성한 분량이 충만한데까지 이르리니 이는 우리가 이제부터 어린 아이가 되지 아니하여 사람의 궤술과 간사한 유혹에 빠져 모든 교훈의 풍조에 밀려 요동치 않게 하려 함이라 오직 사랑 안에서 참된 것을 하여 범사에 그에게까지 자랄찌라 그는 머리니 곧 그리스도라(엡 4:13-15)

영화로운 삶으로 향하는 순례의 길에는 하나님의 근본 형상을 회복하는 네 가지 중요한 과정이 있습니다. 먼저 '자백하기(Admit)'는

   하나님의 형상 예수님 안에서 회복되다

우리가 거듭나기 전에 스스로 원죄가 있다는 것을 깨닫고 자백하는 것입니다. 그리고 거듭난 후에도 우리는 여전히 크고 작은 죄의 습관을 지니고 살아가며, 때로는 다시 죄를 지을 수 있기 때문에 이러한 연약함을 하나님 앞에 자백하고 회개를 해야 합니다.

> 만일 우리가 우리 죄를 자백하면 그는 미쁘시고 의로우사 우리 죄를 사하시며 우리를 모든 불의에서 깨끗하게 하실 것이요(요일 1:9)

'버리기(Abandon)'는 우리 가운데 남아 있는 죄의 습성을 버리는 것입니다. 예수님을 믿고 거듭난 사람에게도 아직 죄의 습성이 있습니다. 거듭난 영이 하나님의 형상을 행동으로 표현하고, 습관을 만들어 가며, 성경적 인격으로 성장하고 성숙해 나가기 위하여, 그동안 익숙해 있던 죄의 습성을 버리는 결단과 노력이 중요합니다. 이 과정은 기도와 말씀, 찬양으로 주님께 더욱 가까이 나가며 믿음 생활의 실천을 통해 온전하게 이루어지는 것을 경험할 수 있습니다.

> 너희는 유혹의 욕심을 따라 썩어져 가는 구습을 좇는 옛 사람을 벗어 버리고 오직 심령으로 새롭게 되어 하나님을 따라 의와 진리의 거룩함으로 지으심을 받은 새 사람을 입으라(엡 4:22-24)

'수용하기(Accept)'란 거듭남의 과정을 통해 새롭게 된 자신을 믿음으로 받아들이는 것입니다. 하나님의 '의'와 '거룩함'이라는 말은 때로 우리와는 어울리지 않는 단어처럼 느껴질 수 있습니다. 여전히 연약하고 부족한 나를 볼 때, 그런 표현은 마치 나와는 거리가 먼 이야기처럼 들리기도 합니다.

그러나 성경은 그리스도 안에서 우리가 이미 '새 사람'이 되었다고 말씀합니다. 이는 우리가 잘나서가 아니라, 전적으로 하나님의 은혜로 주어진 귀한 선물입니다. 그렇기에 우리는 이 '새로운 사람'의 정체성을 가볍게 여기지 말고, 깊이 받아들이고 붙들어야 합니다.

동시에, 이 새 사람의 속성을 지켜 나가는 일은 우리의 결심만으로는 감당할 수 없습니다. 그래서 우리는 날마다 성령의 도우심을 믿음으로 구해야 합니다. 성령께서 우리 안에서 역사하셔서, 하나님께서 주신 의와 거룩함을 점점 더 삶 속에 드러내게 하시고, 넘어질 때마다 다시 일어나 그 은혜의 자리로 돌아오게 하실 것입니다. 이것이 바로 '수용하기'를 통해 믿음 안에서 성숙해 가는 그리스도인의 길입니다.

> 내가 이르노니 너희는 성령을 따라 행하라 그리하면 육체의 욕심을 이루지 아니하리라(갈 5:16)

'인정하기(Acknowledge)'는 새로운 삶을 살아가는 '나'의 모습을 분명하게 알고, '나'의 모습이 하나님의 형상을 따라 사고하고, 행동

  하나님의 형상 예수님 안에서 회복되다

하며, 성장하고 성숙해 나가는 것을 인정하고 반복하는 것입니다. 물론 주위의 다른 신앙인의 모습 속에서 동일한 축복의 삶이 이루어지는 것을 보고, 서로 인정하며 격려하고, 기쁨을 나누면서, 하나님께 감사와 영광을 드리게 됩니다.

하나님께서 우리를 하나님의 자녀로 회복해 주셨다는 사실은, 우리의 정체성을 새롭게 정의해 주는 은혜입니다. 그러나 이 새로운 정체성이 삶 속에서 실제로 자리 잡고 드러나기까지는, 어느 정도의 노력과 책임 있는 행동이 필요합니다. 단지 '나는 하나님의 자녀다'라고 고백하는 데서 끝나는 것이 아니라, 그 고백을 일상에서 적용하고 활용하며 살아가는 과정이 따라와야 합니다.

그리스도인의 삶이란, 예수님을 통해 하나님께 받은 근본적인 형상, 곧 '하나님의 자녀'라는 정체성을 삶으로 드러내는 여정입니다. 말과 행동, 관계와 선택 속에서 하나님의 자녀다운 모습이 자연스럽게 흘러나오도록 배우고 연습해 가는 것입니다. 그러기 위해서는 하나님의 성품이 우리 안에 조금씩 회복되는 과정이 반드시 필요합니다. 사랑과 거룩, 자비와 진실, 인내와 온유와 같은 성품이 우리 안에 심기고 자라날 때, 비로소 하나님의 형상이 더 분명하게 드러나게 됩니다.

그리스도인은 자신 안에 회복된 하나님의 성품을 혼자만 간직하지 않습니다. 가정과 교회, 일터와 사회 속에서 이 성품을 이웃과 나누며 살아갑니다. 그렇게 작은 사랑과 섬김, 용서와 화해의 실천 등이 쌓여 갈 때, 이 땅 가운데 하나님의 나라가 조금씩 세워져 갑니다. 결국 우리 각자의 삶은, 하나님께서 회복하신 하나님 자녀의 정체성을 통해 이 땅에 하나님의 나라를 드러내는 소중한 통로가 되는 것입니다.

성경적 삶

그리스도인은 주님께서 각 사람에게 주신 소명을 이루기 위해, 최선을 다해 성경적인 삶을 살아가려 합니다. '성경적 삶'이란 하나님의 말씀인 성경을, 삶의 유일한 기준과 지침으로 삼아 생각하고 말하고 행동하는 것을 뜻합니다. 다시 말해, 하나님을 기쁘시게 하는 삶입니다.

이런 삶은 우리의 모든 생활 속에서 하나님의 뜻에 순종하고, 성령의 열매를 맺어 가는 삶입니다. 예수님 안에서 회복되어 하나님의 형상으로 살아가는 삶은, 결국 하나님을 사랑하고 이웃을 사랑하는 삶입니다.

> 대답하여 가로되 네 마음을 다하며 목숨을 다하며 힘을 다하며 뜻을 다하여 주 너의 하나님을 사랑하고 또한 네 이웃을 네 몸과 같이 사랑하라 하였나이다 (눅 10:27)

     하나님의 형상 예수님 안에서 회복되다

성경적 근본 형상의 회복

정체성의 회복

심리학에서 말하는 '자아 정체성'은 '자기가 누구인지를 정의하고, 그것을 일관되게 인식하도록 만드는 것'으로 이해됩니다. 개인적 정체성은 각자의 생활 속에 다양한 모습으로 표현됩니다. 그리고 각 개인의 정체성은 자신과 타인을 구분하는 중요한 심리적 영역의 본질입니다.

흔히 말하는 '정체성'은 단순히 내가 누구인지에 대한 한 문장의 정의가 아니라, 그 안에 '믿음'과 '가치', 그리고 '관계'라는 중요한 요소들을 품고 있습니다. 이 세 가지가 어우러져 우리의 삶의 방향과 의미, 그리고 매 순간의 판단을 결정짓는 의식의 근본을 이루게 됩니다.

먼저 '믿는 대로 바라본다'라는 말은 '자신이 믿는 가치나 기대에 따라 세상을 인식하고 해석하는 심리적 현상'을 의미합니다. 어떤 믿음은 자라오면서 의식하지 못한 사이에 형성되기도 하고, 또 어떤 믿음은 스스로 선택하고 받아들이며 만들어 가기도 합니다. 사람은 결국 자기가 믿는 대로 보고, 듣고, 느끼며, 행동하게 됩니다. 그런 의미에서 '나는 누구인가?'에 대하여 내가 무엇을 믿고 있는지는 곧 나의 정체성을 드러내는 매우 중요한 요소입니다.

다음으로 '가치'는 그 정체성이 나에게 얼마나 중요한지를 결정합니다. 나 자신을 얼마나 소중하게 여기는지, 또 나의 삶과 존재에 어느 정도의 의미를 부여하는지는, 결국 나의 정체성과 깊이 연결되어 있습니다. 그래서 때로는 자신이 느끼는 가치에 따라 현재의 정체성을 지키려 하고, 또 어떤 때에는 새로운 정체성으로의 변화를 시도하기도 합니다. 이 가치의 측면은 곧 자존감과 맞닿아 있어서, 우리의 마음가짐과 태도, 그리고 인간관계에 큰 영향을 미치게 됩니다.

'관계'는 자기가 누구인지를 드러내고 확인하는 데 결정적인 역할을 하는, 정체성의 중요한 구성 요소입니다. 우리는 태어날 때부터 가족, 친구, 동료와 같은 다양한 만남 속에서 자신을 인식해 갑니다. 정체성이 형성되는 과정에서 타인과의 상호작용은 단순한 소통을 넘어, '나는 어떤 사람이 되기를 원하는가?', '나는 어떤 존재인가?'를 질문하게 만들고, 그 답을 찾아가도록 이끕니다.

관계 속에서 우리는 때로는 인정과 격려를 통해 자신감을 얻고, 때로는 갈등과 오해를 겪으며 자신을 다시 돌아보게 됩니다. 이러한 경험들은 모두 우리가 자신을 이해하고 표현하는 방식을 조금씩 변화시키며, 결국 '나'라는 사람의 모습과 삶의 방향을 만들어 갑니다. 사람들과의 관계 안에서 우리는 자신이 누구인지 더 깊이 알게 되

 하나님의 형상 예수님 안에서 회복되다

고, 자신을 확인하며, 그에 따라 말하고 행동하며 살아가게 됩니다.

이처럼 관계 속에서 이루어지는 수많은 상호작용은 우리의 정체성을 드러내고 변화시키는 역동적인 과정을 이루어 갑니다. 우리가 관계를 어떻게 맺고, 어떻게 유지하고, 어떻게 다루느냐에 따라, 우리가 어떤 존재로 성장해 가는지도 달라집니다.

이처럼 믿음과 가치, 그리고 관계는 서로 떨어져 있는 요소가 아니라, 우리 안에서 서로 영향을 주고받으면서 '나'라는 존재를 만들어 갑니다. 결국 정체성을 묻는 일은, 내가 무엇을 믿고, 나 자신을 어떻게 바라보며, 누구와 어떤 관계를 맺고 살아가고 있는지를 함께 돌아보는 일이라 할 수 있습니다.

정체성은 한순간에 완성되는 것이 아니라, '구성'과 '확립', '적용', 그리고 '평가'의 과정을 거치며 서서히 자라나는 내면의 과정이라고 할 수 있습니다. 이 네 단계는 우리가 타고난 기질과 환경, 그리고 성장 과정에서 쌓아 온 경험과 지식을 바탕으로 조금씩 형성됩니다. 특히 자의식이 뚜렷해지는 시기에는 '믿음'과 '가치', '관계'가 빠르게 자리 잡으면서, 나는 누구이며 무엇을 위해 살아야 하는지를 스스로 묻고 답해 가는 정체성의 틀이 만들어집니다.

정체성이 어느 정도 자리를 잡기 시작하면, 우리는 그것을 바탕으로 삶의 여러 상황에서 선택하고 행동하는 적용을 시작합니다. 이 '적용'의 과정에서는 자연스럽게 '대립'과 '순응'이 드러납니다. 어떤 상황에서는 자신의 정체성을 지키기 위해 환경과 부딪치기도 하고, 또 어떤 때에는 주변과 조화를 이루기 위해 기꺼이 순응하기도 합니다. 그리고 그 결과를 돌아보며 '이 길이 정말 나에게 맞는가?', '지금의 나는 괜찮은가?'와 같은 질문을 던지게 되는데, 이것이 바로 정체성에 대한 내적인 '평가'입니다.

그러나 이 과정에서 환경과의 갈등이 지나치게 심해지거나, 경험하는 현실이 너무 부정적으로만 느껴지면, 정체성은 다시 첫 단계로 되돌아가 재구성을 요구받게 됩니다. 만약 이 재구성이 건강하게 이루어지지 못하면, 개인은 자신을 둘러싼 환경과 극단적으로 대립하거나, 반대로 모든 것을 포기하듯 회피하는 방식으로 방향을 틀어 버릴 위험도 있습니다. 정체성의 혼란이 깊어질수록 가정과 사회 속에서 여러 문제가 발생할 수 있고, 범죄나 자살과 같은 비극으로 이어지기도 합니다.

성장 과정에서 정체성을 둘러싼 질문과 갈등이 전혀 없어야 하는 것은 아닙니다. 오히려 '나는 누구인가?', '어떻게 살아야 하는가?'를 진지하게 고민하는 시간은, 잘만 다루어진다면 더 성숙한 정체성으로 나아가는 중요한 기회가 될 수 있습니다. 다양한 경험과 새로운 문제들을 마주할 때마다, 우리는 그것들을 파악하고, 분석하고, 평가하며, 필요한 부분을 확장해 가는 과정을 거칩니다. 이렇게 포괄적인 정체성의 재구성을 반복하면서, 각 사람 안에는 독특하면서도 성숙한 정체성이 점차 구체화되어 갑니다.

그리스도인의 '성경적 정체성'은 하나님의 성품을 회복해 가는 과정에서 가장 근본적인 요소입니다. 성경의 관점에서 정체성은 '나는 하나님 앞에서 누구인가?'라는 질문에서 시작되며, 이에 대한 가장

  하나님의 형상 예수님 안에서 회복되다

보편적인 대답은 '나는 하나님의 자녀다'라는 고백입니다.

곧, 이 고백은 예수 그리스도 안에서 우리가 얻은 새로운 신분에 대한 믿음, 하나님과의 친밀한 관계, 세상의 어떤 것과도 바꿀 수 없는 우리의 가치, 영원한 하나님 나라를 바라보는 소망, 그리고 그 신분에 합당하게 살아가는 삶의 방식을 총체적으로 담고 있는 가장 강력하고 복된 선언입니다. 이 고백은 우리의 모든 불안을 잠재우고, 삶의 목적과 의미를 명확하게 제시하며, 우리에게 참된 기쁨과 자유를 누리게 합니다. 이처럼 그리스도인의 정체성은 '믿음', '가치', 그리고 '관계'라는 단어로 설명할 수 있습니다.

먼저 믿음이란, 눈에 보이는 확실한 증거가 없더라도, 하나님의 약속이 반드시 이루어질 것이라는 확신 가운데 '참'으로 받아들이는 마음의 태도입니다. 단순한 동의나 감정이 아니라, 신앙의 대상이신 하나님을 알고 신뢰하는 전인격적인 응답입니다.

예수님은 이 땅에서의 삶과 사역, 그리고 십자가와 부활을 통해 자신의 정체성을 분명하게 드러내 보이셨습니다. 하나님의 사랑받는 아들이요, 우리를 구원하시기 위해 오신 메시아로서, 끝까지 아버지의 뜻을 신뢰하며 순종하심으로 참된 믿음이 무엇인지 몸소 보여주셨습니다.

이르시되 너희는 나를 누구라 하느냐 시몬 베드로가 대답하여 가로되 주는 그리스도시요 살아 계신 하나님의 아들이시니이다(마 16:15-16)

'믿음'은 그리스도인이 되는 가장 기본적인 요소입니다. 믿음으로 하나님이 세상을 창조하셨다는 것을 알게 되고(히 11:3), 믿음으로 의롭게 되어 예수님을 주님으로 인정하고 받아들이게 되며(요 1:12, 롬 1:17, 3:28, 갈 3:11), 믿음으로 성령과 함께 동행하며 하나님을 향하여 삶의 방향을 전환합니다(갈 3:2, 엡 1:13, 롬 8:13-14, 골 3:9-10).

믿음은 구원에 이르기 위해 하나님이 사람에게 주신 유일한 방법입니다(벧전 1:9). 구원은 인간 자신의 노력(행위)으로 얻어지는 것이 아니라, 하나님의 전적인 은혜, 곧 그분의 주권적인 선물로 주어지는 것입니다.

> 너희가 그 은혜를 인하여 믿음으로 말미암아 구원을 얻었나니 이것이 너희에게서 난 것이 아니요 하나님의 선물이라(엡 2:8)

믿음으로 말미암아 그리스도께서 우리 마음에 계시며, 주님이 주시는 사랑을 더욱 마음 깊이 뿌리를 내려 이웃에게 사랑을 나누게 됩니다(엡 3:17). 또한 하나님을 믿는 믿음의 능력 속에 병 고침을 얻기도 하고(막 5:34), 신령한 지혜와 총명으로 하나님의 뜻을 아는 삶을 살기도 합니다(골 1:9). 믿음은 하나님 나라의 우물에서 은혜와 축복을 길어 올리는 두레박과 같습니다.

'가치'는 어떤 대상이나 사건이 지닌 쓸모 있고 바람직하거나 기대하는 것을 의미합니다. 그리스도인에게 구원의 궁극적 가치는 영원

 하나님의 형상 예수님 안에서 회복되다

한 생명을 얻은 영적 존재로서의 하나님 나라의 축복을 누리며 이웃과 나누는 것이라 이해됩니다(롬 8:5-6, 마 6:33, 6:10, 25:34, 눅 17:20-21, 고전 15:42-44).

가장 소중한 것의 가치를 아는 사람은 그것을 지키려는 최선의 노력을 합니다. 사람은 간혹 자신의 생명보다 더 가치 있는 것을 위해 생명을 내어놓기도 하지만(요 15:13), 일반적으로 우리에게 생명보다 중요한 가치는 없습니다(마 16:26).

자기 아들을 내어줄 만큼 귀한 것은 이 세상에 없습니다. 그러나 하나님께서는 우리가 죽음으로 치러야 할 죄의 값을 대신 갚아 주시기 위해, 사랑하는 외아들 예수님을 이 땅에 보내셔서 우리 대신 고난과 죽음을 겪게 하셨습니다(마 20:28).

하나님이 세상을 이처럼 사랑하사 독생자를 주셨으니 이는 저를 믿는 자마다 멸망치 않고 영생을 얻게 하려 하심이니라(요 3:16)

그러므로 하나님은 외아들의 목숨을 희생하여 구원받은 우리의 영혼을 소중히 여기시며, 우리를 하나님의 자녀로 받아들이셨습니다(요 1:12, 갈 3:26, 4:7, 롬 8:15-17, 요일 3:1). 이러한 하나님 자녀로서의 가치는 세상의 그 어떤 것과도 바꿀 수 없으며, 그리스도인은 고귀하고 영원한 가치를 지닌 존재입니다.

'관계'는 둘 이상의 사람, 사물, 현상, 존재가 서로 관련을 맺고 있
는 상황으로 이해됩니다. 예수님을 하나님의 아들이라 시인하면 하
나님이 그의 안에 계시고 그도 하나님 안에 있게 됩니다(요일 4:15).
이것은 하나님과 그리스도인 사이의 아주 중요한 관계입니다. 그리
스도인은 주님을 떠나서는 어떤 성령의 열매도 맺을 수 없습니다.

하나님께서는 성령을 그리스도인의 마음에 보내셔서 하나님을
아버지라 부르게 하셨고, 성령으로 인도받게 하셨으며, 하나님의 유
업을 받을 자로 세워 주셨습니다(갈 4:6-7, 롬 8:14, 8:16, 계 21:7).
무엇보다 그리스도인으로서 가장 중요한 관계는 하나님 아버지의
자녀라는 사실입니다(갈 3:26).

하나님과 그리스도인의 관계는 하나님이 처음부터 택하시고, 거룩하게 하시며, 진리를 믿음으로 구원을 받게 하신 특별한 관계입니다(살후 2:13). 그래서 하나님은 우리 육신을 하나님의 성전이 되게 하시고 친히 우리 안에 성령으로 함께하십니다(고전 3:16, 6:19). 그러므로 우리는 성령의 내주하심과 동행하심으로 하나님과의 직접적인 관계를 늘 유지하며, 성도 간에 교제를 통하여 그리스도인의 영적 관계를 세워가게 됩니다.

이러한 그리스도인의 정체성은 기도, 말씀, 그리고 찬양을 통해 더욱 명확하게 확립되며, 일상생활 속에서 믿음을 실천함으로써 그리스도인으로서의 거룩한 성품이 드러나게 됩니다. 그리스도인은 자신이 하나님의 자녀라는 참된 정체성을 굳게 붙들 때, 세상의 혼란 속에서도 흔들리지 않고, 하나님의 영광을 위해 목적 있는 삶을 살아갈 수 있습니다.

> 오직 너희는 택하신 족속이요 왕 같은 제사장들이요 거룩한 나라요 그의 소유된 백성이니 이는 너희를 어두운데서 불러내어 그의 기이한 빛에 들어가게 하신 자의 아름다운 덕을 선전하게 하려 하심이라(벧전 2:9)

성경적 관점에서 볼 때 정체성은 단순한 심리적 개념을 넘어, '하나님의 형상대로 지은 받은 존재로서의 나'를 인식하게 합니다. 또한 나는 우연히 존재하는 사람이 아니라, 하나님께서 목적과 뜻을 가지고 부르신 존재라는 사실을 깨닫게 될 때, 정체성은 하나님 말씀을 기준으로 삶의 방향과 가치 기준을 세우도록 우리를 이끌어 줍니다. 사람은 하나님 안에서의 정체성을 깨닫고 받아들일 때, 비로소 비교와 열등감에서 벗어나 하나님이 주신 가장 자신다운 모습으로 살아갈 수 있습니다.

그리스도 안에서 주어진 '하나님의 자녀'라는 성경적 정체성은 우리의 생각과 관점, 말과 행동에 영향을 미칠 뿐 아니라, 성품의 성장과 성숙을 이끄는 중요한 영적 기반이 됩니다. 결국 성경적 정체성이란, 하나님의 형상대로 지음받은 사람이 그리스도 안에서 '나는 누구인가?'를 깨닫고, 그 부르심에 합당하게 변화되어 가는 평생의 여정을 지탱해 주는 깊은 뿌리라고 말할 수 있습니다.

자아의 회복

'자아'에 대해서는 여러 가지 정의와 설명이 있지만, 여기에서는 정체성을 드러내며 지능·감정·의지의 주요 작용을 주관하고 통일하여, 스스로를 '나'라고 의식하게 하는 주체를 '자아'라고 생각해 보겠습니다.

의식의 주체로서 자아는 정체성을 담는 하나의 그릇에 비유할 수 있습니다. 어떤 정체성을 그 그릇에 담느냐에 따라 우리의 의지와 감정, 그리고 생각(이성)의 방향이 달라지기 때문입니다. 하나님 안에서 건강한 정체성을 담을 때 자아도 건강하게 작용하지만, 왜곡된 정체성이 담기면 그만큼 의지와 감정, 생각도 함께 뒤틀리게 됩니다.

　　　　　　　　　하나님의 형상 예수님 안에서 회복되다

자아는 또한 일정 기간 유지되는 '지속성'과 '동일성'을 함께 지니고 있습니다. 어제의 나와 오늘의 내가 분명 달라졌음에도 여전히 같은 사람으로 느껴지는 이유가 여기에 있습니다. 결국 자아는, 나라는 존재가 누구이며 무엇을 담고 살아갈 것인지를 결정하는 중요한 내적 중심 요소라고 할 수 있습니다.

팀 켈러(Keller, Timothy J.)는 "복음 안에서 발견한 참된 자유(The Freedom of Self-Forgetfulness: The Path to True Christian Joy)"에서 본성적(세속적) 자아의 특징을 네 가지로 설명합니다.

첫째, 세속적 자아의 '공허성(empty)'입니다. 세속적 자아는 비어 있으므로 허무하며, 무엇인가를 계속 채워야 합니다. 그는 쇠렌 키르케고르(Søren Kierkegaard)의 책 "죽음에 이르는 병"을 인용하여, 하나님이 아닌 다른 것에서 자신의 정체성을 찾으려 하는 것은 영적인 교만에서 나온 것이라고 지적합니다. 또한, 이것이 타락한 인간의 전형적인 자아의 모습이라고 말합니다. 그래서 본래 하나님을 위해 만들어진 자리에 하나님이 아닌 다른 것을 두면, 그 공허한 자아는 요란한 소리만 낼 뿐이라고 설명합니다.

둘째, 세속적 자아의 '고통(Pain)'입니다. 부풀려지고 우쭐해진 자아로 살아간다는 것은 정말 괴로운 일입니다. 이 자아는 인정이나 관심을 받지 못하면 기분이 상하고 우울해집니다. 즉, 비어 있는 자아는 스스로 문제를 가지고 있어서 주변의 어떤 것으로도 충분히 채워지지 않기 때문에 계속 결핍의 고통을 겪을 수밖에 없습니다.

셋째, 세속적 자아는 헛된 일에 매우 바쁩니다(busyness). 남의 시선 속에서 빈 자아를 채우기 위해 계속 필요한 것을 찾으며 분주하게 노력해야 합니다. 끊임없이 주변과 비교하며 욕망을 채우지만, 결국 다시 공허함을 느끼며 인생이 무상하다고 말합니다.

그리고 넷째로, 세속적 자아는 깨어지기 쉽습니다(fragile). 상대적으로 부풀어 오른 자아는 우월감이나 열등감으로 채워져 있어서 허상적이고 단단하지 않기 때문에 쉽게 부서지고 한 번에 깨져 버릴 수도 있습니다.

따라서 비어 있는 자아를 남들과 비교하며 상대적인 만족감을 채우려고 끊임없이 노력하지만, 아무리 채워도 자아는 채워지지 않고 결국 비어 있기 때문에, 불안감과 허무감으로 인한 '자아의 비극과 고통'은 피할 수 없습니다.

이러한 팀 켈러의 '세속적 자아'는 원죄나 죄의 습성을 품은 자기 중심적인 자아로, 세속적인 허무한 가치를 추구하는 사람들에게서 공통으로 볼 수 있는 '죄에 속한 자아' 또는 '허구적 자아'의 모습으로 설명됩니다. 이런 점에서 죄 가운데서 만들어진 '나'라는 존재 의식은 허구이며 곧 사라지기에, 한평생을 살고도 인생은 허무하다고 말하는 것입니다.

그리스도인은 성령의 도우심으로 이러한 세속적 자아를 십자가에 못 박고 '성경적 자아'로 새롭게 태어나는 과정을 통해 성화의 과정이 일어난다고 이해할 수 있습니다(고전 15:31, 마 16:24). 그러나 그리스도인이 된 이후에도 신앙생활 가운데 여전히 '헛된 자아'의 흔적과 '성경적 자아' 사이에서 갈등을 겪게 됩니다(롬 7:21-24). 그리

 하나님의 형상 예수님 안에서 회복되다

고 바울은 주님 안에서 이러한 갈등으로부터 자유로워졌다고 고백하고 있습니다.

> 그러므로 이제 그리스도 예수 안에 있는 자에게는 결코 정죄함이 없나니 이는 그리스도 예수 안에 있는 생명의 성령의 법이 죄와 사망의 법에서 너를 해방하였음이라(롬 8:1-2)

그리스도인은 세속적인 관점으로 남과 자신을 비교해서 판단하거나 평가하는 것이 아니라, 하나님의 자녀로서 영원한 생명과 세상보다 귀한 가치를 지닌 자아를 소유한 사람입니다(빌 2:15, 벧전 1:18-19, 요일 3:1).

> 영접하는 자 곧 그 이름을 믿는 자들에게는 하나님의 자녀가 되는 권세를 주셨으니(요 1:12)

그리스도인은 첫째, 하나님의 사랑으로 충만하고, 둘째, 하나님의 은혜 안에서 평안과 기쁨이 가득하며, 셋째, 하나님의 뜻에 성실하게 순종하며 감사하는 삶을 누리고, 넷째, 영원한 가치와 생명을 소유한 사람입니다. 이처럼 하나님의 자녀로서 사랑받으며 소망이 가득한 자아가 확립되면, 성품을 기르기 위한 변화의 근본 토대가 마련된 것입니다.

의식의 회복

의식의 사전적 의미는 "깨어 있는 상태에서 자기 자신이나 사물에 대하여 인식하는 작용"입니다. 심리학을 전문적으로 공부하지 않은 사람도 '의식', '무의식', 그리고 '잠재의식'이라는 단어를 종종 사용하곤 합니다. 사실 의식에 관한 연구와 이해는 오래전부터 있어 왔으며, 의학, 심리학, 종교학 등에서 자주 다루는 주제입니다.

저에게는 학문적 깊이보다 실질적으로 의식을 어떻게 다룰까 하는 문제가 더 시급했습니다. 내담자의 의식이 변화되어 그들이 겪는 심리적 어려움 가운데서 하나님께서 주시는 치유와 회복을 깊이 경험하게 된다면, 그 순간이 바로 그들의 삶에 있어 매우 중요한 전환점이 될 것이라고 믿었습니다.

오늘도 알고 지내던 한 젊은 청년에게서 상담 요청을 받았고, 그의 의식이 변화될 수 있도록 어떻게 도울지 하나님께 기도하며 고민하였습니다. 그러던 중, 다음과 같은 세 가지 질문을 잘 이해하고 그 질문에 대한 답을 찾아가는 과정이 의식의 전환에 크게 도움이 될 수 있다고 생각하였습니다.

첫 번째 질문은, '나는 왜 이런 문제에 빠져 있는가?', 두 번째 질문은, '내가 왜 이 문제에 대해 이렇게만 생각해야 하는가?' 그리고 세 번째 질문은 '지금 이렇게 의식하고 있는 나는 누구인가?'에 대한 것입니다.

위의 세 가지 질문에 대한 답을 찾아간다면, 우리는 의식의 전환점과 새로운 관점을 만날 수 있다고 생각합니다. 또한 이러한 질문

하나님의 형상 예수님 안에서 회복되다

들은 자신과 타인, 그리고 현재 상황에 대해 그동안 왜곡하거나 알지 못했던 객관적인 사실들을 깨닫도록 도와줍니다.

트라우마가 있는 사람을 만나서 이야기를 나누다 보면, "나는 그 사람에 대해 그렇게 생각하고 싶지 않아요. 그런데 자꾸 그 사람만 생각하면 같은 생각이 떠올라요" 또는 "나는 그 일에 대해서 그만 생각하고 싶어요, 그런데 자꾸 그 일이 생각나서 잠을 잘 수가 없어요"라는 말을 종종 듣곤 합니다. 그렇다면 우리는 이제 다음과 같은 질문을 할 수 있습니다.

'나는 왜 이런 문제에 빠져 있는가?'라는 질문을 하면, 그에 대한 답으로 어떤 경험이 떠오를 수 있습니다. 그 경험은 다양한 선행적 환경과 삶의 방식, 태도나 사고, 그리고 그 외의 원인에서 비롯되었다고 할 수 있습니다. 즉, 환경이 나빠서, 누군가가 나를 이렇게 만들었거나, 내가 잘못해서라고 생각할 수 있습니다. 대부분은 이 많은 원인들이 복합적으로 얽혀 있습니다.

그러면 질문에 대한 대답 가운데, 지금은 바꿀 수도 없고 해결할 수도 없으며, 자신에게 아무런 도움이 되지 않을 뿐 아니라, 오히려 해를 끼치고 자신을 점점 타락시키며, 위험에 빠뜨려 결국 무너뜨리는 결과를 가져온다면, 이렇게 생각하고 있는 자신의 의식을 바꿀 필요가 있지 않겠습니까?

예를 들어, 어떤 사람을 생각할 때 화가 나는 경우가 있습니다. 그런데 그 화를 계속 품고 있으면 자신에게 정말 도움이 될까요? 이런 이야기를 들은 적도 있습니다. "어떤 사람만 떠올리거나 보기만 하면 분노가 치밀어 올라 참기 어렵습니다. 그런데 더 이상 그 사람에게 분노하는 것이 제게 도움이 되지 않을 뿐만 아니라, 자칫 좋지 않은 행동으로까지 이어질 것 같아요. 이 분노의 마음을 어떻게든 바꿀 수는 없을까요?"

여기서 만약 이 사람이 그의 의식을 전환할 수 있다면, 다른 관점에서 사고할 수 있게 될 것이며, 이는 그에게 큰 도움을 줄 뿐만 아니라, 어쩌면 극단적인 행동을 막을 기회가 될 수도 있습니다.

따라서 우리는 계속해서 스스로에게 두 번째 질문을 던질 수 있습니다. '나는 왜 이렇게만 생각해야 하는가?', '내 인생에 해로울 뿐인데, 왜 그사람을 계속 미워해야 하는가?'와 같은 질문입니다.

즉, '일차적 의식' 속에서 원하지 않는 감정이 올라올 때, 거기서 멈추지 않고 이 두 번째 질문을 통해 '이차적 의식'을 개입시키는 것이 중요합니다. 그렇게 할 때 우리는 감정에 끌려가기보다, 그 감정을 새롭게 바라보고 다루는 연습을 해 갈 수 있습니다.

대체로 일차적 의식은 주로 즉흥적이며 감정적으로 형성된 것이 많지만, 이차적 의식을 좀 더 건강한 방향으로 유도한다면, 이차적 의식은 이성적 합리적으로 만들어질 수 있습니다. 이러한 과정에는 약간의 시간적 여백을 위해서 인내심이 필요할 때가 많습니다. 또한 자신에게 도움이 되는 합리적인 질문을 반복해서 던지다 보면, 일차적 의식이 교정되고, 힘든 사건으로 인해 생겨난 감정의 크기가 점차 작아지며 감정의 여유가 생기는 것을 경험할 수 있습니다.

세 번째는 '나를 의식하고 있는 나는 누구인가?'라는 질문을 자신

 하나님의 형상 예수님 안에서 회복되다

에게 하는 것입니다. 우리는 이미 배워온 지식과 경험 등으로 쌓인 기억을 통해 사물과 상대를 자연스럽게 보고 있습니다. 물론 이것은 우리의 일상에서 매우 유용한 것이기도 합니다.

그러나 우리가 가지고 있는 기억을 포함한 선행 조건이 만들어낸 의식을 한 단계 새롭고 높은 차원으로 끌어올리는 노력이 필요할 때가 많습니다. 그것은 자신을 관찰하는 관찰자 의식을 활성화하는 것입니다. 즉, 계속 잘못되었거나 자신에게 해가 되는 방향으로 이끄는 일차적 의식을 관찰하고 통제하며 극복하는 의식을 형성하여, 새로운 인식과 판단으로 삶에 적용할 때, 보다 긍정적인 자신의 모습이 되지 않겠습니까? 고통에 대해서 의식하는 관점의 변화는 새로운 삶을 열어 가는 출발점이 될 것입니다.

모든 사람 안에서 일어나는 이러한 새로운 의식의 변화와 그 변화가 이끄는 새로운 삶으로의 전환은, 예수님을 통해 가능하다고 성경은 분명하게 말씀합니다. 그러나 우리가 이처럼 근본적인 의식의 변화로 나아가려 할 때, 그 앞에는 반드시 빠져나와야 할 깊은 웅덩이와 같은 것이 있습니다. 성경은 이것을 '원죄'라고 부릅니다.

이 '원죄'에 갇혀 있는 자신을 '구원'하기 위하여 많은 사람들이 다양한 방법으로 노력해 왔지만, 스스로 해결하기에는 불가능하다고 성경은 말씀합니다. 그래서 이 '원죄'의 웅덩이를 빠져나올 수 있도록 하나님이 주신 길이 예수님입니다.

하나님 사랑과 예수님을 통한 은혜를 경험하고, 새로운 의식의 변
화가 이끄는 삶을 살아가는 축복의 이야기가 '복음'입니다. 결국, 이
복음을 통하여 새로운 의식을 갖게 되는 것은 거듭난 사람들에게 나
타나는 공통된 현상입니다.

하나님의 형상을 회복해 간다는 것은 곧 성경이 말씀하는 기준으
로 다시 돌아가는 길입니다. 신앙의 훈련을 통해 성경적 세계관이
우리 안에 세워질 때, 우리는 점점 세상을 말씀의 눈으로 바라보게
됩니다. 또한 기도와 말씀 묵상을 통해 하나님의 인도하심을 구하
고, 그 깨달음을 삶 속에서 한 걸음씩 실천해 나가고 있다면, 우리는
이미 성경적인 삶을 살아가고 있는 것입니다.

이렇게 성경에 뿌리내린 삶은 신령한 축복과 평안, 그리고 깊은
기쁨을 누리는 삶으로 이어집니다. 그리고 그 삶 자체가 하나님께
영광을 올려 드리는 예배가 됩니다 (롬 12:1).

그러므로 우리는 과거 죄로 인해 형성되었던 왜곡된 의식과 관점

   하나님의 형상 예수님 안에서 회복되다

을 내려놓고, 하나님께서 새롭게 주시는 '거룩한 의식'으로 세상을 바라볼 수 있는 은혜를 구해야 합니다. 그때 비로소 우리 안에 예수님을 닮아 가는 변화가 일어나고, 하나님의 성품이 조금씩 드러나는 삶을 살아가게 됩니다. 이것이 바로 하나님의 형상이 회복되어 가는 복된 여정입니다.

> 우리가 다 수건을 벗은 얼굴로 거울을 보는것 같이 주의 영광을 보매 저와 같은 형상으로 화하여 영광으로 영광에 이르니 곧 주의 영으로 말미암음이니라(고후 3:18)

우리의 존재 의식은 예수님께서 말씀하신 것처럼, 육신과 눈에 보이는 세계를 넘어 영원한 생명의 가치로 넓어져 갑니다. 인생을 단지 육신의 죽음으로 끝나 버리는 한때의 시간으로만 바라보지 않고, 하나님 안에서 계속 이어지는 영원한 시간의 관점으로 바라보게 될 때, 우리는 이전과는 전혀 다른 눈으로 세상을 보게 되고, 삶의 모습 역시 새롭게 변화되기 시작합니다.

그리고 우리는 죄로 인해 타락하고 파괴된 세상 한가운데서도 여전히 일하시는 하나님의 손길을 보게 됩니다. 절망과 좌절의 어둠 속에서도 하나님께서 주시는 새 힘과 지혜와 능력을 얻게 되고, 감당할 수 없는 슬픔과 고통 속에서도 주께서 주시는 희망과 용기를 붙들어 다시 한 걸음 나아갈 수 있게 됩니다.

내게 능력 주시는 자 안에서 내가 모든 것을 할 수 있느니라
(빌 4:13)

양심의 회복

'양심'의 사전적 의미는 "어떤 행위에 대하여 옳고 그름, 그리고 선과 악을 구별하는 도덕적 의식"입니다. 양심은 주관적인 면과 객관적인 면, 이 두 가지 성향을 함께 지니고 있습니다. 주관적이라는 것은 자신의 생각과 행동이 자기 나름의 판단 기준에 따라 이루어진다는 뜻이고, 객관적이라는 것은 공동체가 공유하고 있는 의식 수준과 가치 기준에 따라 결정된다는 의미입니다. 이런 점에서 양심은 개인과 공동체의 의식 수준을 판단하는 중요한 기준이 됩니다.

우리가 일상에서 '저 사람은 양심도 없어'라고 말할 때, 그 표현 속에는 '사람으로서 갖추어야 할 최소한의 인격조차 부족하다'라는 의미가 담겨 있습니다. 그만큼 양심은 사람이 사람답게 살아가기 위해 누구나 기본으로 가져야 할 마음가짐입니다.

헬라어에서 '양심'으로 번역되는 단어 '쉬네이데시스'는 '함께'라는 뜻을 가진 말과 '앎'이라는 말이 합쳐진 표현입니다. 그래서 '함께 알고 있는 것', '공통의 깨달음', '서로 옳다고 인정하는 것'이라는 의미로 이해할 수 있습니다. 정리하면, 성경적 양심은 '성경으로부터 우리가 함께 옳다고 알고 있는 의식'이라고 이해가 됩니다.

성경적 양심은 하나님 앞에서 자신을 돌아보게 하고 우리의 성품을 곧게 세워 주는 내면의 음성입니다. 성경적 양심은 우리로 하여

 하나님의 형상 예수님 안에서 회복되다

금 하나님 말씀을 따라 이웃을 배려하고, 맡겨진 자리에서 책임 있게 살아가도록 이끄는 중요한 역할을 합니다.

우리가 구원을 받아 하나님의 형상을 회복해 가는 과정에서, 우리의 삶에 나타나는 중요한 변화 중 하나는 바로 이 성경적 양심으로 회복되는 것입니다.

> 하물며 영원하신 성령으로 말미암아 흠 없는 자기를 하나님께 드린 그리스도의 피가 어찌 너희 양심으로 죽은 행실에서 깨끗하게 하고 살아계신 하나님을 섬기게 못하겠느뇨(히 9:14)

성경적 양심의 회복으로 인해서 주님의 뜻에 순종하며 선한 삶을 살아가기로 결심하는 것은 즉각 이루어질 수 있지만, 행동으로 나타나기까지는 점진적인 과정이 필요합니다. 이 회복된 성경적 양심은 우리의 생각과 말과 행동으로 이어져 우리의 삶을 주님의 뜻 안에서 하나님의 성품으로 살아가도록 이끄는 중요한 역할을 하게 됩니다.

> 이것을 인하여 나도 하나님과 사람을 대하여 항상 양심에 거리낌이 없기를 힘쓰노라(행 24:16)

또한 양심은 선과 악을 분별하게 하고, 잘못에 대해 부끄러움을 느끼게 만드는 역할을 합니다. 그래서 때로는 서로의 양심에 호소함으로 사람의 비양심적 태도를 바로잡기도 합니다. 성경적 양심은 성경적 관점에서 죄를 깨닫게 하고 회개로 이끌며, 하나님께서 무엇을 기뻐하시는지를 증언하게 하고, 성령의 도우심으로 우리의 마음을 평안하게 하는 근본 형상이라 할 수 있습니다.

양심에 거슬리는 삶을 살았을 때 부끄러운 마음이 드는 것은 선한 양심의 자연스러운 결과입니다. 두려움 역시 자신의 마음과 행동을 양심에 비추어 되돌아보게 하는 통로가 될 수 있습니다. 어떤 사람은 양심의 불편함을 더 이상 견디지 못해, 자신을 드러내고 바로 서고자 "양심선언"을 하기도 합니다. 그만큼 양심은 우리를 진실로 이끌려는 강한 내적 힘을 가지고 있습니다.

양심은 도덕의식과 연결되어 우리의 성품을 성장시키는 중요한 근본 의식을 형성합니다. 동시에 양심은 주변 사람을 향한 공감 능력과도 밀접하게 연결되어 있습니다. 공감 능력은 서로의 아픔과 기쁨을 함께 느끼게 하며, 우리의 양심을 깊이 있게 연결하는 중요한 통로가 됩니다.

성경적 양심이 우리의 행동 속에 구체적으로 드러나는 모습은 절제와 책임, 그리고 성찰과 회개입니다. 성경적 양심을 벗어나는 생각과 행위 앞에서 절제로 멈출 줄 알고, 잘못된 행동에 대해서는 책임을 지려는 태도를 가질 때, 우리의 성경적 양심은 더욱 성숙해집니다.

그리스도인은 성령의 감화와 성경 말씀 앞에서 자신을 성찰하고 회개함으로 성경적 양심이 계속해서 회복됩니다. 이러한 과정은 하나님과의 관계를 더 깊게 하고, 그분의 성품을 닮아가도록 돕는 은혜의 여정입니다. 왜곡되고 둔해졌던 성경적 양심이 말씀과 성령의

     하나님의 형상 예수님 안에서 회복되다

역사로 다시 깨어나, 하나님 앞에서 정직하게 서게 하고 날마다 성품이 그리스도를 닮아가도록 이끄는 음성이 됩니다. 이것은 성도의 삶 속에서 시작되는 참된 '부흥'입니다.

성경적 양심은 성령의 도우심을 받아 우리의 마음을 죄로부터 지키며, 하나님께서 기뻐하시는 거룩한 삶의 길로 우리를 인도합니다. 성령의 인도하심을 따라 이 '성경적 양심'의 음성에 귀 기울일 때, 우리는 점점 더 그리스도의 마음을 닮아가게 됩니다.

세속적 가치와 흐름이 아니라 주님의 뜻을 먼저 묻고, 하나님 나라와 그의 의를 구하는 사람이 되어 가는 것은 성경적 양심이 우리 삶 속에서 맺어 가는 거룩한 열매입니다.

삶의 문제로부터 회복

　우리의 삶과 주변을 돌아보면 장애와 갈등, 질병과 사고, 그리고 각종 범죄와 같은 복잡한 일들이 끊임없이 일어나는 것을 보게 됩니다. 이런 일들은 우리가 서로에게 상처와 고통을 주고받는 연약한 존재이며, 죄로 가득한 이 세상 속에서 살아가고 있음을 깊이 깨닫게 합니다.

　이러한 삶의 문제로부터 온전한 회복을 경험하기 위해서는, 먼저 우리의 어려움을 피하지 않고 구체적으로 바라보는 것에서부터 시작해야 합니다. 각각의 문제를 차분히 정리하고, 그 속에 담긴 특성과 원인을 살펴보며 이해하는 과정이 필요합니다.

　특별히 그 과정에서, 내 삶이 얼마나 미숙했는지, 또 나만을 위한 이기적인 태도로 살아오지는 않았는지 겸손히 돌아보아야 합니다. 더 나아가 내 안에 자리 잡은 '쓴 뿌리'가 나 자신의 삶뿐만 아니라 주변 사람의 삶까지도 방해하며 상처를 주고 있지는 않은지 진지하게

하나님의 형상 예수님 안에서 회복되다

성찰할 필요가 있습니다. 그리고 하나님께서 허락하신 변화의 기회가 자신에게 주어졌다면, 그 기회를 통해 무엇을 어떻게 고치고, 어떻게 성장과 성숙의 길로 나아갈지 기도하며 고민해야 합니다. 이러한 변화를 위해 자기 성품을 돌아보는 일은 신앙인으로서 반드시 거쳐야 할 필수적인 영적 과정입니다.

성장과 성숙을 이루고자 할 때에는 언제나 결심과 도전이 뒤따릅니다. 그러나 그것은 단지 의지만을 요구하는 것이 아니라, 희망과 용서, 포용과 수용, 절제와 용기 같은 성품이 필요합니다. 성령께서 주시는 이 은혜의 성품이 우리를 한 걸음씩 내적 성장의 단계로 이끌어 갑니다.

새로운 믿음과 가치, 그리고 복음 안에서 맺는 새로운 관계는 우리 안에 새로운 정체성을 세워 줍니다. 이 새로운 정체성은 우리의 이성과 감정, 의지를 통해 구체적인 성격으로 드러나게 됩니다. 그리고 그 정체성이 바라보는 목적을 이루기 위해 같은 행동을 반복하게 될 때 습관이 형성되고, 그 습관은 결국 성품을 만들며 삶 전반에 실제적인 변화를 불러오게 됩니다. 신앙은 단지 생각에 머무는 것이 아니라, 일상에서 반복되는 행동과 습관을 통해 드러나는 것입니다.

많은 사람이 새해를 맞을 때마다 새로운 마음으로 더 나은 한 해를 소망하며 여러 가지 결심을 합니다. 하지만 우리는 잘 알고 있습니다. '작심삼일'이라는 말처럼, 결심이 사흘도 가지 못하고 금세 무너지는 경우가 참 많습니다. 물론 의지가 굳은 분들 가운데에는 그 결심을 꾸준히 이어 가는 분도 있습니다. 하지만, 많은 이들이 자신의 결단이 어느새 흐려지고 사라져 버리는 경험을 반복합니다.

왜 이런 일이 일어날까요? 중요한 이유 가운데 하나는, '정체성'에 근본적인 변화가 일어나지 않았기 때문일 수 있습니다. 여전히 옛 삶의 관점과 가치관에 머물러 있으면서, 겉으로만 새로운 결심을 붙들고 있지는 않은지 돌아봐야 합니다. 또 다른 이유는, 우리 안에는 자신의 힘만으로는 결코 바꿀 수 없는 영역이 있기 때문입니다. 우리 삶에는 하나님이 주권을 가지시고 주관하시는 부분이 있습니다(사 45:7). 그렇기에 오직 자신에게만 의존하는 것이 아니라, 하나님의 은혜와 성령의 도우심을 신뢰하며 나아가야 합니다.

우리가 자신의 연약함을 인정하고 하나님의 은혜 앞에 겸손히 나아갈 때, 주님께서는 우리의 삶을 새롭게 하시는 진정한 성품의 변화로 이끄십니다. 그리스도인은 그 변화의 여정을 날마다 회개와 믿음으로, 그리고 말씀과 기도로 걸어가야 합니다.

원래 인생의 참되신 주인은 하나님이십니다. 그러므로 우리가 세우는 모든 결심이 하나님의 뜻 안에서 이루어진 것인지를 먼저 살펴보아야 합니다. 그리고 그렇게 하나님 안에서 확인된 결심이, 주님의 능력과 인도하심 가운데 삶을 이끌어 간다는 사실을 늘 의식하며 살아가야 합니다. 우리의 의지로는 결심이 사흘도 가지 못할 때가 많지만, 매일, 아니 매 순간 새롭게 결심하며 주님의 도우심을 의지한다면, 우리는 조금씩 그러나 분명하게 변화된 삶을 살아갈 수 있습니다.

하지만 비기독교적인 관점에서는 내 삶의 주인은 '나 자신'이라고

   하나님의 형상 예수님 안에서 회복되다

생각하며, 인생의 모든 선택과 방향을 오직 자신의 주관적 판단에만 의지하려고 합니다. 어떤 면에서는 이러한 태도를 건강한 의식을 지닌 사람의 모습이라고 볼 수도 있을 것입니다.

물론 하나님께서는 각 사람이 가진 주체적이고 자유로운 결정을 존중하십니다. 그러나 동시에 그 자유에는 책임이 따르며, 넘지 말아야 할 한계도 분명히 두셨습니다. 만약 우리가 하나님을 배제한 채, 자신이 세운 주관적인 기준과 생각만으로 살아간다면, 세속적인 기준에서는 괜찮아 보일지 몰라도 하나님의 기준에서는 벗어날 수밖에 없습니다.

그러한 삶의 태도는 결국 하나님이 세상의 주관자이시며 인생의 주인이심을 부정하게 만들고, 자기 생각만을 의지해 임의로 판단하고 결정하게 합니다. 이것은 성경이 말하는 원죄의 뿌리, 곧 하나님보다 자기를 앞세우는 태도입니다.

그러나 회복된 삶은 하나님 안에서 누리는 자유롭고 건강한 새로운 삶을 의미합니다. 그리고 이 회복은 믿음의 결단과 하나님의 은혜가 함께할 때 이루어집니다. 하나님께서는 성경을 통하여 우리가 겪는 삶의 여러 어려움과 문제에 대한 해답을 알려 주십니다.

이러한 해결은 언제나 하나님의 뜻 안에서, 믿음을 통해 은혜로 나타나는 것이기에, 우리는 하나님의 뜻을 분별하는 일과 더불어 믿음의 상태도 진지하게 돌아보아야 합니다. 자신의 믿음이 정말 하나님의 뜻 안에 굳게 서 있는지, 아니면 자신이 원하는 것만을 이루려는 자기중심적인 믿음은 아닌지 점검하는 과정이 필요합니다.

그다음 우리의 역할은 '순종'입니다. 자기의 이해와 한계를 넘어설지라도, 결과가 눈에 곧바로 보이지 않을지라도, 하나님께서 말씀과 성령을 통해 보여 주신 길 앞에서는 믿음으로 순종의 한 걸음을 내딛는 것입니다. 그리고 그 이후의 모든 열매와 결과는 인생의 주관자이신 하나님의 주권에 온전히 맡겨 드려야 합니다.

그때 내 삶을 스스로 움켜쥐고 있던 손을 조금씩 내려놓게 되고, 하나님께 자신을 의탁하는 법을 배워 갑니다. 그 과정에서 주님이 주시는 깊은 평안과 쉼을 경험하게 되며, 이것이 바로 주님 안에서 그리스도인이 걸어가야 할 회복의 길입니다.

하나님의 형상 예수님 안에서 회복되다

트라우마로부터 회복

'트라우마'는 살아오면서 겪은 매우 고통스러운 경험이 제대로 치유되지 않은 채 오랜 시간 지속되어, 삶 전반에 부정적인 영향을 미치는 현상이라고 설명할 수 있습니다. 대부분의 트라우마는 치료하는 데 시간이 걸리며, 꾸준한 돌봄과 노력이 필요합니다.

트라우마를 겪게 되면 당사자 자신이 깊은 고통과 어려움을 겪을 뿐만 아니라, 가족과 주변 사람의 마음마저 상하게 하는 이차 트라우마를 일으킬 수 있으며, 때로는 삶의 거의 모든 영역을 무너뜨릴 수도 있습니다.

트라우마는 한 번의 사건이나 반복된 사건으로 인해 생긴 마음의 깊은 상처에서 비롯됩니다. 그 결과 불안, 분노, 회피, 집착, 두려움, 무력감, 우울감, 공포와 같은 감정이 나타날 수 있으며, 편향·편집·편중·편견과 같은 왜곡된 사고와 감정을 갖게 만들기도 합니다. 심할 경우 중독 증상으로 이어지거나, 삶을 포기하려는 자살 충동으로까지 나아갈 수 있습니다.

트라우마는 육체적인 상처와 마찬가지로 정신적·육체적 고통을 유발합니다. 이 상처를 무시하고 방치하면, 주변 사람에게 2차, 3차 트라우마로 번져 갈 수 있습니다. 트라우마 자체는 눈으로 직접 볼 수 없지만, 그로 인한 결과는 개인의 행동, 말투, 몸의 반응, 관계의 모습 등을 통해 드러나기 때문에 주변에서 충분히 감지할 수 있습니다.

트라우마가 치유되면, 육체적인 상처가 아문 뒤 흉터가 남듯이 마음에도 흉터가 남을 수 있습니다. 그러나 이 흉터는 단지 아팠던 흔적만이 아니라, 오히려 다른 사람의 트라우마 치유에 도움을 주는 도구가 될 수 있습니다. 또한 같은 사건을 다시 겪거나 비슷한 상황을 만났을 때, 이전에 경험한 하나님의 위로와 사랑으로 인해 더 빠르고 더 건강하게 회복되는 회복력(Resilience)을 갖기도 합니다.

트라우마를 겪은 사람은 종종 그 원인을 자꾸 마음에 떠올리는 경향이 있습니다. 치유되지 않은 트라우마는 계속 마음을 파고들어 현실 생활에 집중하기 어렵게 만들고, 기쁨과 평안을 빼앗습니다.

반대로, 그 트라우마의 원인이나 그와 관련된 생각을 의식적·무의식적으로 피하려는 반응도 나타납니다. 그래서 비슷한 상황이나 이야기 자체에 관심을 두지 않거나, 일반적인 감정 반응을 보이지 않는 경우도 있습니다.

어떤 경우에는 트라우마를 일으킨 사건을 전혀 기억하지 못하거나, 일부만 단편적으로 떠올릴 수 있습니다. 또한 사건의 원인에 대해 말하기를 거부하기도 하고, 상태가 심해지면 회피성 장애로까지

 하나님의 형상 예수님 안에서 회복되다

이어질 수 있습니다.

트라우마가 삶에 미치는 여러 가지 문제 가운데에는 '중독 증세'를 보이거나, 지나치게 '자기방어적인 태도'를 나타내는 경우도 있습니다. 계속해서 긴장하거나 두려움을 느끼고, 작은 자극에도 과잉 반응을 보이며, 잠을 잘 이루지 못하거나 신체 곳곳에 이상이 생기기도 합니다. 심해지면 호흡의 불규칙, 이유 없는 통증, 소화 장애, 어지럼증, 공황장애 등 다양한 신체적·정신적 증상으로 이어질 수 있습니다.

트라우마는 그 원인에 계속 노출되어 있거나, 깊은 죄의식과 수치심이 지속될 때, 그리고 도저히 되돌릴 수 없는 사건이라고 느껴질 때 더욱 심해지는 경향이 있습니다. 사람마다 같은 사건을 겪어도 반응이 서로 다르므로, 트라우마도 각 사람의 성격, 신앙, 환경 등에 따라 다르게 형성되고 표현됩니다.

성경에는 마음이 극도로 힘들고 상한 사람들이 하나님께 자신의 마음을 솔직하게 내려놓고 치유를 경험한 이야기들이 많이 나옵니다. 하나님은 상한 마음을 외면하지 않으시고, 오히려 그 상처 가운데로 찾아오셔서 위로와 회복을 베푸시는 분이십니다. 또 성경은 우리 각자가 혼자만 버티려 하지 말고, 서로를 돌보기 위해 자신의 문제를 함께 나누라고 권면합니다(갈 6:2, 빌 2:4).

예수님 역시 자신의 감정을 숨기지 않으셨습니다. 겟세마네 동산에서 "내 마음이 매우 고민하여 죽게 되었다(마 26:38)"라고 제자들에게 말씀하시며 자신의 고통을 솔직하게 나누셨고, 또 하나님 앞에 자신의 두려움과 슬픔을 있는 그대로 쏟아내셨습니다(막 15:34). 이는 우리가 트라우마와 같은 깊은 상처를 지니고 있을 때, 그것을 감추고 홀로 견디려 하기보다 하나님께 가지고 나아가며, 안전한 공동체 안에서 함께 나누고 치유의 길을 찾아야 한다는 것을 의미합니다.

트라우마는 마음의 고통을 누군가와 안전하게 나눌 때, 그 감정이 조금씩 해소되는 경험을 합니다. 이때 경청자의 진심 어린 마음과 태도가 무엇보다 중요합니다.

경청자는 상처의 이야기를 평가하거나 해결책부터 제시하기보다, 먼저 그 아픔에 함께 머물며 공감해 주는 역할을 감당합니다. 그렇게 할 때, 상처 입은 사람이 겪은 사건과 감정이, 적절하게 처리되고 정리되도록 돕는 통로가 될 수 있습니다.

또한 경청자는 트라우마를 겪고 있는 사람이 혼자가 아니라는 사실을 느끼도록 도울 뿐 아니라, 그 과정에서 하나님께서도 그 고통 가운데 함께하시는 것을 경험하게 도와줄 수 있습니다. 곁에서 함께 있어 주는 사람을 통해, 트라우마를 겪는 사람은 하나님께서 자신을 버리시지 않았다는 사실을 조금씩 깨닫게 되는 것입니다.

하나님은 우리가 상한 감정을 억누르거나 숨기기보다, 솔직하고 정직하게 하나님 앞에 말하고 내려놓기를 원하십니다. 시편을 기록한 사람처럼, 때로는 눈물과 탄식, 질문과 아픔까지도 숨기지 않고 하나님께 토로할 때, 그 자리에서 하나님의 위로와 치유의 손길을 경험하게 됩니다. 이것이 성경적 트라우마 치유입니다.

성경에서 죄로 인한 트라우마를 가장 먼저 경험한 사람은 아담과 하와라고 볼 수 있습니다. 아담과 하와의 불순종으로 인해 인류 가운데 죄와 죽음이 들어왔고, 그 결과 그들의 아들들인 형 가인이 동생 아벨을 살해하는 비극이 일어났습니다. 아들의 시신을 끌어안고 울부짖는 아담과 하와의 모습을 떠올려 보면, 그들이 얼마나 깊이 통곡하며 후회했을지 가슴이 먹먹해집니다. 자신들의 죄로 시작된 이 사건의 결과로, 아담과 하와는 단순한 슬픔을 넘어, 마치 죽음보다 더 깊은 트라우마 속에 갇혀버렸을 것으로 생각됩니다.

하나님께서 아담에게 분명히 경고하셨던 말씀이 있습니다. 이 말씀은 단지 영적인 죽음만을 의미한 것이 아니라, 결국 그 아들의 실제적인 죽음으로까지 이어졌습니다.

자녀를 키워 본 부모라면 누구나 공감하듯이, 어떤 이유로든 자녀가 고통을 겪게 된다면 차라리 그 고통을 자신이 대신 받고 싶어 하는 것이 부모의 마음입니다. 죽음조차도 자녀가 겪는 것보다는 자신이 먼저 감당하기를 바라는 마음이 부모에게는 당연합니다. 그런

데 만약 자신의 죄로 인해 자녀가 죽음에 이르게 되었다면, 그 트라우마는 평생을 두고도 치유되기 어려운 깊은 고통이 될 것입니다.

우리말에 "부모는 돌아가시면 산에 묻고, 자식이 죽으면 가슴에 묻는다"는 표현이 있습니다. 그만큼 자녀의 죽음은 세상의 어떤 사건과도 비교할 수 없는 깊고도 오래가는 트라우마로 남습니다. 아담과 하와가 아벨의 죽음을 경험했을 때, 그 상실과 죄책감, 수치심이 얼마나 컸을지 생각해 보면, 이것이 단순한 슬픔을 넘어 존재 의식 전체를 뒤흔드는 트라우마였음을 짐작할 수 있습니다.

아담과 하와의 아들인 아벨이 죽은 이 비극적인 사건은, 결국 십자가에서 돌아가신 예수님의 사건과도 깊이 연결해서 생각해 볼 수 있습니다. 아벨의 죽은 시신 앞에서 깊은 통곡과 비탄에 잠겨 있었을 아담과 하와의 모습은, 아무 죄도 없으신 독생자 예수께서 십자가 위에서 처참히 죽으신 모습을 바라보시며 애통해하셨을 하나님의 심정과 겹쳐 보입니다.

결국 이 두 사건은 모두 죄 때문에 일어난 일입니다. 한 사건은 부모의 죄로 인해 아들이 죽은 사건이고, 다른 하나는 우리를 사랑하신 하늘 아버지께서 죄로부터 인간을 구원하시기 위해 자기 아들을 죽음의 길로 내어주신 사건입니다. 결과적으로 두 사건 모두, 죽음을 통해 아들을 잃게 된 두 부모의 이야기입니다. 그 부모의 마음에 얼마나 깊은 고통이 밀려왔을지, 우리는 사실 온전히 헤아리거나 짐작조차 하기 어렵습니다.

우리는 때때로 하나님이 전지전능하시다는 이유만으로, 어떤 사

　　　　하나님의 형상 예수님 안에서 회복되다

건 속에서도 전혀 고통을 느끼지 않으시는 분으로 오해하기도 합니다. 그러나 이는 성경이 보여주는 하나님의 모습과는 거리가 있습니다. 하나님께서 인간을 창조하실 때 자신의 형상을 사람 안에 담아 주셨고, 그 형상 가운데 하나가 바로 감정이라는 사실을 기억해야 합니다. 이는 하나님께서도 슬픔과 아픔, 안타까움과 같은 감정을 느끼시는 분이라는 뜻입니다.

특히 예수 그리스도께서 이 땅에 오셔서 우리의 모든 고통과 유혹과 연약함을 친히 겪으신 분이라는 사실은, 하나님께서 우리의 상한 감정과 트라우마를 몸소 경험하고 깊이 공감하시는 분임을 보여줍니다.

> 우리에게 있는 대제사장은 우리 연약함을 체휼하지 아니하는 자가 아니요 모든 일에 우리와 한결 같이 시험을 받은 자로되 죄는 없으시니라(히 4:15)

예수님은 십자가의 극심한 고통 속에서도, 자신을 십자가에 못 박은 사람들을 비난하지 않으셨습니다. 예수님께서는 그들 또한 죄의 트라우마 속에서 살아가며, 자신이 어떤 죄의 사슬과 상처 때문에 그런 행동을 하는지조차 알지 못한다는 것을 잘 알고 계셨기 때문입니다(눅 23:34).

그리고 예수님께서는 자신을 십자가에 못 박은 로마 병사들까지도 구원하시기 위해 십자가에서 죽으심으로써, 하나님께서 맡기신 사명을 온전히 이루셨습니다. 모든 인류의 죄를 친히 담당하시고 십자가에 달려 죽으심으로, 우리를 위한 구원의 사명을 완전히 성취해 주셨습니다.

> 친히 나무에 달려 그 몸으로 우리 죄를 담당하셨으니 이는 우리로 죄에 대하여 죽고 의에 대하여 살게 하려 하심이라(벧전 2:24)

하나님은 예수님께서 십자가에서 당하신 그 고통에만 머무르게 하지 않으셨습니다. 오히려 예수님의 부활을 통하여 모든 트라우마로부터 온전히 치유된 모습을 보여주셨고, 부활하신 예수님을 통해 죄로 인한 트라우마에서도 치유와 회복을 누릴 수 있는 길을 열어 주셨습니다.

그러므로 각자가 가진 트라우마도 예수님의 십자가 앞으로 가지고 나아가야 합니다. 죽음 가운데서 부활하신 예수님을 인격적으로 만날 때, 우리는 하나님의 능력으로 치유와 회복의 은혜를 깊이 경험하게 될 것입니다.

 하나님의 형상 예수님 안에서 회복되다

기초 형상의 회복

'정체성'이 하나님의 근본 형상이라면, 그 정체성을 표현하는 기초적인 형상으로는 '이성', '감정', 그리고 '의지'를 생각해 볼 수 있습니다. 하나님께서 우리를 자신의 형상대로 지으셨다는 것은, 우리가 생각하고(이성), 느끼고(감정), 선택하고 결단하는(의지) 존재로 창조되었다는 의미이기도 합니다.

어떤 정체성을 가지고 있는가에 따라, 우리는 삶의 여러 상황을 만날 때 이성, 감정, 의지를 서로 다른 비율로 사용합니다. 같은 일을 겪어도 어떤 사람은 매우 논리적으로 대처하는 반면, 어떤 사람은 감정적으로 판단합니다. 또 어떤 사람은 한 번 한 결심을 오래 지키며 자기 통제가 강하지만, 또 어떤 사람은 결심이 쉽게 흔들리고 오래 가지 못하기도 합니다.

문제는, 죄와 상처로 인해 우리의 이성·감정·의지가 하나님이 의도하신 모습에서 많이 왜곡되었다는 사실에 있습니다. 왜곡된 지식과 잘못된 이해, 혹은 무지 때문에 자신과 타인, 그리고 상황을 오해하거나 제대로 알지 못해, 결국 삶의 방향과 목표를 잃어버리는 사람들이 있습니다. 감정의 상처와 충격으로 생긴 쓴 뿌리와 왜곡된 감정 미성숙한 감정 표현이 본인과 주변 사람들에게 큰 어려움을 주기도 합니다. 의지가 약하여 약물이나 나쁜 습관에 쉽게 중독되고, 심한 경우 삶의 의욕을 잃고 깊은 우울과 자살 충동까지 경험하는 이들도 있습니다.

이성, 감정, 의지는 서로 영향을 주고받으며 조화를 이룰 때, 각 사람 안에 하나님께서 주신 독특한 성격을 형성합니다. 올바른 사고 속에서 절제와 성취를 향한 건강한 의지, 그리고 성숙하고 정제된 감정이 균형을 이룰 때, 그것은 하나님 형상의 한 부분으로서 성품과 성격, 곧 주요 형상으로 나타납니다.

그러므로 주님 안에서 생각이 새로워지고 감정이 다듬어지며, 작은 순종을 통해 의지가 훈련되도록 서로 돕는 공동체가 필요합니다. 그렇게 할 때 각 사람 안에서 이성·감정·의지가 조화를 이루어, 그리스도의 형상을 닮아 가는 거룩한 성품으로 자라가게 됩니다.

이성

'이성'은 사물을 옳게 판단하고, 진위와 선악을 식별하며, 절대자를 직관적으로 인식하는 능력으로 이해할 수 있습니다. 종종 이성이 감정과 대립되는 것처럼 말해지기도 하지만, 실제로는 이성·감정·의지가 서로 보완하며 조화롭게 우리의 정체성을 표현합니다.

 하나님의 형상 예수님 안에서 회복되다

이성의 작용은 주로 지능, 지식, 지혜의 모습으로 나타납니다. 지능이 높다고 해서 항상 지식이 많은 것은 아니지만, 지능은 분명히 지식을 쌓는 데 중요한 역할을 합니다. 따라서 건강한 이성을 위해서는, 이성의 두 축인 지능과 지식이 균형 있게 형성되는 것이 중요합니다.

지능이 낮으면 이해와 기억, 추리와 판단의 속도가 느릴 수 있습니다. 또한 지식이 없거나, 왜곡된 지식을 가지고 있다면, 올바른 판단과 문제 해결, 그리고 새로운 시각과 창의적인 접근이 어려워집니다. 결국 지능을 개발하고 올바른 지식을 배우며 쌓아 가는 일은, 우리의 이성을 건강하게 성장시키는 중요한 과정입니다. 또한 영적인 지식이 부족하거나 왜곡된 사람들은 자신과 주변 사람들을 위험한 상황으로 몰아넣을 수 있습니다(벧후 2:12).

성경은 우리의 생각이 중요하다고 분명히 가르칩니다. 사람은 교만한 생각이나 아무 생각나는 대로 사는 존재가 아니라, 각 사람에게 나누어 주신 믿음의 분량대로 생각해야 합니다(롬 12:3). 또한 사람이 마음에 품는 생각은 곧 그 자신을 드러내기도 합니다(잠 23:7).

그리스도인은 거듭난 새 사람으로서, 하나님을 아는 지식 안에서 새로움을 입게 됩니다(골 3:10). 즉, 단순히 머리로 아는 것을 넘어 사고방식과 세계관, 가치관이 새롭게 재구성되어 삶이 변화되는 실제적인 지식입니다. 성경은 이렇게 새롭게 된 그리스도인의 마음과 생각을 하나님께서 지켜 주신다고 말씀합니다.

감정

정체성은 '감정'을 통해 다양한 방식으로 표현됩니다. 슬픔의 그
릇에 담기면 슬픈 감정이 떠오르고, 기쁨의 그릇에 담기면 기쁨과
즐거움이 드러납니다. 그래서 정체성에 따라 같은 사건을 겪어도
서로 다른 감정을 느낄 수 있습니다.

또한 어떤 감정은 금방 사라지는가 하면, 어떤 감정은 오랫동안
남아 우리 안에 깊이 자리 잡으면서 삶 전반에 부정적인 영향을 미
치기도 합니다. 그러므로 감정이 치유되고 회복되는 과정은 원만하
고 성숙한 삶을 위해 필요한 여정입니다.

어떤 상황에서 느끼는 감정의 '유형'은 비슷할 수 있지만, 그 감정
의 깊이는 사람마다 다를 수 있습니다. 감정은 매우 미세한 단계와
넓은 스펙트럼을 가지고 있기 때문에, 자신의 감정을 자각하고 이해
하며 건강하게 관리하는 법을 배우는 것이 중요합니다. 그러나 실
제 우리의 삶에서는, 아직 감정을 배우고 다루는 법을 익히기도 전
에 이미 많은 상처를 경험하게 되고, 그 과정에서 어떤 감정은 이미
마음 깊은 골방 속으로 숨어 버리기도 합니다.

반대로, 건강한 정체성이 감정을 통해 잘 드러나게 되면, 자신의
감정을 온전히 평가하고 인식할 수 있게 되고, 그것이 건강한 자존
감과 자신감을 형성하는 데 큰 도움이 됩니다. 자기 감정은 절제와

 하나님의 형상 예수님 안에서 회복되다

인내, 하나님과 사람에 대한 신뢰, 긍정적이고 믿음 있는 사고방식, 변화에 대한 적응력, 내적 문제 해결 능력과 체계적인 계획성과 같은 요소들을 통해 관리되고 성장합니다.

또한 우리는 혼자 살아가지 않기 때문에 사회적 감정도 중요합니다. 사회적 감정이란 사회생활 속에서 경험하는 공감, 책임감, 소통, 공동체 안에서의 친밀감과 안정감, 소속감, 균형감 등의 감정적 자각을 말합니다.

관계 감정의 관리란, 각 개인이 다른 사람이나 공동체의 한 구성원으로서 적절한 감정을 표현하고 조절함으로써 관계를 유지하고 더욱 성장과 성숙하는 것을 의미합니다. 이를 위해서는 자신의 감정을 안전하게 나누고 서로 교감하는 능력, 다른 사람을 돕고 의지할 줄 아는 능력, 개인적인 감정의 변화와 갈등을 건강하게 해결하는 능력이 필요합니다. 결국 상호 간 협력과 배려를 통해 서로에게 건강한 감정의 영향을 주고받는 것이 중요합니다.

성경은 서로 비방하고 상처 주는 말이 오갈 때 우리의 감정은 상하고 근심이 쌓이며, 결국 서로를 긍휼히 여길 마음조차 잃어버리게 된다고 말씀합니다(시 69:20). 그러나 상하고 깊이 뉘우치는 마음으로 하나님께 나아갈 때, 하나님은 그 상한 마음을 외면하지 않으시고, 오히려 품어 주시며 치유하시는 분이십니다(시 51:17).

우리의 삶에는 수많은 감정의 상처와 변화가 있습니다. 그 가운데 상한 감정이 하나님 안에서 치유와 회복을 경험하게 될 때, 우리는 비로소 건강한 감정을 표현할 수 있게 됩니다. 그래서 우리는 자신의 감정을 안전하게 나누고, 서로의 아픔을 판단하지 않고 공감하며, 말씀과 기도 가운데 상한 감정을 하나님께 올려 드리도록 돕는 치유의 공동체가 필요합니다. 그러한 공동체를 통하여 각 사람의 감정은 점점 더 그리스도를 닮은 온유함과 긍휼, 기쁨과 평안으로 빚어져 갈 것입니다.

> 마음의 즐거움은 얼굴을 빛나게 하여도 마음의 근심은 심령을 상하게 하느니라(잠 15:13)

의지

우리는 흔히 의지를 "어떤 일을 이루고자 하는 마음"이라고 말합니다. 조금 더 풀어 말하면, 의지는 선택과 행동을 결정하게 만들고, 어떤 목적을 이루기 위해 우리로 하여금 자발적이고 의식적인 행동을 하도록 이끄는 마음의 힘이라고 할 수 있습니다.

의지는 크게 두 가지 방향으로 나누어 생각해 볼 수 있습니다. 하나는 안으로 향하는 내향적 의지이고, 다른 하나는 밖으로 향하는 외향적 의지입니다.

내향적 의지는 통제, 곧 절제의 힘과 관련이 있습니다. 자신을 다스리고 조절하며, 쉽게 흔들리지 않고 정적인 방향을 추구하는 수렴적 의지입니다. 반면, 외향적 의지는 목표를 향해 나아가게 하는 추진력, 바깥을 향해 움직이게 하는 역동적인 의지의 성향을 의미합니다.

한 사람 안에서 이 두 의지가 어떻게 조화를 이루는가에 따라 그 사람의 삶의 모습은 크게 달라집니다. 내향적 의지와 외향적 의지가 균형을 이룰 때 우리는 그 사람을 '성숙'하다고 느낍니다. 자신의 능력과 한계를 알고, 필요한 만큼은 과감하게 도전하면서도, 동시에 절제할 줄 아는 삶의 태도가 그에게서 드러나기 때문입니다. 그러나 이 균형이 깨질 때, 의지는 여러 가지 다른 형태로 나타납니다.

외향적 의지가 약하고 내향적 의지는 지나치게 강한 사람은 쉽게 움직이지 못하고, 머뭇거리며 주저하는 경향을 보입니다. 할 수 있음에도 나서지 못하고, 가능성보다 두려움과 염려가 더 크게 느껴지는 상태, 우리는 이를 '침체한' 삶의 모습이라고 부를 수 있습니다.

반대로 내향적 의지는 약하지만, 외향적 의지가 지나치게 강한 경우도 있습니다. 이때 사람은 충동적이고 즉흥적으로 행동하기 쉽고, 깊이 생각하거나 조절하는 힘이 약해집니다. 이것이 이른바 '미숙한' 삶의 모습입니다.

한편, 더 극단적인 경우로, 내향적·외향적 의지가 모두 크게 약해져 버리는 상태를 '박약한' 삶의 모습이라고 부르기도 합니다. 이는 종종 성장 과정에서의 큰 어려움이나 심한 충격을 겪은 이후에 나타나며, 자신의 힘만으로는 일상적인 선택조차 버겁게 느껴지는 상태이기 때문에 지속적인 도움이 필요합니다.

의지는 타고난 그대로만 머무는 것이 아니라, 충분히 훈련되고 자라날 수 있는 영역입니다. 먼저 현실적이고 구체적인 목표를 세우는 것이 중요합니다. 너무 막연한 목표는 의지를 소진시키지만, 작고 분명한 목표는 우리의 마음을 '할 수 있는 방향'으로 모아 줍니다.

그리고 그 목표를 여러 단계로 나누어 하나씩 점진적으로 이루어 갈 때, 그 성취의 경험을 통해 자연스럽게 의지력이 자라가게 됩니다.

또한 목표 자체보다 더 높은 차원의 동기를 갖는 것은 의지를 강화하는 데 큰 도움이 됩니다. 어떤 일에 대해 너무 힘들고 고통스러워서 포기하고 싶을 때가 있습니다. 그러나 그 일 뒤에 '가족을 부양해야 한다'라는 책임감이 있거나, '하나님께 받은 사명을 감당해야 한다'라는 소명 의식이 있을 때, 사람은 생각보다 훨씬 더 많은 어려움을 견뎌 내는 의지의 힘을 발휘합니다. 이처럼 상위 개념의 동기는, 단기적인 욕구와 피로를 넘어설 수 있는 깊은 의지력의 근원이 됩니다.

목표를 이루었을 때 느끼는 보람과 기쁨은 의지를 성숙시키는 중요한 기회입니다. '해냈다'라는 경험은 다음 도전을 향한 의지력을 키워줍니다.

그러나 삶에는 늘 성공만이 있는 것은 아닙니다. 반복되는 실패와 좌절은 누구라도 의기소침하게 만들 수 있습니다. 그러다 보면 어느새 자신감은 사라지고, 새로운 시도조차 두려운 상태, 곧 '침체'로 빠져들기 쉽습니다. 더 심하면 삶에 대한 의욕 자체가 약해지는 '박약'의 상태까지 나아갈 수도 있습니다. 그래서 자신의 의지 상태를 진지하게 돌아보고, 때로는 건강한 회복을 위해 전문가의 도움을 받는 것이 좋습니다.

의지를 키우는 데에는 합당한 인정과 보상도 중요한 역할을 합니다. 좋은 결과가 나왔을 때, 그 노력을 인정받고 칭찬을 들을 때, 우리는 다시 한번 힘을 얻습니다. 반대로, '실수'를 곧바로 '실패'로 단

 하나님의 형상 예수님 안에서 회복되다

정하고 포기해 버리면, 의지는 점점 위축됩니다. 실수는 실패의 증명이 아니라, 성장의 과정에서 누구나 겪는 귀한 경험입니다. 실수 속에서 배우려는 태도는 의지를 더욱 건강하게 만듭니다.

여기에 한 가지를 더 생각해야 합니다. 우리의 의지는 삶의 조건과 상처의 영향을 많이 받습니다. 트라우마와 같은 큰 사건과 사고를 경험한 사람은, 그 충격으로 인해 정상적인 일상조차 감당하기 어려워질 수 있습니다. 공포와 두려움, 그리고 마음의 상처가 깊이 남으면, 아무리 '의지를 가져라'라고 말해도 쉽게 움직일 수 없습니다. 이런 경우에는 그 상처가 마음속에 그대로 남아 굳어지지 않도록, 상담과 치유, 공동체의 지지, 가족의 돌봄 등 다양한 도움을 통해 잘 극복해 가는 과정이 필요합니다.

결국 의지는 혼자만의 힘으로 끌어올려야 하는 근육이 아니라, 관계와 환경, 의미와 믿음 속에서 함께 자라가는 마음의 힘입니다. 현실적인 목표 설정, 상위 동기의 발견, 성공과 실패를 대하는 태도, 그리고 상처에 대한 적절한 치유와 돌봄이 어우러질 때, 우리의 의지는 조금씩 그러나 분명하게 성장하고 성숙해 갑니다. 건강한 의지는 성령의 도우심과 더불어, 우리로 하여금 삶의 어려움 속에서도 포기하지 않게 하고 하나님과 이웃을 향한 사랑을 끝까지 지켜 내게 하는 중요한 내적 동력입니다.

우리가 어려움을 겪은 후 하나님의 은혜로 다시 일어나 회복을 경험하면, 이후 비슷한 충격이 찾아올 때 회복의 기간이 더 짧아지거나 이전보다 더 잘 감당할 수 있는 긍정적인 효과가 나타나기도 합니다.

이처럼 삶의 여러 고난을 믿음으로 통과한 경험과 그 결과를 통해 우리의 '자존감'이 건강하게 세워지고 의지력이 잘 성장하게 됩니다.

사람의 의지는 일반적으로 생리, 안정(안전), 애정과 공감, 자아존중, 자기실현의 다섯 가지로 설명할 수 있습니다. 여기에 신앙인은 하나님께서 주신 부르심에 반응하는 '소명 의지'를 더할 수 있습니다. 곧, 하나님의 뜻을 따라 살고자 하는 거룩한 결단입니다.

사도 바울은 인간 의지의 한계와 죄의 강력한 영향력을 매우 사실적으로 고백합니다(롬 7:15-25). 그는 스스로 선을 행하고자 하는 마음은 있지만, 죄의 지배 아래에서는 그 선을 온전히 이룰 수 없다고 탄식합니다. 이 말씀은 우리의 의지가 얼마나 연약한지를 깨닫게 할 뿐 아니라, 우리를 죄와 사망의 법에서 자유롭게 하시며 날마다 새 힘을 부어 주시는 예수 그리스도의 능력이 우리에게 얼마나 절대적으로 필요한지 분명히 보여줍니다.

자기 마음을 절제(통제)하지 못하는 사람은 주변의 수많은 유혹 앞에 쉽게 무너질 수밖에 없습니다(잠 25:28). 그러나 우리 안에 성령께서 심어 주신 선한 의지가 만드는 지속적인 인내를 붙들고, 낙심하거나 포기하지 않고 걸어갈 때 하나님께서는 때에 맞는 열매를 맺게 하십니다(갈 6:9, 고전 15:58).

  하나님의 형상 예수님 안에서 회복되다

성격 형상

성격의 이해

심리학은 '성격'을 "개인의 특징적인 행동과 사고를 결정하는 심리적이고 생리적 체계로서 개인 내에 존재하는 역동적인 조직이다"는 올포트(Allport, 1961)가 제시한 것과, "성격은 개인의 삶에 방향성과 형태(응집성)를 부여하는 인지, 정서 및 행동의 복잡한 조직체이며, 신체와 마찬가지로 성격은 구조와 과정이 있고, 선천성(유전)과 후천성(경험)을 모두 반영하며, 현재와 미래의 구성물뿐만 아니라 과거에 대한 기억에 의한 영향도 포함되어 있다"는 페빈(Pervin)의 정의도 있습니다.

따라서 심리학적으로 성격은 '선천성과 후천성 심리·생리적 체계가 환경을 경험하며 적응을 위해 특정 행동 형태를 나타내고, 삶의 목표를 향하여 지속적으로 유지하고 발전시키는 정서 및 개인의 독특한 심리적 표현 체계'라고 종합적으로 이해됩니다.

성경적 관점에서 성격은 '한 개인이 하나님의 뜻과 목적을 따라 아름답게 살아가도록, 하나님께서 각 개인에게 주신 지속적이고 일관된 특성' 또는 '하나님이 주신 한 개인의 정체성이 특이하고 지속적이며 일관되게 나타나는 모습'이라고 생각됩니다.

위의 다양한 정의를 기초 형상에 맞추어 단순화하면, 성격이란 '각 개인의 근본 형상인 정체성이, 기초 형상인 이성과 감정, 그리고 의지의 독특한 조합으로 드러나는 모습'이라고 이해할 수 있습니다.

성경적 정의에서 볼 수 있듯이, 성격은 하나님께서 각각의 사람에게 주신 고유한 특성입니다. 따라서 개인의 독특하고 다양한 성격을 포괄적으로 이해하려는 태도가 필요하며, 나와 다른 성격은 마땅히 존중받아야 합니다. 이러한 태도는 서로를 향한 협력과 포용을 더욱 풍성하게 하여, 건강한 관계를 세우고 지켜 가도록 돕습니다.

또한 성격은 당시 주어진 상황에 반응하는 각자의 내적 특성이며, 어떤 부분은 일관된 경향을 보이지만, 다른 부분은 상대적이고 변하는 모습으로 나타나기도 합니다.

성격검사 도구들은 자신과 타인을 이해하고, 상황에 맞게 적절히 대처할 수 있도록 돕는 유용한 도구입니다. 이를 통해 개인과 공동체의 성취를 높이고, 보다 효율적인 삶을 살아가는 데 도움을 줄 수 있습니다. 그러나 성격검사가 어떤 사람의 성격 전부를 설명해 주는 것은 아니며, 제한된 일부만을 보여준다는 사실을 인정해야 합니다. 동시에 우리가 알지 못하는 부분에 대한 여백을 충분히 남겨 두는 태도가 필요합니다. 그리고 가능하다면 여러 성격검사 도구를

　　하나님의 형상 예수님 안에서 회복되다

함께 사용하여 보다 폭넓게 이해하려는 태도가 필요합니다.

또한 설문 문항에 대한 개인의 답변이 애매하거나 일관성이 없을 수 있다는 점을 고려하면, 검사 결과가 달라지거나 다른 성격 유형으로 나타날 가능성도 염두에 두어야 합니다. 따라서 성격검사 결과는 서로를 규정하거나 단정 짓는 기준이 아니라, 서로를 더 깊이 이해하고 협력하며, 균형 있고 조화로운 삶을 이루어 가는 데 도움이 되는 유익한 도구 가운데 하나입니다.

서로의 다름을 이해하고 각자의 역할을 인정하며 자신에게 주어진 일을 잘 감당해 갈 때, 공동체 구성원 간의 차이를 조정해 가며 균형 잡힌 삶과 목표를 이루기 위해 또 다른 무엇인가가 필요하다고 생각하게 됩니다. 그것이 바로 '성품'이며, 이에 대해서는 다음 Chapter에서 더 자세히 다루도록 하겠습니다.

성격의 장애로부터 회복

성격을 잘 이해하고 다루기 위해서는 우리 안에 있는 심리적 장애 요소와 죄의 본성을 성격과 잘 구별해서 다루어야 합니다. 즉, 다른 것은 이해되고 서로 포용하고 수용하지만, 장애 요소는 치유하기 위해 노력하며, 잘못된 것은 시간이 걸리더라도 바르게 고쳐야 하고, 때로는 서로 용서하고 화해를 해야 하는 경우도 많습니다.

성격 장애는 종종 인격(성품) 장애와 혼용되어 사용됩니다. 이는 단어 번역과 정의의 혼란, 그리고 성격과 인격(성품)이 서로 보완적인 역할을 하면서 그 경계를 명확히 구분하기 어렵기 때문이라고 생각합니다.

성격은 각각의 특이성을 나타내지만, 주위 환경과의 관계에서 경직되거나 부적응적인 현상을 보일 때 '성격 장애'라고 합니다. 성격 장애(Personality Disorder, 또는 인격 장애로 번역되기도 함)는 편집성, 분열성, 분열형, 반사회성, 경계성, 연극성, 자기애성, 회피성, 의존성, 강박성 등으로 나뉩니다.

이러한 각각의 장애는 일반적으로 공동체에서 받아들이기 어렵거나 매우 불편할 정도의 심리적 상태와 행동을 보이는 경우가 많습니다. 우리 주변에는 어느 정도 성격 장애를 겪고 있는 사람을 흔히 볼 수 있으며, 심하면 의사의 정확한 진단과 약물치료, 그리고 상담 치료가 필요한 사람도 있습니다.

성격 장애가 의심된다면 전문가를 통해 어떤 장애가 있는지 구체적으로 검사받고, 자신의 상태와 그에 따른 결과, 그리고 주변 사람들에게 미치는 영향 등을 잘 이해해야 합니다. 성격의 형성 초기에 영향을 준 부모와 가족, 그리고 주변 환경의 영향을 알아보고 자신에게 있는 상처와 쓴 뿌리 등 왜곡되거나 미성숙한 성격 구조를 찾아보도록 합니다. 또한 미숙하거나 장애적인 성격 구조가, 건강한 공동체에 적응할 수 있는 성격 구조로 회복되어야 한다는 필요성을 이해하고 그에 따른 치료를 받아들이는 것이 성격 장애 회복 과정의 출발점입니다.

다른 한편으로는 영적 요인 등을 살펴볼 필요가 있습니다. 성격 장애의 요인으로 죄가 원인이 되어 생각, 감정, 그리고 행동에 복합

    하나님의 형상 예수님 안에서 회복되다

적으로 나타나는 경우가 많습니다. 이러한 경우는 죄의 문제와 원인을 다루는 성경 상담학적 접근이 필요합니다.

오랫동안 양극성 장애를 겪고 있던 자매가 있었습니다. 가족은 이 자매로 인해 서로 힘들어하며, 자매의 감정이 예민해서 과민 반응을 보인 정도로 생각했습니다. 상담을 진행하는 중에 이 자매는 자신이 오랫동안 양극성 성격 장애의 경향이 있다는 사실을 알게 되었고, 이를 가족과 나누었습니다. 가족은 좀 더 본질적인 문제의 원인을 알게 되어 자매의 회복을 위해 함께 노력하기 시작했습니다.

하지만 장애에 대한 이해와 일반 상담을 통한 노력만으로는 모두 회복되기 어렵다는 것을 깨달았습니다. 결국 이 자매의 회복은 기도와 말씀, 그리고 성경적 상담을 통해 상담사와 성령의 도움으로 영적·심리적 치유와 회복이 이루어지고, 삶의 변화로 이어지면서 가정의 위기도 극복할 수 있었습니다.

치유와 회복의 방법으로, 기억의 정리, 용서와 화해, 사건의 객관화, 성격의 발견과 개발, 통합화, 생각의 전환, 감정의 해소, 삶의 목적에 대한 깊은 이해, 그리고 불필요한 내적 요소를 버리는 과정 등이 있습니다.

위의 과정을 진행하는 동안 가장 중요한 첫 번째 단계는 정체성을 새롭게 확립하는 것입니다. 건강한 정체성은 새로운 삶의 목표를 세우게 하며, 삶의 우선순위를 재구성하고, 자신과 주변에 대한 근본적인 신뢰를 회복시켜 줍니다.

궁극적으로 새로운 정체성을 통해 성격 장애를 극복하면, 변화된 삶, 자유로운 삶, 안정된 삶, 관계의 회복, 그리고 균형과 조화의 삶으로 나아가게 됩니다.

그리스도인에게 새로운 정체성은 '영적 정체성'의 회복입니다. 그것은 하나님의 자녀로 거듭나는 것을 의미하며, 새로운 사람으로서 성령이 함께하는 삶을 의미하기도 합니다. 이러한 정체성의 변화가 삶의 여러 문제와 어려움의 원인을 제거하고, 성격과 성품이 건강하게 회복되도록 결정적인 도움을 줍니다.

> 너희는 유혹의 욕심을 따라 썩어져 가는 구습을 좇는 옛 사람을 벗어 버리고 오직 심령으로 새롭게 되어 하나님을 따라 의와 진리의 거룩함으로 지으심을 받은 새 사람을 입으라(엡 4:22-24)

외향적이거나 내성적인 성격 자체에는 잘못이 없지만, 외향적인 사람이 다른 사람을 배려하지 않고 무절제하게 공개적으로 자기 생각이나 감정을 표현한다면 타인에게 상처를 줄 수 있습니다. 이는 단순히 성격이 다른 데서 비롯된 것이 아니라, 성품에도 잘못된 부분이 있음을 의미합니다.

또한, 내성적인 성격의 사람이 자신이 마땅히 해야 할 책임의 역할을 감추거나 소극적으로 대한다면, 이는 성격 탓이라기보다 책임을 회피하는 안일함과 게으름으로 인한 결과로 봐야 할 것입니다.

각 개인의 성격을 존중하고 원만한 공동체를 이루기 위해서는 성

하나님의 형상 예수님 안에서 회복되다

품이 필요하게 됩니다. '성격'과 '성품'은 동전의 앞뒷면과 같은 구조
라고 이해됩니다. 성격 장애에 대한 좀 더 자세한 내용은 웨인 오우
츠(Wayne E. Oates)가 쓴 "그리스도인의 인격장애와 치유(Behind
the Masks: Personality Disorders)"를 읽어 보면 많은 도움이 될 것
입니다.

성품 형상

Chapter II 에서는 다양한 성품에 대한
이해와 회복에 관한 내용입니다.
성품은 주요 형상입니다.

성품의 이해와 관찰 · 성품의 종류와 회복

성품의 이해와 관찰

성품의 이해

종종 "자녀는 부모가 하는 모습을 보고 가장 많이 배운다"라는 말을 합니다. 실제로 표정과 성품, 심지어 어떤 아이는 걸음걸이까지 부모와 놀라울 만큼 비슷하게 닮는 모습을 보게 됩니다. 저 역시 어머니께서 "참 알뜰하게 제 부모를 쏙 빼닮았다"라고 말씀하시던 기억이 납니다.

성품의 형성은 사람마다 다르게 나타납니다. 어떤 이에게는 성품이 부드럽고 자연스럽게 형성되지만, 다른 이에게는 거칠게 형성되기도 하고, 때로는 성품 형성에 심각한 어려움이 있을 수도 있습니다. 자녀도 마찬가지입니다. 저마다의 성격과 자라나는 환경에 따라 성품이 서로 다르게 발달합니다.

지난 몇 년 동안 아이의 성품 발달 문제로 씨름하면서, 각자의 귀중한 성격을 바탕으로 어떻게 성품을 잘 형성할 수 있을지 깊이 고

하나님의 형상 예수님 안에서 회복되다

민하게 되었습니다. 결국 그 질문은 제 자신에게로 돌아왔고, 저의 성품 문제를 하나님의 말씀 안에서 다시 비추어 보며 해답을 찾기로 한 것입니다. 여러 가지 성품들이 우리의 삶에 어떤 영향을 미치는지 살펴보며 관련된 성경 말씀을 찾고, 그것을 저와 아이에게 함께 적용해 보기로 했습니다. 그렇게 하면서 성품 형성의 중요한 과정이 정리되었고, 아이를 어떻게 도울지에 대한 방향도 조금씩 서기 시작했습니다.

요즘 들어 자신의 문제점과 앞으로의 발전 방향에 대해 스스로 자주 이야기하는 막내를 보며, 그동안의 인내와 사랑이 조금씩 열매를 맺고 있음을 느낍니다. 그 성품들을 기르기 위해 애써 온 아이의 모습이 짠하기도 하면서, 또 한편으로는 참 대견하게 느껴집니다.

각 성품을 조명하는 일은 성숙한 그리스도인으로 성장하는 데 중요한 역할을 합니다. 예수님의 성품을 닮아 가는 과정은 태초에 창조된 하나님의 형상으로 회복되는 과정입니다(벧후 1:3-4). 성품의 모습은 영의 형상을 보여주며, 영이신 하나님은 그리스도인의 일상에 성품으로 표현됩니다. 따라서 그리스도인이 주변 사람들에게 자신의 영적 상태를 성품으로 드러내는 것은 신앙을 객관화하는 중요한 증거입니다. 또한 이러한 성품들은 세상에 하나님의 임재를 보여주는 소중한 통로가 됩니다.

성품의 관찰

성품은 성격, 가정, 교육, 그리고 다양한 주변 환경의 영향으로 형성되고 발전합니다. 물론 성품을 기르는 열쇠는 '나는 누구인가?'라는 정체성에 있습니다. 자신의 정체성이 온전히 자리 잡으면, 개인과 가정, 그리고 공동체가 상호작용을 하는 과정에서 성품이 더욱 잘 형성됩니다.

환경은 공동체의 자연, 종교, 문화, 윤리, 법률, 도덕 등 삶의 모든 측면에 영향을 미치는 요소를 포함합니다. 어떤 문화는 '인내'를 강조하는 반면, 다른 문화에서는 '존중'이 중시됩니다. 건강한 공동체는 다양한 성품이 자라고 훈련될 수 있는 환경을 만들어 줍니다.

성품도 공동체에 따라 상대적인 크기를 보이기 때문에 그리스도인은 그 기준을 성경에서 찾아야 합니다. 정체성과 성격을 기반으로 반복된 교육과 훈련은 습관을 형성하고 차츰 성품으로 길러집니다(약 1:21-25).

그리스도인의 성품은 혼자서 길러지는 것이 아니라, 성령과 함께 회복과 성장, 성숙의 길을 걸어가는 평생의 여정입니다. 이 과정은 믿음으로 주님께 의지하고, 성경 말씀에 순종하려는 노력과, 주님께서 주시는 전적이고 주권적인 은혜에 의해 성품이 자라나는 것을 의미합니다. 이러한 믿음의 노력과 하나님의 은혜를 따라 성령께서 열매로 맺어 주시는 다양한 성품은 자신과 공동체에 선하고 유익한 영향을 끼칩니다. 그리스도인들의 이런 선한 영향력으로 인해 이 땅에 하나님의 형상이 더욱 풍성하게 드러나게 됩니다.

아직 부족한 성품에 대해서는 본인이 부끄럽게 생각하고 숨기려는 모습이 있습니다. 부끄러움은 사람이 갖는 자연스러운 감정입니

 하나님의 형상 예수님 안에서 회복되다

다. 사실 큰 문제는 부끄러워야 할 일에 부끄러워하지 않는 것입니다. 부족한 성품을 극복하기 위한 노력은 더욱 많은 은혜를 통해 온전한 하나님의 형상으로 회복되는 축복의 기회입니다. 부끄러움 다음에는 성찰, 결심, 회복, 그리고 성장과 성숙의 개선 방안이 있습니다. 잘 길러진 성품은 주위 사람들에게 본이 되고 또한 함께 나누어 유익을 얻게 됩니다.

성품을 관찰할 때는 자신에 관한 생각뿐만 아니라, 주위의 3인 이상으로부터 의견을 듣고 이를 종합해 이해하는 것이 바람직합니다. 따라서 배우자, 친구, 직장 동료 등 주변 사람들이 자신에 대해 어떻게 생각하는지 잘 경청하고 이를 종합해 판단하는 것이 자신의 성품을 객관적으로 이해하는 데 도움이 될 것입니다.

성품의 관찰은 각 문화나 공동체 내에서 주관적이고 상대적인 성격을 가집니다. 따라서 같은 문화권 내에서 개인 간의 경향이나 비교는 가능하지만, 서로 다른 문화권 사람들과 성품을 비교하는 것은 큰 의미가 없을 수 있습니다. 서로의 성품을 관찰한 결과 지나친 차이가 있다면, 충분히 대화를 나눈 뒤 신중하게 성품 교정과 발전을 위해 서로 도울 방안을 찾는 것이 좋습니다.

성품의 종류와 회복

  '성품'은 사람으로서의 품격을 갖추기 위해 근본 형상이 기초 형상의 다양한 조합으로 표현되는 모습이라고 생각됩니다. 반드시 그렇지는 않더라도, 대체로 성품을 통해 그가 어떤 사람인지 알 수 있습니다. 성품은 그 사람의 됨됨이를 비추는 거울과도 같다고 할 수 있습니다.

  건강한 정체성을 가지고 있다면, 각자의 성격에 따라 특징적인 성품이 자연스럽게 발달하는 경향이 있습니다. 물론 외부 환경 요인이 계속해서 영향을 미치면서, 성격과는 전혀 다른 성품이 나타나는 경우도 있습니다. 따라서 자신에게는 쉽게 형성된 성품이 다른 이들에게는 어렵게 형성될 수 있음을 이해하고, 서로 성품을 기르기 위해 함께 노력하는 자세가 필요합니다.

  성품 형성을 돕는 사역 과정에서 "내가 왜 그렇게 해야 하나요?"라는 반응을 종종 마주합니다. 이런 경우, 그 반응 자체에 답이 담겨 있으며, 이는 곧 '정체성'에 관한 문제로 접근해 볼 수 있습니다.

'내가'라는 표현에는 이미 자신의 정체성이 어디에 속해 있는지를 결정하고, 이어서 "왜 그렇게 해야 하나요?"라는 질문이 자연스럽게 따라옵니다. 따라서 '내가 누구인가?'에 대한 정체성을 새롭게 설정하거나 재인식하면, 그 질문에 대한 답을 스스로 찾을 수 있습니다. 그리고 이 과정이 성품 변화의 출발점이 될 수 있습니다.

그리스도인의 정체성은 성경적 시각에서 자신의 성품을 돌아보게 하며, 성경의 기준에 맞는 성품으로 변화된 삶을 추구하도록 이끕니다(엡 4:22-32).

하나님의 형상으로 성품을 기르는 것은 성경 말씀을 통해 자신에게 변화가 필요하다는 사실을 깨닫는 데에서 시작됩니다. 이러한 변화는 거룩한 삶을 향한 성화 과정에 꼭 필요한 것으로, 잘못된 죄의 습관에서 벗어나는 것을 포함합니다. 이는 옛사람의 습성을 벗어 버리고 새사람의 습성을 길러 하나님을 닮은 성품을 회복하는 과정입니다. 이러한 회복은 성령의 도움을 따라 믿음의 삶을 실천하는 과정에서 이루어집니다.

조급해하지 말고, 사랑과 인내로 꾸준히 주변 사람의 성품 형성을 도우면, 다양한 변화와 개선의 모습을 보게 될 것입니다. 또한 귀한 성품의 열매는 본인과 주변 사람들이 함께 나누고 누리게 될 것이라는 믿음과 소망을 품으면, 힘든 과정도 이겨 낼 수 있습니다.

얼마 전부터 베드로후서를 새롭게 읽기 시작했습니다. 다혈질이고 즉흥적이며 주님을 세 번이나 부인했던 베드로가 이 글을 쓰면서 하나님의 성품에 관해 이야기하는 부분이 새롭게 다가왔습니다.

베드로는 주님을 만나면서 경험한 수많은 기적과 슬픔, 고통의 시간을 통해 성령께서 자신 안에서 회복시켜 주신 "신의 성품", 즉 "하나님의 형상"을 확인하게 되었습니다. 이렇게 변화된 자신을 돌아보며 베드로가 하나님의 깊은 은혜에 감사했을 마음이 새롭게 다가왔습니다.

전형적인 인간의 연약함을 보여준 베드로를 주님이 택하신 이유 중 하나는, 연약한 우리도 베드로처럼 하나님을 닮은 성품으로 회복될 수 있다는 소망을 주시기 위함이라고 믿습니다.

> 이로써 그 보배롭고 지극히 큰 약속을 우리에게 주사 이 약속으로 말미암아 너희로 정욕을 인하여 세상에서 썩어질 것을 피하여 신의 성품에 참예하는 자가 되게 하려 하셨으니(벧후 1:4)

감사

티베트 지역 해발 3,300m에 있는 '위수'에서 4,300m 고지대로 떠나는 아침이 밝았습니다. 준비한 차량에 탑승할 인원도 모두 정해졌습니다. 그런데 티베트 전통의상을 곱게 차려입은 한 티베트 부인이 비좁은 남자들 옆자리에 함께 타자고 요청하였습니다.

험한 산길을 넘어 이틀 만에 4,300m에 있는 마을에 도착했을 때, 왜 그 티베트 부인이 불편한 자리를 마다하지 않고 그 힘든 길을 함께

 하나님의 형상 예수님 안에서 회복되다

온 것인지 알 수 있었습니다. 어쩌다 한 번씩만 올 수 있는 히말라야 산맥의 깊은 오지 마을에는 그녀의 어머니가 홀로 살고 계셨습니다.

활짝 웃으며 딸을 만날 수 있도록 차편을 마련해 준 것에 대해, 우리 일행의 손을 꼭 잡고 깊은 감사를 전하던 티베트 산중의 순박한 노모의 얼굴이 떠오릅니다. 딸을 다시 만날 수 있도록 도와준 데 대한 감사의 마음이 노모의 표정에 온전히 드러나 있었고, 그 얼굴은 진심 어린 감사로 가득 차 있었습니다.

감사하는 마음으로 살아가는 사람은 많은 것을 소유하지 않아도 마음이 풍요로울 수 있습니다. '감사'는 내가 받은 도움에 대해 얼마나 기뻐하는지, 그 도움의 선한 가치를 얼마나 인정하는지, 그리고 그 도움을 베푼 상대방을 얼마나 존중하는지를 진심으로 드러내는 표현입니다.

반면, 감사할 줄 모르는 사람과 함께 지내는 것은 참으로 어려운 일입니다. 힘들고 어려운 일을 돕고 난 뒤에 상대방이 감사의 마음을 전하면, 그 수고가 더 의미 있고 소중하게 느껴집니다. 반면, 도움을 받고도 감사를 표하지 않거나 그것을 당연하게 여기는 사람에게는 다시 도움을 주기가 망설여집니다.

가끔 "감사를 꼭 말로 표현해야 하는가?"라는 질문을 받습니다. 물론 감사의 마음을 직접 표현하는 것이 너무 어색하게 느껴진다면, 반드시 말이나 다른 방식으로 표현해야만 한다고 말할 수는 없을 것입니다. 그러나 그런 특별한 경우가 아니라면, 상대방이 알 수 있도록 감사를 분명히 표현하는 것이 중요하다고 생각합니다.

그리스도인에게 '감사'는 관계를 깊어지게 하는 데 매우 중요한 요소입니다. 진정한 그리스도인의 감사는 하나님과의 관계를 더 깊이 발전시키는 과정에서 빼놓을 수 없는 부분입니다. 하나님의 크신 사랑과 수많은 도우심에 감사드리는 것은, 하나님을 믿고 신뢰하며 인정하는 마음에서 흘러나오는 고백입니다. 또한, 우리에게 도움을 준 이에게 감사를 표현하는 것은 단순한 예의가 아니라, 마음을 전하고 관계를 세워 가는 의미 있는 과정입니다.

우리가 하나님께 감사하며 나아갈 때, 우리의 마음은 하나님의 마음과 더욱 깊이 연결되는 놀라운 은혜를 경험하게 됩니다. 성경은 감사에 관한 말씀을 곳곳에 기록하고 있습니다(시 136:1, 118:21, 골 2:7, 롬 6:17-18, 딤전 1:12, 4:4, 살후 1:3, 2:13, 고후 9:15, 고전 15:57). 그리고 예수님 역시 하나님께 감사드리셨습니다(마 11:25).

예수님의 은혜로 감사하는 마음이 가득한 사람은 이 땅에서 하나님의 나라를 더욱 풍성하게 누리는 사람입니다. 이러한 사람은 자신이 받은 신령한 축복과 은혜를 이웃과 함께 나누며, 주변 사람들에게 보람과 감사의 삶을 살도록 격려하고 용기를 북돋아 줍니다(골 3:17, 빌 4:6).

> 범사에 감사하라 이는 그리스도 예수 안에서 너희를 향하신 하나님의 뜻이니라(살전 5:18)

하나님의 형상 예수님 안에서 회복되다

검소

미국에서는 1센트를 주우면 행운이 따른다는 말이 있습니다. 물론 1센트 동전이 실제로 행운을 가져다준다는 것은 미신에 불과하지만, 작은 동전 하나라도 소중히 여기는 마음은 분명 의미가 있습니다. 작은 것조차 소홀히 여기지 않고 아끼는 마음이 바로 '검소'의 기본이기 때문입니다.

돌이켜 보면, 예전에는 여러 가지 이유를 붙여가며 원하는 것을 더 사려고 했던 때가 있었던 것 같습니다. 그러나 시간이 지나 돌아보니, 그 많은 것들이 정말 필요해서 산 것은 아니었다는 생각이 들었습니다. 요즘에는 무엇을 구매하려 할 때마다 한 번 더 멈추어 서서 '이것이 정말 꼭 필요한가?', '이것 없이도 다른 방법으로 해결할 수 있지 않은가?'를 먼저 생각해 보게 됩니다.

'검소'는 나 자신을 포함해 내가 영향력을 미치는 범위 안에서, 필요한 만큼만 사용하여 원하는 결과를 얻는 태도를 의미합니다. 검소함은 더 가지고 싶은 욕구를 잠시 멈추고, 그것이 정말 필요한지 다시 생각해 보는 마음에서 시작될 수 있습니다. 진정한 필요성은 단지 갖고 싶어 하는 소유 욕구를 배제하고, 필요성에 대한 객관적인 분석과 판단을 통해 비로소 드러납니다.

욕구를 내려놓을 때 마음에 참된 쉼이 찾아옵니다. 많이 소유해야만 좋을 것 같지만, 오히려 내려놓을 때 더 큰 평안과 쉼을 누리게 됩니다.

삼가 모든 탐심을 물리치라 사람의 생명이 그 소유의 넉넉한
데 있지 아니하니라(눅 12:15)

'검소'한 삶은 자신에게 주어진 시간을 낭비하지 않는 데서 시작
됩니다(엡 5:15-16). 누구도 이 땅에서 육신으로 영원히 살 수는 없
습니다. 그러므로 우리는 하나님께서 주신 시간을 지혜롭게 분별하
고, 적절하게 사용할 줄 아는 사람이 되어야 합니다. 성경은 사치스
럽고 방탕한 삶에 대해 분명히 경고하고 있습니다.

그가 어떻게 자기를 영화롭게 하였으며 사치하였든지 그만큼
고난과 애통으로 갚아 주라(계 18:7)

예수님은 왕궁이나 부자들의 집이 아니라, 소박한 평민들의 가정
에서 함께 먹고 마시며 검소한 삶을 통해 하나님 나라를 가르치셨습
니다. 오늘날 세상은 점점 더 큰 풍요와 소비를 추구하는 시대가 되
어 가고 있습니다. 물론 모든 풍요가 잘못된 것은 아니지만, 사치와
낭비는 반드시 경계해야 할 부분입니다.

꼭 필요한 열매를 얻기 위해 자원을 적절하게 사용하며, 지혜와
절제를 함께 갖춘 검소한 성품이 그 어느 때보다 필요한 시대에 우
리가 살고 있습니다.

    하나님의 형상 예수님 안에서 회복되다

겸손

‘겸손’의 의미를 생각할 때 떠오르는 단어는 ‘낮춘다’입니다. 이는 자신이 마땅히 설 만한 자리나 대우받아야 할 위치에서, 마음과 태도를 더 낮은 곳으로 옮긴다는 의미로 이해할 수 있습니다.

아이들이 잘난 체하거나 교만한 모습을 보일 때 우리는 흔히 “익은 벼가 머리를 숙인다”라는 표현을 사용하곤 합니다. 그런데 성장기 아이들에게는, 아직 충분히 자라지도 않았는데 머리를 숙이라고 강요하는 말처럼 들릴 때가 있습니다. 이런 경우 오히려 아이들이 위축되어 건강하게 성장하지 못하고, 마치 병든 벼처럼 자라날 수도 있겠다는 생각이 들었습니다.

또 아이들에게 겸손을 말할 때, 그 속에 아이들을 권위로 누르거나 조금 더 편하게 다루려는 어른들의 의도가 섞여 있지는 않은지 돌아보게 됩니다. 진정한 겸손은 억압이나 강요가 아니라, 하나님의 사랑 안에서 자신을 바르게 보고 자라가도록 돕는 데에서 시작되어야 할 것입니다.

그래서 아이들이 힘차게 고개를 들고 잘 자랄 수 있도록 격려하는 일이 더욱 중요하다고 느꼈습니다. 동시에 아직 배울 것이 많다는 사실을 깨닫게 하여, 자신을 과장하지 않는 태도를 기르도록 돕는 것도 필요합니다.

벼가 자랄 때와 익을 때를 구분하듯, 아이들도 단지 크기만 할 것이 아니라 온전히 익어가야 합니다. 계속 크기만 하고 충분히 익지 못하면, 속이 빈 쭉정이만 많아질 수 있기 때문입니다. 그러므로 아이들이 내실을 다져 성숙해질 수 있도록 가르치는 것이 매우 중요합니다.

잘 여문 벼가 자연스럽게 머리를 숙이듯, 겸손은 우리의 내실을 채워 주는 매우 중요한 성품입니다. 사회적으로 높은 직위에 있거나 세속적으로 성공한 이들이 자신을 낮추고 겸손한 태도를 보일 때, 우리는 그들의 삶을 통해 겸손의 열매를 맛보게 됩니다.

물론 겸손은 어릴 때부터 그 개념을 바르게 배우는 것이 좋습니다. 이 시기의 겸손은 주관적인 자아가 점차 객관화되면서, 자신의 객관적인 위치를 인식하는 데서 시작됩니다. 그리고 어느 정도 성장하면 자신이 선 자리에서 용기와 배려의 성품으로 자신을 낮추는 훈련이 필요합니다.

자존감이 높고 건강하게 성장하는 사람일수록, 오히려 겸손한 태도를 더 자연스럽게 드러냅니다. 겸손은 위축되거나 비굴함이 아니라, 서로의 유익을 위해 기꺼이 자신을 낮추는 성숙한 표현입니다.

반대로, 상대적으로 열등감과 욕심이 많은 사람에게서 교만이 더 쉽게 드러날 수 있습니다. 교만은 자기를 높이려는 마음에서 비롯되며, 세상이 자기중심으로 움직이기를 바라는 마음의 표현입니다.

겸손한 사람은 하나님의 기쁨을 누릴 수 있습니다(사 29:19). 하나님은 마음이 겸손한 사람의 영을 소생시키십니다(사 57:15). 또한 하나님은 우리가 겸손하게 하나님과 동행하기를 원하십니다(미 6:8). 겸손은 사람과 사람 사이의 관계를 좋게 만들며, 하나님은 때가 되면 겸손한 사람을 높여주십니다(시 75:7, 약 4:10, 벧전 5:6).

겸손은 죄 가운데 있는 우리가 하나님의 긍휼을 입고 은혜의 길로

    하나님의 형상 예수님 안에서 회복되다

나아가게 만드는 중요한 통로입니다. 교만은 결국 자신을 해치지만, 겸손은 복과 은혜를 가져옵니다(잠 15:33, 22:4, 18:12, 3:34, 시 149:4, 대하 26:16, 약 4:6).

다 서로 겸손으로 허리를 동이라 하나님은 교만한 자를 대적하시되 겸손한 자들에게는 은혜를 주시느니라 그러므로 하나님의 능하신 손 아래에서 겸손하라 때가 되면 너희를 높이시리라(벧전 5:5-6)

예수님께서는 제자들에게 진정한 겸손과 섬김의 본을 보여주셨습니다. 돌아가시기 전날 밤, 허리에 수건을 두르고 무릎을 꿇어 제자들의 발을 씻기셨습니다(요 13:4-5). 하나님께서 친히 사람이 되셔서 사람의 발을 씻겨 주신, 참으로 놀라운 겸손의 모습입니다. 이 겸손의 모습은 모든 섬기는 이들에게 영원한 본이 됩니다. 또한 예수님은 우리를 구원하시기 위해 자신을 죽기까지 낮추시어, 십자가에서 생명을 내어주셨습니다.

그는 근본 하나님의 본체시나 하나님과 동등됨을 취할 것으로 여기지 아니하시고 오히려 자기를 비워 종의 형체를 가져 사람들과 같이 되었고 사람의 모양으로 나타나셨으매 자기를 낮추시고 죽기까지 복종하셨으니 곧 십자가에 죽으심이라(빌 2:6-8)

성경은 그리스도인에게 겸손할 것을 권면합니다(엡 4:2, 벧전 3:8, 골 3:12, 빌 2:3, 마 23:12). 진정으로 겸손한 사람은 하나님의 주권을 인정하며, 하나님과 이웃을 사랑하는 사람입니다. 예수님의 겸손을 배운 그리스도인의 심령은 주 안에서 참된 쉼을 누리게 되며, 그 마음의 중심에는 하나님께서 다스리시는 나라가 굳게 서 있습니다(마 11:29).

경각심

사슴과 같은 초식 동물들은 종종 주위에 보초를 세웁니다. 보초를 선 동물은 주변의 소리에 아주 민감하게 반응하며, 이상한 기운이 감지되면 소리를 내어 주변 동물들에게 빠르게 위험을 알립니다.

'경각심'이란, 바르고 신속하게 대처할 수 있도록 주변 상황을 민감하게 의식하는 태도를 말합니다. 경각심은 다가오는 위험을 인지하도록 도와주고, 위기에 대비할 시간을 마련해 줍니다. 우리 주변에서 일어나는 많은 위험한 사건들에는 대개 사전에 어떤 조짐이 있습니다. 그러나 이러한 위험 신호들은 대부분 무시되거나 대수롭지 않게 여겨지는 것이 현실입니다.

전쟁, 자연재해, 질병 등 개인과 인류를 위협하는 위험들이 종종 우리 곁에 다가옵니다. 그런데도 많은 경우 위험 신호가 무시되거나 잘못 해석되기도 합니다. 실제로 홍수와 같은 재해 이후, 부정확한 기상 예보로 인해 여러 사람이 희생되었다는 소식을 듣게 되곤 합니다.

가정이나 직장 등 우리 일상의 영역에도 다양한 위험 신호들이 존

하나님의 형상 예수님 안에서 회복되다

재합니다. 우리의 건강 상태 또한 여러 증상들을 통해 위험을 미리 알리기도 합니다. 모든 상황에 완벽히 대처할 수는 없지만, 우리는 경각심을 가지고 주변에서 일어나는 일들을 세심하게 살필 필요가 있습니다.

신앙인의 '경각심'은 영적 삶에서 자신을 지키는 매우 중요한 도구입니다. 성경의 많은 선지자들은 죄로 인해 멸망이 다가오고 있음을 끊임없이 경고했습니다. 이 시대에도 다양한 경로를 통해 위험에 대한 경고가 계속 들려오고 있습니다.

방송과 언론에서는 기후변화, 자연재해, 전쟁, 질병, 경제 불안 등 인류를 위협하는 문제들에 관한 경고를 계속해서 전달합니다. 그러나 많은 사람들의 경각심은 점점 무뎌지고 있는 것처럼 보입니다.

그리스도인은 기도와 말씀 가운데서 성령의 경고에 귀를 기울이고, 그 음성에 민감하게 반응하며 바르게 대처해야 합니다. 이것이 신앙인에게 주어진 거룩한 경각심의 삶입니다.

> 이러므로 너희는 장차 올 이 모든 일을 능히 피하고 인자 앞에 서도록 항상 기도하며 깨어 있으라 하시니라(눅 21:36)

경건

'경건'은 사전적으로 "공경하며 삼가고 조심하며 엄숙한 것"을 의미합니다. 신앙에서 경건은 '신에게 깨끗한 마음으로 자신의 모든 것을 드리며 나아가는 순수한 태도'로 표현할 수 있습니다.

‘경건’한 생활 태도는 세속에 쉽게 물들지 않고 자신의 소중한 가치를 지키려는 노력입니다. 일반적으로 장례식이나 종교의식에서는 자연스럽게 경건한 마음을 갖게 됩니다.

성경에서 ‘경건’은 ‘하나님을 두려워하고, 하나님께 예배하는 것’이라는 원어의 의미가 있습니다. 따라서 ‘경건’은 ‘하나님께 예배하는 마음으로 세속에 물들지 않고 하나님의 뜻을 따라 살아가는 태도’로 표현할 수 있습니다.

그리스도인의 경건한 삶은 ‘하나님의 하나님 되심을 믿음으로 인정하고 섬기며, 예수님을 통해 거룩한 성품을 닮아 몸과 마음을 다해 이웃을 사랑하고 섬기는 삶’으로 이해할 수 있습니다(히 12:28, 벧후 1:3). 이러한 면에서 그리스도인의 경건은 하나님 앞에서 신중하고 진심으로 높이 우러러 경배하는 태도이자, 일상생활에서 어려운 이웃을 진심으로 돕는 선한 행동이라 할 수 있습니다.

> 하나님 아버지 앞에서 정결하고 더러움이 없는 경건은 곧 고아와 과부를 그 환난 중에 돌아보고 또 자기를 지켜 세속에 물들지 아니하는 이것이니라(약 1:27)

성경은 우리에게 경건한 삶을 살도록 권면하며, 그런 삶에는 하나님의 축복과 신령한 유익이 있다고 가르칩니다. 반대로 경건한 삶을 외면할 때는 하나님의 징계가 뒤따를 수 있음을 경고합니다(시 4:3, 행 10:2, 유 1:15, 1:18, 욥 13:16, 딛 2:12, 2:2, 딤전 4:8, 6:5-6, 6:11,

     하나님의 형상 예수님 안에서 회복되다

6:3-5, 딤후 2:16, 3:12, 3:5, 벧후 2:6, 3:7, 2:9, 약 1:26, 요 9:31).

경건하지 않은 우리를 위해 예수님께서 십자가에서 죽으셨습니
다(롬 5:6). 또한, 경건은 진리를 지키며 하나님의 사람으로 살아가
기 위해 꼭 필요한 귀한 성품이기에, 우리는 성령의 도움으로 자신
을 연단하여 경건에 이르도록 힘써야 합니다.

경청

'경청'은 상대방의 가치를 인정하고 존중하며, 모든 주의를 집중해
귀 기울여 듣는 것을 의미합니다. 오늘날에는 정중하게 타인의 말
을 경청하는 모습을 보기 어려운 시대가 되었습니다.

자녀를 양육할 때 가장 효과적인 방법의 하나는 말하는 것보다 오
히려 더 많이 듣는 것입니다. 자녀의 말을 귀 기울여 들으면, 불필요
한 말은 줄이고 정말 중요한 메시지를 더욱 명확하게 전달할 수 있
습니다.

내 사랑하는 형제들아 너희가 알지니 사람마다 듣기는 속히
하고 말하기는 더디 하며 성내기도 더디 하라(약 1:19)

하지만 부모가 자녀의 말을 자세히 듣지 않으면, 하고 싶은 말만
대충 쏟아내기 쉽습니다. 이런 태도는 자녀에게 잔소리로 받아들여
지고, 스트레스를 쌓게 하며, 마음의 집중을 잃고 점차 귀를 닫게 만
듭니다. 반면, 자녀의 말을 진지하게 들어 주면, 아이는 존중받고 인
정받는다고 느낄 것입니다.

아이에게 주로 가르치려던 태도를 줄이고, 아이의 말을 경청하기
위해 노력하자 예상치 못한 아이의 성숙한 이야기가 들려오기 시작
했습니다. 그동안 아이의 말을 잘 듣지 않아 아이를 무시했던 것이
었고, 이제라도 아이가 소통하고자 하는 마음의 소리에 귀 기울이게
되어 감사했습니다.

사연을 듣기 전에 대답하는 자는 미련하여 욕을 당하느니라
(잠 18:13)

사람마다 정보를 받아들이는 방식에 차이가 있을 수 있지만, 상대
방의 말을 귀 기울여 듣는 태도에서 존중과 겸손이 드러납니다. 귀
기울여 경청하는 사람의 태도는 말하는 이에게 자존감을 높여주고,
격려가 될 수 있습니다.

그리스도인에게는 주님의 음성에 귀 기울이는 자세가 중요합니

     하나님의 형상 예수님 안에서 회복되다

다. 하나님의 사람들은 하나님의 말씀을 잘 귀 기울여 들었습니다(신 5:27, 잠 22:17, 1:33, 욥 34:16, 삼상 3:10). 또한 하나님께서도 우리의 말을 귀 기울여 들어주십니다(시 40:1, 렘 33:3, 요일 5:14-15).

여호와께서 내 음성과 내 간구를 들으시므로 내가 저를 사랑 하는도다 그 귀를 내게 기울이셨으므로 내가 평생에 기도하리 로다(시 116:1-2)

고결·거룩

'고결'은 '성품이 고상하고 순결함'을 의미하며, '거룩'은 '세속과 구별된 깨끗함'을 뜻합니다. 또한 고결은 결손 없이 완전하게 유지되는 상태를 나타냅니다. 용어 사전에서는 망실, 훼손, 손상, 변조 등으로 기록이 변경되지 않고 완전한 상태를 유지하는 것을 의미합니다. 성품의 측면에서는 인격적으로 흠잡을 데 없는 순수하고 온전한 상태를 가리키는 말로 '고결함'을 사용합니다.

고결한 사람은 삶의 중요한 가치를 잘 알고 있으며, 헛된 이상이나 세속에 자신을 맡기지 않고, 험한 환경 속에서도 소중한 가치를 지켜 나갑니다.

고결은 몇 가지 중요한 성품과 연결되어 있습니다. 첫째, 가식이 없고 왜곡된 표현을 하지 않는 정직과 죄로 인한 흠이 없는 순결입니다. 둘째, 자신의 위치를 지키며 욕심을 부리지 않는 절제와 자신의 역할을 감당하는 성실한 태도입니다. 셋째, 위험을 이겨 내고 감수

할 줄 아는 용기와 어려움 속에서도 지켜 내는 신뢰입니다. 또한, 자신을 거짓된 환경으로부터 지켜 내는 분별력과 지혜도 필요합니다.

사람은 겉으로 고결해 보여도 그 내면을 모두 알 수는 없습니다. 그러나 하나님의 완전한 형상으로 오신 예수님은 분명 고결하신 분입니다. 이러한 고결함은 세속과 완전히 구별된 거룩과 자연스럽게 연결됩니다. 거룩은 죄로 인한 어떠한 결점도 없는 완전한 하나님의 성품을 의미합니다(요 6:69, 사 6:3, 계 4:8). 예수님은 거룩하신 분이십니다(막 1:24, 고전 1:30).

> 이러한 대제사장은 우리에게 합당하니 거룩하고 악이 없고 더러움이 없고 죄인에게서 떠나 계시고 하늘보다 높이 되신 자라(히 7:26)

복음을 믿고 예수님을 주님으로 따르며 성령의 능력으로 거룩하게 되어 가는 믿음의 자녀를 주님은 기쁘게 받으십니다(롬 15:16). 그리스도인의 삶의 목표는 하나님의 형상인 예수님을 닮아 가는 것입니다. 이는 하나님의 거룩한 성품을 닮는 것이며, 하나님의 형상을 회복하고 하나님 나라를 이 땅에 세워 가는 일입니다(히 12:14, 벧전 2:9, 벧후 3:11-12, 롬 6:22, 골 3:12, 살전 4:7, 엡 1:4, 4:24).

> 오직 너희를 부르신 거룩한 자처럼 너희도 모든 행실에 거룩한 자가 되라 기록하였으되 내가 거룩하니 너희도 거룩할찌어

   하나님의 형상 예수님 안에서 회복되다

다 하셨느니라(벧전 1:15-16)

그리스도인은 하나님의 말씀과 기도와 회개, 예수님, 성령으로 거룩하게 됩니다(딤전 4:4-5, 살후 2:13, 요 17:17, 히 10:10, 12:10, 벧전 2:5). 이 거룩한 그리스도인의 삶은 가정에서도 매우 중요합니다(살전 4:4, 고전 7:14).

예수님의 거룩한 희생의 성품은 십자가 사건에서 드러났으며, 이를 믿는 우리의 삶에도 거룩함이 이루어지고 있습니다. 이러한 거룩한 신앙의 삶은 하나님의 뜻에 전적으로 순종하는 헌신하는 삶으로 표현되기도 합니다. 그리고 그리스도인은 하나님께서 거룩하게 하신 삶으로 하나님의 뜻을 이루어 가며, 주님이 오실 그날까지 그 삶을 지켜 가고자 소망합니다(히 13:12, 딤후 1:9, 벧전 1:2, 롬 6:19, 살전 5:23).

이제는 그의 육체의 죽음으로 말미암아 화목케 하사 너희를 거룩하고 흠 없고 책망할 것이 없는 자로 그 앞에 세우고자 하셨으니(골 1:22)

공경

나이가 들수록 젊은 사람들의 행동에 더 민감해지는 것 같습니다. 예전에는 무례하다고 생각되었던 상황을 그냥 넘기곤 했지만, 이제는 그런 일들이 다시 떠오르고, 때로는 저도 모르게 마음 한구석에

섭섭함이 자리 잡는 것을 느끼게 됩니다.

예전에 동네 어르신이 요즘 젊은이들은 인사성이 없다고 말씀하셨던 기억이 납니다. 어렸을 때는 '인사가 뭐 그리 중요할까?'라는 의문이 들기도 했고, 이를 유교적 문화에서 비롯된 세대 차이로 생각하곤 했습니다. 물론 문화적 세대 차이는 분명히 존재합니다.

'공경'은 윗사람에게 예의를 갖추어 적절하게 잘 받드는 것을 의미합니다. 윗사람을 어떻게 대해야 하는지는 생각보다 단순하지 않은 문제인 것 같습니다. 사실 윗사람이 모두 공정하고 사리 분별이 정확하다면 큰 문제가 없겠지만, 윗사람이 아랫사람에게 불합리하게 대하거나 단지 나이가 많다는 이유로 이득을 얻으려 하면서 권위만을 강요한다면, 곧 무시당하거나 반발을 불러일으킬 수 있습니다.

예전에는 연장자나 특정 직업, 상사의 권위가 공경받던 시절이 있었지만, 이제는 그 권위가 점점 약해지고 있습니다. '세대 독재'나 '갑질', '학대'와 같은 표현이 자주 등장하는 사회가 되었고, 윗사람과 아랫사람, 어르신과 젊은이, 심지어 부모와 자식 간의 거리도 멀어지면서 공경이라는 단어의 의미가 약해지고 있습니다.

예수님이 하나님께 보이신 태도에서 우리는 성경적 공경의 본을 찾을 수 있습니다. 예수님은 하나님의 기뻐하시는 뜻에 모두 순종하시며, 힘든 상황 속에서도 공경의 자세를 유지하셨습니다(요 8:49). 그리스도인은 하나님과 예수님을 공경하는 것이 마땅합니다.

 하나님의 형상 예수님 안에서 회복되다

이는 모든 사람으로 아버지를 공경하는 것 같이 아들을 공경
하게 하려 하심이라. 아들을 공경치 아니하는 자는 그를 보내
신 아버지를 공경치 아니하느니라(요 5:23)

자녀로서 우리는 부모님과 존경하는 윗사람을 공경하는 것이 마
땅합니다(딤전 6:1, 벧전 2:17, 신 5:16).

너는 센 머리 앞에 일어서고 노인의 얼굴을 공경하며 네 하나
님을 경외하라. 나는 여호와니라(레 19:32)

공손함

'공손함'은 예의 바르고 겸손한 태도, 또는 마음을 낮추어 다른 사
람에게 평안과 존중을 보이기 위해 자신을 절제하며 예의를 갖추는
것을 의미합니다. 공손한 사람은 말과 행동에서 상대방에게 평안함
과 존중을 보여줍니다. 요즘 들어 공손함에 대해 다시 한번 돌아보
고, 그 중요성에 관심이 생겼습니다. 참고로, 공손함은 '점잖고 엄숙
한 것'이라는 정중함과는 다소 차이가 있습니다.

자신을 낮추고 예의를 갖추는 것은 상대방에게 최대한 존중의 태
도를 보이는 것입니다. 귀한 사람을 만날 때 우리는 최대한 공손하
게 행동하려고 노력합니다. 이는 상대방을 존중한다는 마음을 표현
하기 위함입니다.

'과공비례'라는 사자성어가 있습니다. "지나친 공손은 예의가 아

니며, 도가 지나친 예의는 오히려 상대에게 무례하게 느껴질 수 있다"라고 해석합니다. 지나치게 공손한 사람을 만날 때 비굴함이 느껴지거나 부담을 느끼는 경우도 있습니다. 이런 경우는 청탁할 일이 있거나, 자신의 교만을 감추거나, 아직 상황을 제대로 파악하지 못했을 때가 대부분입니다. '공손함'과 '비굴함'은 구별되어야 합니다.

공손함은 또한 자신을 방어하는 수단이 되기도 합니다. 자신의 약점을 깊이 감추고 상대방에게 허점을 보이지 않기 위해 공손하게 행동할 수 있습니다. 공손한 사람은 사소한 시비로 인한 갈등에 휘말리는 일을 최소화할 수도 있습니다.

'공손함'은 상대를 파악하는 지혜로운 태도로, 교만하거나 무례한 사람을 쉽게 알아보고, 상대의 강점과 약점을 파악하는 데 도움을 줍니다. 온유와 진정성, 존중과 겸손은 공손한 행동을 도와주는 성품들입니다.

여러 가지 이유로 리더나 윗사람의 감정이 상해 있을 때, 충동적으로 자리를 박차고 떠나기보다는 자신의 의무와 역할을 상기하며, 공손한 태도로 상황을 풀어나갈 수 있습니다.

주권자가 네게 분을 일으키거든 너는 네 자리를 떠나지 말라
공손함이 큰 허물을 용서 받게 하느니라(전 10:4)

여기에서 공손의 히브리어 원어는 치료를 의미하는 단어로도 쓰이지만, 양보나 유순함을 뜻하기도 합니다. 이 말씀은 주권자의 분

 하나님의 형상 예수님 안에서 회복되다

노에 맞서지 말고, 부드럽고 순종적인 마음으로 겸손과 예의를 갖춰 유연하고 잠잠하게 기다리라는 의미로 이해할 수 있습니다.

자녀를 양육할 때 공손을 가르치는 것은 매우 중요합니다. 특히, 자녀가 방문객에게 진심으로 공손하게 대하는 태도는 서로를 존중하고 마음을 여는 열쇠가 됩니다. 가정에서 자녀들이 공손함을 배우면, 교회나 공동체에서도 공손하게 대하는 문화를 자연스럽게 형성할 수 있습니다(딤전 3:4-5).

성경에서 공손함은 한 단어로만 사용되기보다는 온유, 겸손, 친절, 절제, 존중, 은혜로운 말 등 다양한 의미로 표현되었습니다. 부모는 가정에서 자녀를 공손하게 양육할 책임이 있습니다.

과단성

요즘 '선택 장애'라는 말을 주위에서 자주 듣곤 합니다. 정보가 없어서가 아니라, 막상 선택할 시간이 되었을 때 주저하는 모습입니다. 좀 더 나은 선택을 하려는 모습일 수도 있고, 아직 본인이 무엇을 진정으로 원하는지 모를 수도 있습니다. 또 다른 원인으로는 다른 사람이 대부분의 결정을 대신해 주어서, 막상 자신이 선택하고 결정해야 할 때는 무엇을 해야 할지 망설이게 되는 경우도 있습니다.

'과단성'은 핵심 요소와 해결 방법을 파악하고 선택하여, 어려운 결정을 과감하게 내리는 능력을 의미합니다. 과단성은 시간이 제한될 때 더욱 중요합니다. 만약 제때 결정을 내리지 못하면 기회를 놓치거나 서두른 탓에 잘못된 결정을 내려 일을 망칠 수도 있습니다.

"결단을 내리지 않는 것이야말로 최대의 해악이다"라는 말도 있습니다. 결단해야 할 때 결단하지 않는 것은 자신과 주변에 심각한 피해를 줄 수 있다는 뜻입니다.

과단성이 있는 사람은 주변 사람들을 격려하고 목표를 향해 나아가는 추진력이 강합니다. 그러나 지나친 확신에서 비롯된 과단성은 자칫 아집과 독선으로 흐를 수 있습니다. 또한 과신으로 인한 실패가 반복되면 점차 자기 확신이 약해져 우유부단한 태도로 변할 수 있습니다.

신중하게 일을 처리하는 사람은 때때로 과단성이 부족하다는 오해를 받을 수 있습니다. 그러나 주어진 시간 내에 충분히 고민하고 결정한다면 이러한 오해를 줄일 수 있습니다. 오히려 신중함과 과단성이 조화를 이루면 최적의 결과를 얻을 수도 있습니다.

히말라야산맥의 8,516m 로체샤르 봉우리가 손에 잡힐 듯 가까이 보이는 곳에서, 등반대장이 등산과 하산을 사이에 두고 잠시 고민하던 다큐멘터리 영상을 인상 깊게 보았습니다. 이 등반대장은 맑은 날씨에 거의 정상 가까이에서 깊은 생각에 잠겼습니다. 정상으로 가기 위해 통과해야 하는 앞길에 판상 눈사태가 발생할 가능성이 높았기 때문입니다. 고국을 떠나 로체샤르 정상까지 거의 다다른 시점에서, 이제 조금만 더 오르면 정상에 설 수 있는 상황이었지만, 판상 눈사태로 인해 생명을 잃을 수도 있다는 위험과 정상에 오르고자 하는 성취감 사이에서 깊은 고민에 빠졌던 것입니다.

그리고 모두의 안전을 생각할 때 더 이상 지체할 시간이 없다는

　　　　　하나님의 형상 예수님 안에서 회복되다

것을 깨달은 등반대장은 정상 등정을 포기하고 하산을 결단합니다. 간절히 오르고 싶던 정상 앞이었지만, 뻔한 위험과 동료들의 생명을 바꿀 수는 없었습니다. 등반대장의 신중한 과단성이 생명을 지키는 결정적 순간이었습니다.

'과단성'은 우선순위를 명확하게 인식하는 데서 시작되며, 그에 따라 최적의 선택과 결정을 내리는 능력을 포함합니다. 가치 판단이 모호하거나 혼란스러운 시대에는 무엇을 우선순위로 삼아야 할지 결정하기가 쉽지 않은 경우가 많습니다.

겟세마네 동산에서 앞으로 닥칠 십자가 사건을 향한 결단의 순간이 예수님께 다가오고 있었습니다. 그리고 예수님의 "일어나거라", "가자"라는 말씀에는 모든 가치 판단과 결심이 굳게 묻어나는 결정적 순간이 느껴집니다. 그리고 예수님은 모욕과 고통의 십자가를 감당하셨습니다.

> 일어나라 함께 가자 보라 나를 파는 자가 가까이 왔느니라(막 14:42)

성경은 우리가 하나님을 신뢰함으로 확고한 결단을 내리고, 그 결단에 따라 흔들림 없이 나아가도록 가르칩니다. 그리스도인에게 과단성은 믿음 생활에서 중요합니다(대하 17:6). 때로는, 이 과단성이 위험한 선택의 순간에 생명을 구하는 결정적인 역할을 하기도 합니다. 주님의 뜻을 분명히 구하며, 주어진 시간을 소중히 여기고, 믿음으로 결단하며 나아가는 그리스도인의 과단성이 그 어느 때보다 필요한 시대입니다.

> 엘리야가 모든 백성에게 가까이 나아가 이르되 너희가 어느때까지 두 사이에서 머뭇머뭇 하려느냐 여호와가 만일 하나님이면 그를 좇고 바알이 만일 하나님이면 그를 좇을찌니라 하니 백성이 한 말도 대답지 아니하는지라 (왕상 18:21)

관대함

'관대함'이란 서로의 삶을 소중히 여기는 기본적인 마음으로, 자신의 이익이나 기준을 내려놓고 선한 목적을 위해 마음을 넓게 쓰는 태도를 의미합니다. 그래서 관대한 사람은 폭넓게 상황을 이해하고 너그럽게 사람을 대하며, 자신의 소유를 다른 사람의 필요에 따라 기꺼이 나누어 줄 수 있습니다.

관대함의 성품이 잘 형성된 사람은 인간관계나 상황을 바라볼 때 큰 그림을 보는 지혜 또한 갖추게 되는 것 같습니다. 성경적으로 관대함은, 먼저 우리를 향하신 하나님의 은혜를 기억하고, 그 은혜를 공동체 안에서 실제적인 사랑과 나눔으로 드러내는 삶의 태도라고 할 수 있습니다.

관대함이라는 말을 들으면 자연스럽게 마음이 너그럽고 크다는 의미가 떠오릅니다. 그러나 요즘에는 이 단어가 세상에서 무엇인가를 양보하거나 손해 보기로 결심한 사람이 사용하는 표현처럼 느껴

     하나님의 형상 예수님 안에서 회복되다

집니다.

　요즘 시대는 더 많이 모으고 소유하는 것이 인생의 목적이자 중요한 가치로 평가받는 사회구조 속으로 점점 더 가속화되고 있다고 생각됩니다. 이렇게 소유가 삶의 핵심 가치가 되어 버린 공동체에서는 그 외의 가치가 소홀해질 수밖에 없습니다. 소유 그 자체가 반드시 문제는 아니지만, 그것이 무차별적이고 무제한적이며 영원한 소유가 될 것이라는 생각 속에 사는 사람이 만든 삶의 태도는, 결국 주위를 파괴하고 상처를 남길 수 있습니다.

　관대함은 자신의 이익을 더 챙기려는 마음이 내면을 지배할 때 갖기 어려운 성품입니다. 이는 관대함의 본질이 타인의 가치를 인정하고 평등하게 대하며, 양보하는 마음으로 나누는 데 있기 때문입니다. 더 얻으려는 태도와 나누려는 태도는 본질적으로 정반대 방향으로 작용합니다.

　물론 가진 것이 있어야 나눌 수 있습니다. 하지만 많은 것을 가져야만 나눔이 가능한 것은 아닙니다. 우리가 나눌 수 있는 것은 물질에만 국한되지 않습니다. 실제로 물질보다 더 중요한 마음, 재능, 기술, 지식 등, 각자 나눌 수 있는 것이 적어도 한두 가지씩은 있습니다. 때로는 따뜻한 말 한마디가 절망에 빠진 이에게 큰 위로와 격려가 되기도 합니다.

　나눔은 그 자체만으로도 의미 있지만, 그 과정을 통해 사람과 사람 사이에 중요한 관계를 연결하는 역할을 하기도 합니다. 힘들고 어려운 이들에게 필요한 것을 나누다 보면, 개인 간의 연결이 공동체로 확장되고, 더 나아가 국가 간의 연결로 이어지는 모습도 볼 수 있습니다.

이런 점에서 그리스도인의 관대함은 각박한 세상에서 소중한 여유와 공간을 만들어 줍니다. 모두가 빠듯하게 살아가는 현실 속에서도 그리스도인은 더 높은 가치를 지키고자, 사람과 상황에 관대함을 베풀 수 있습니다. 이러한 태도는 복음을 전할 수 있는 관계 형성의 밑거름이 됩니다. 가끔 '교인들이 더 심하다'라는 말을 들을 때가 있습니다. 이럴 때 그리스도인은 자기 말과 행동이 인색하고 과하지는 않았는지, 관대함을 잃어버리지는 않았는지 스스로 돌아볼 필요가 있습니다.

예수님은 관대한 분이셨습니다. 그분은 사람들의 삶을 소중히 여기시며, 필요로 하는 것을 아낌없이 나누어 주셨습니다. 배고픈 이들에게 먹을 것을 주셨고, 잔치 자리에는 포도주를 만들어 주셨으며, 병든 사람들을 고치시고, 외로운 이들에게는 친구가 되어 주셨습니다. 예수님의 관대하신 모습의 마지막은 우리를 죄에서 구원하시기 위해 자기 몸을 내어주신 것이었습니다. 성경은 관대함으로 다른 이들을 돌아보는 행위가 곧 예수님께 한 것이라고 말씀합니다.

내가 주릴 때에 너희가 먹을 것을 주었고 목마를 때에 마시게 하였고 나그네 되었을 때에 영접하였고 벗었을 때에 옷을 입혔고 병들었을 때에 돌보았고 옥에 갇혔을 때에 와서 보았느니라… 내가 진실로 너희에게 이르노니 너희가 여기 내 형제

　　　　하나님의 형상 예수님 안에서 회복되다

관대함을 실천하는 삶은 하나님 나라의 확장을 위해 소중하게 쓰임 받을 수 있으며, 나눔에 동참하는 사람은 축복을 받을 것입니다(행 20:35). 교회 공동체 안에서 관대함을 가르치고 격려하는 것은 성도들이 물질과 마음을 하나님께 다시 드리는 신앙 훈련이 되며, 더 나아가 이웃과 지역 사회를 섬기는 선교적 교회로 세워 가는 중요한 통로가 됩니다.

관용

'관용'은 부족함이나 실수, 잘못 등을 너그럽게 덮어 주고, 돌이킬 때까지 기다려 주는 속 깊은 마음씨를 의미합니다. 교육이나 훈련의 목적이 아니라면, 적당한 잘못이나 실수에 대해 너그럽게 넘어갈 때, 대부분의 당사자는 스스로 상황을 바로잡으려고 노력하게 됩니다. 그러나 잘못을 지적하거나 사과를 강요하면, 오히려 반발이 생기고 상황이 더 복잡해지거나 큰 문제로 번질 수 있습니다.

따라서 잘못이나 실수에 대해 굳이 짚고 넘어갈 필요가 없는 경우도 많습니다. '실수나 잘못, 또는 부족함을 얼마나 너그럽게 받아들이고 넘어갈 수 있는가?'에 대한 능력이 바로 관용을 결정합니다. 다만, 관용은 윤리적·도덕적·법률적 기준에 따라 분별하며 지혜롭게 다루어야 할 것입니다.

어린 시기에는 아이가 부모의 말을 잘 따르지만, 성장하면서 반항하거나 불순종하는 모습을 보이기 시작합니다. 이는 대체로 반항기를 겪는 아이에게 흔히 나타나는 현상이며, 이를 어떻게 다뤄야 할지 부모의 고민이 깊어질 수밖에 없습니다. 아직 어릴 때는 실수와 잘못이 반복될 수 있기 때문에 관용하는 자세가 필요하고, 그와 함께 교육적인 목적을 위한 훈련과 적절한 징계 또한 필요할 수 있습니다.

각 나라와 문화마다 양육 방식에 차이가 있습니다. 어떤 문화에서는 자녀에게 관용을 거의 적용하지 않고, 철저하고 즉각적인 훈련과 체벌이 중심이 됩니다. 반면, 관용이 많아 아이에게 다양한 경험을 허용하는 문화도 있습니다.

문화, 이념, 종교의 차이로 인해 서로를 포용하지 못하고 적대감이 커지면, 작은 실수에도 관용이 사라지게 됩니다. 그 결과 수많은 사람들이 희생되는 모습을 우리는 이미 여러 분쟁 지역에서 목격해 왔습니다. 문화, 종교, 인종, 성별, 민족, 국가를 넘어 서로를 포용하고 관용하는 태도가 그 어느 때보다 필요한 시대에 살고 있습니다.

하나님의 '관용'은 성경에서 '넓으신 아량', '용납', '너그러움' 등으로 번역되었습니다(롬 2:4, 3:25, 고후 10:1).

> 만일 하나님이 그 진노를 보이시고 그 능력을 알게 하고자 하사 멸하기로 준비된 진노의 그릇을 오래 참으심으로 관용하시고(롬 9:22)

 하나님의 형상 예수님 안에서 회복되다

그리스도인이 비그리스도인의 실수나 잘못에 대해 '하나님을 믿지 않기 때문'이라고 정죄하며 상처를 주는 경우가 있습니다. 어떤 상황에서는 이런 표현이 이해될 수 있지만, 그보다 먼저 그리스도인이 관용을 보인다면, 비난으로 상처를 주기보다 훨씬 더 긍정적인 결과를 끌어낼 수 있습니다. 그래서 하나님께 먼저 용서를 받은 그리스도인은 관용의 성품을 늘 적절하게 사용하는 것이 중요합니다(빌 4:5). 특히 믿지 않는 가족 구성원을 대할 때 관용은 갈등을 극복하기 위해 유익하게 사용될 수 있습니다.

근면성

'근면성'은 맡겨진 일을 완수하기 위해 자신의 자원을 지속적으로 열심히 쏟아붓는 것을 의미합니다. 흔히 '부지런하다'라고 표현하는 근면은 일상생활의 기본적인 성품입니다. 근면은 또한 주어진 목표를 이루기 위해 꼭 필요한 덕목 중 하나입니다. 근면성이 없다면, 많은 기회를 놓치거나 자신에게 주어진 책임을 다하지 못할 수 있습니다.

'근면성'이라는 단어를 떠올리면 소, 개미, 벌 등이 생각납니다. "느릿느릿 걸어도 황소걸음이다"라는 말은 느리지만 꾸준히 목표를 향해 나아가는 소의 모습을 잘 표현합니다.

우리는 농부의 삶에서 근면성의 본보기를 볼 수 있습니다. 어릴

적 외가에 가보면, 외삼촌께서는 아침 일찍 농기구를 지게에 얹어 논과 밭으로 나가시곤 했습니다.

아이 때 가르쳐야 할 중요한 성품 중 하나는 근면성입니다. 근면성이 부족하면 아이는 자기 일을 제대로 해내지 못합니다. 근면성은 건전한 목표를 향할 때 개인과 공동체에 큰 유익을 줍니다.

성경은 다양한 상황에서 근면성을 강조합니다(잠 12:24, 12:27, 13:4, 10:4, 21:5, 롬 12:8). 그리스도인은 하나님과 이웃을 부지런히 섬기며, 이 땅에 하나님의 나라가 더욱 풍성히 이루어지도록 힘써야 합니다.

부지런하여 게으르지 말고 열심을 품고 주를 섬기라(롬 12:11)

우리가 간절히 원하는 것은 너희 각 사람이 동일한 부지런함을 나타내어 끝까지 소망의 풍성함에 이르러 게으르지 아니하고 믿음과 오래 참음으로 말미암아 약속들을 기업으로 받는 자들을 본받는 자 되게 하려는 것이니라(히 6:11-12)

긍휼

'긍휼'의 사전적 의미는 "불쌍히 여겨 돌보아 줌"입니다. 즉, 다른 사람의 고통이나 역경을 함께 느끼고, 안타까운 마음으로 그 고통을 덜어 주고자 돕는 것을 의미합니다. '긍휼'한 마음이 있는 사람은 고통과 고난에 처한 이를 보면 불쌍하다는 생각이 들고, 자연스럽게

　하나님의 형상 예수님 안에서 회복되다

도움을 주게 됩니다.

아침 운동을 나가면 공원 앞에서 늘 양식을 구하던 한 사람이 있었습니다. 처음에는 불쌍하다고 생각하면서도 그냥 지나쳤지만, 시간이 지나면서 그 사람의 사연을 알 수는 없었지만, 도와야겠다는 생각이 들었습니다. 그래서 음식을 사서 아침마다 그 사람 앞에 놓아두었습니다. 두어 달이 지나 그 사람은 더 이상 보이지 않았지만, 제 마음에는 긍휼의 성품이 자라나고 있었습니다. 그리고 인도주의 요원으로 일하면서 긍휼의 소중함을 더욱 깊이 깨닫게 되었습니다.

하나님은 사람들에게 긍휼을 베풀어 주셨습니다(시 119:77, 103:12-14). 예수님께서도 불쌍한 이들을 보시고 긍휼을 나타내셨습니다(마 20:34, 9:36, 막 8:2). 또한 성경은 우리에게 긍휼을 입을 것을 권면하며(골 3:12), 긍휼을 베푸는 사람이 긍휼을 받게 된다고 말씀합니다.

> 긍휼히 여기는 자는 복이 있나니 저희가 긍휼히 여김을 받을 것임이요(마 5:7)

기쁨

돌이켜 보면 많이 부족했지만, 그래도 나름대로 아버지의 기쁨을 위해 최선을 다해 보려고 노력했던 것 같습니다. 그러던 어느 날 저를 방문하신 아버지께 복음을 전했고, 아버지는 예수님을 영접하신 후 저를 꼭 안아주시며 크게 기뻐하시고 여러 차례 칭찬해 주셨습니다.

'기쁨'은 선하고 좋은 결과로 느끼는 만족스럽고 흐뭇한 마음을 의미합니다. 우리는 모두 기쁨으로 가득한 삶을 살고 싶지만, 현실은 그렇지 않은 경우가 많습니다. 기쁨은 행복한 마음이 생길 때 느끼는 본질적인 감정입니다. 기쁨은 단순한 쾌락과는 달리, 보람과 의미, 순수함이 어우러진 만족감 속에서 진정으로 느낄 수 있습니다.

하나님 앞에는 기쁨과 즐거움이 충만합니다. 하나님께서는 우리 마음에 세상 어떤 것과도 바꿀 수 없는 기쁨을 주시고(요 16:22), 그 기쁨을 충만하게 채워 주십니다(시 4:7, 요 15:11). 성경은 기쁨을 우리 삶을 건강하게 하는 명약이라고 말씀하며, 우리가 기쁨으로 하나님을 섬기라고 권면합니다(잠 17:22, 시 100:2). 어려움을 성실하게 이겨 낸 사람은 참된 기쁨을 누리게 되며(시 126:5-6), 우리가 주 안에서 서로에게 영광과 기쁨이 될 수 있습니다(살전 2:20).

> 주께서 생명의 길로 내게 보이시리니 주의 앞에는 기쁨이 충만하고 주의 우편에는 영원한 즐거움이 있나이다(시 16:11)

예수님 역시 하나님 아버지께서 기뻐하시는 일을 하셨습니다(요 8:29). 우리도 자신을 하나님이 기뻐하시는 일에 드릴 수 있습니다. 하나님께 드려지는 삶은 세상의 눈으로 볼 때 불편하고 무가치하게 보일 수 있으며, 때로는 어려움을 겪기도 합니다. 그러나 이러한 상황 속에서도 우리는 성령이 주시는 기쁨으로 믿는 자의 본이 될 수 있습니다(살전 1:6-7).

 하나님의 형상 예수님 안에서 회복되다

그러므로 형제들아 내가 하나님의 모든 자비하심으로 너희를
권하노니 너희 몸을 하나님이 기뻐하시는 거룩한 산 제사로
드리라 이는 너희의 드릴 영적 예배니라(롬 12:1)

주님이 주시는 기쁨은 믿음으로 영원한 생명의 가치를 깨닫고 받아들일 때 누릴 수 있는 가슴 벅찬 축복 중 하나입니다. 성경은 "항상 기뻐하라"라고 가르칩니다. 주님 안에서 기쁨을 발견하는 것은 세상이 결코 줄 수 없는 행복을 이루어 가는 길입니다.

주 안에서 항상 기뻐하라 내가 다시 말하노니 기뻐하라(빌 4:4)

담대함

'담대함'은 힘들고 어려운 상황 앞에서 옳고 가치 있는 일을 겁내지 않고 실행하는 마음을 의미합니다. 신앙적인 담대함은 단순한 성격이나 의지가 아니라, 하나님께서 주시는 믿음에서 비롯된 영적 태도라고 할 수 있습니다.

어떤 상황에서 손해를 볼 수 있다는 생각이 들면, 그 길을 담대하게 걷기란 쉽지 않습니다. 대부분은 자기 것을 잃거나 상처받을 수 있다는 두려움이 스쳐 갈 때, 소극적으로 되거나 비겁한 결론을 내리기 쉽습니다. 담대함은 두려움을 극복하거나 이겨 내는 힘이라고 생각합니다.

아이들과 함께 위험한 지역에서 인도주의 활동을 할 때 아이들의 안전이 걱정되어 밤새 잠을 이루지 못한 적도 있었습니다. 혹시 누군가 아파트에 침입하지는 않을지 걱정돼 문이 제대로 잠겼는지 여러 번 확인하고, 만약 앞문으로 침입해 온다면 어디로 피해야 할지 고민하기도 했습니다. 이런 두려움에 시달리며 밤에 잠을 설치는 날이 이어지면 며칠 동안 피로가 쌓여 일상생활이 힘들어지곤 했습니다.

두려움은 본능입니다. 두려움은 위험이 닥쳐올 때 경계하는 마음입니다. 따라서 위험을 피할 수 있도록 미리 준비하게 도와줍니다. 또한 두려움은 조심하고 신중한 마음을 갖게 합니다. 두려워해야 할 상황에 두려움이 없다면 오히려 비정상이며 위험한 상황을 겪을 수 있습니다.

모두가 그런 것은 아니지만, 대부분의 사람은 평생에 한두 번 생명의 위협을 느낄 만한 두려운 경험할 수도 있습니다. 하지만 때때로 막연한 두려움에 사로잡힐 때도 있습니다. 특히 심하게 지쳐 있는 상태에서 다가올 일들에 대한 막연한 두려움이 눈덩이처럼 커지기 시작하면, 두려움이 증폭되어 공황장애 증상이 나타날 수도 있습니다.

중요한 것은, 두려움을 느낄 때 그 감정을 대하는 자세와 처리하는 방법입니다. 두려움이 다가올 때는, 주변과 다가올 일에 대한 경계와 조심성을 가지고 성실하게 준비한 후, 그 결과를 하나님께 맡기는 것이 중요합니다. 그리고 하나님께 담대한 마음을 구하게 됩니다.

하지만 계속 불안하여 자신이 스스로 모든 것을 통제하며 원하는 대로만 조정하려 한다면, 그것은 하나님의 영역까지 넘어서려는 교

     하나님의 형상 예수님 안에서 회복되다

만한 태도에 이를 수 있습니다. 급기야 그런 태도는 모든 것이 잘 통제된다고 생각하는 순간, 방심하는 마음으로 빠져들 수 있습니다. 그리고 혹 두려움이 사라졌다고 생각할지 모르지만, 살짝 자취를 감춘 두려움은 방심하는 마음의 허점을 틈타 더욱 위험한 상황을 만들 수 있습니다.

성경에 자주 언급되는 인간의 감정 중 하나가 두려움입니다. 해석에 따라 다를 수 있지만, 성경에는 '두려움'이라는 단어가 약 365번 등장합니다. 성경에서 두려움이 처음 묘사된 장면은 아담이 죄를 짓고 난 뒤, 하나님이 부르시는 소리를 들었을 때입니다. 아담은 죄를 지은 뒤 그 죄로 인해 하나님을 만나는 것이 두려웠던 것입니다(창 3:10).

또한 권위나 통제력을 가진 상대 앞에서 두려움을 느끼기도 합니다(창 9:2). 앞으로 어떤 일이 일어날지 알 수 없을 때, 전쟁이나 질병, 죽음 등 생명의 위협 앞에서 두려움이 생길 수 있습니다. 성경은 이런 다양한 상황에서 하나님을 의지하며 두려워하지 말라고 권면합니다(삿 6:23, 시 56:3, 잠 1:33).

> 내가 여호와께 구하매 내게 응답하시고 내 모든 두려움에서 나를 건지셨도다(시편 34:4)

하나님은 그리스도인에게 능력과 사랑, 그리고 절제하는 마음을 주셨습니다(딤후 1:7). 하나님의 온전한 사랑 안에서 회복된 그리스도인은 죄로 인한 두려움에서 벗어나, 이 세상 가운데서 담대하게 살아갈 수 있습니다(요일 4:18).

담대한 마음이 없다면 우리는 일상을 지켜 나가기가 매우 어려울 것입니다. 두려움으로 가득한 세상을 이기기 위해서는 담대한 마음이 필요합니다. 세상을 이기신 예수님을 믿음으로 의지할 때 우리는 담대해질 수 있고, 주님 안에서 평안을 누리게 될 것입니다.

이것을 너희에게 이름은 너희로 내 안에서 평안을 누리게 하려함이라 세상에서는 너희가 환난을 당하나 담대하라 내가 세상을 이기었노라 하시니라(요 16:33)

덕(德)

어느 공동체에 가더라도 그곳에는 그들만의 덕(德)과 윤리, 그리고 관습이 존재합니다. 이는 오랜 시간 동안 그 공동체를 안정시키고, 개인과 공동체의 목표를 이루기 위해 형성된 것입니다. 물론 모든 덕(德)과 윤리, 그리고 관습이 반드시 좋은 것만은 아닙니다.

시대가 흐르면서 덕(德)과 윤리, 관습 역시 변해 갑니다. 양심의 기준 또한 점차 변화하는 경우가 많습니다. 모든 공동체에서 젊은 세대는 보다 급진적이고 개혁적인 성향을 보이지만, 나이 든 세대는 보수적이고 전통적인 경향이 있습니다. 이러한 세대별 지향점의 차이가 세대 간 격차로 이어지기도 합니다.

'덕(德)'은 내면의 자기를 성찰하고 온전한 인격으로의 실현이 목

     하나님의 형상 예수님 안에서 회복되다

적이라면, 윤리는 그러한 인격이 행위로 표현되어 원만하고 정상적인 사람 관계를 이루어 가는 것이라 이해됩니다.

'덕(德)'과 '부덕(不德)'을 정하는 기준이 점점 모호해지면서, 더 이상 덕(德)이라는 단어를 쓰지 않는 상황이 되어 가고 있습니다. 하지만 덕(德)을 갖추고 있는 사람이 공동체에 많을수록 원만하고 또 평안한 사회 환경을 만들어 갈 수 있습니다.

'덕(德)'은 사람이 마땅히 스스로 지켜야 할 옳은 삶을 지속적으로 탁월하게 실현해 나가는 것을 의미합니다. 덕(德)이라는 성품은 '사람으로서 마땅히 지켜야 할 도리'가 뛰어나다는 의미도 있지만, 넓게는 '성품의 됨됨이가 포괄적이고 전인격적으로 성숙하다'는 의미도 될 수 있을 것 같습니다.

덕(德)은 삶의 진리인 선을 향하고 있으며, 도덕적 탁월함과 인생의 전체를 아우르는 포용과 참 평안을 가져다줍니다.

하나님은 '의와 진리와 선함'이 가득하시고 덕(德)으로 충만한 분이십니다. 하나님은 그리스도인에게 예수님으로 말미암아 하나님의 영광과 덕(德)을 누리도록 부르셨습니다.

> 그의 신기한 능력으로 생명과 경건에 속한 모든 것을 우리에게 주셨으니 이는 자기의 영광과 덕으로써 우리를 부르신 자를 앎으로 말미암음이라 (벧후 1:3)

그리스도인의 덕(德)은 성경에 근거한 삶을 통해 나타날 수 있습니다. 그러한 덕(德)은 믿음으로부터 시작됩니다(벧후 1:4-8). 그리스도인은 공동체에 덕(德)을 세우고 나누는 일을 하도록 성경은 권면합니다(롬 15:1-2, 14:19, 고전 10:23, 살전 5:11, 고후 12:19). 그리고 그리스도인은 영적인 은사를 통하여 교회의 덕(德)을 세우도록 부름받았습니다(고전 14:4, 14:12). 또한 복음을 전하기 점점 더 어려워지고 있는 시대에 하나님의 신령한 덕(德)을 드러내는 그리스도인의 삶이 더욱 필요합니다(벧전 2:9).

> 그런즉 형제들아 어찌할꼬 너희가 모일 때에 각각 찬송시도 있으며 가르치는 말씀도 있으며 계시도 있으며 방언도 있으며 통역함도 있나니 모든 것을 덕을 세우기 위하여 하라(고전 14:26)

도전

삶에는 넘어야 할 크고 작은 어려움이 있습니다. 때로는 일상에서 우리가 넘어야 하는 어려움이 언덕 수준이 아니라 큰 산으로 다가와 우리의 마음을 주눅 들게 하고, 또 망설이게 합니다. 때로는 한계를 넘어서는 어려운 일들이 우리 인생 앞을 가로막기도 합니다.

이러한 한계를 극복할 힘은 '도전 정신'에서 비롯된다고 볼 수 있습니다. 물론 도전해야 하는 이유는 사람마다 다르지만, 실패의 결과를 감수하더라도 반드시 넘어야 할 필요성이 있을 때 우리는 그 한계에 도전하게 됩니다.

   하나님의 형상 예수님 안에서 회복되다

‘인생은 도전의 연속이다’라는 말을 자주 듣습니다. 사전적으로 도전은 “정면으로 맞서 싸움을 거는 것”이지만, “실패의 결과를 감수하더라도 성공의 가치를 위해 시도하는 것”이라는 의미도 있습니다. 한편, 자신의 선택이 아니더라도 세상에 태어난 자체가 이미 다양한 도전에 직면해 있다고 할 수 있습니다.

첫걸음을 뗄 때는 아기를 보면서 인생의 본격적인 도전이 시작된다고 생각하게 됩니다. 인생의 많은 일들이 생존과도 직결되어 있고, 다양한 목표를 이루기 위해 우리가 반드시 해야 하는 것이 바로 도전입니다. 그리고 그 과정에는 극복해야 할 수많은 한계 상황들이 존재합니다.

아담과 하와가 땅을 경작하고 세상 속에 삶의 터전을 마련하는 과정에는 많은 도전이 있었을 것입니다. 그러나 세상을 다스리라는 하나님의 명령과 필요한 것을 공급해 주시는 하나님의 도우심 가운데, 그 모든 도전을 하나씩 극복해 갔을 것이라 짐작됩니다.

하지만 사단의 유혹 앞에서 무너진 하와의 연약한 모습은, 오늘날 수많은 유혹을 이겨 내지 못하는 우리의 모습을 떠올리게 합니다. 사단이 사람을 유혹한 것은 결국 하나님 주권의 정당성에 대한 잘못된 도전이었으며, 하나님의 창조물을 훼손하고 하나님의 소유권을 왜곡하여 하나님의 통치에 정면으로 대항한 행위였습니다.

우리는 자신이 연약한 존재임을 인정하고, 새로운 마음과 능력을 덧입어 삶의 도전에 나서야 합니다. 이 새로운 능력은 예수님의 희생과 하나님의 사랑을 통해 그리스도인에게 주어진 성령의 능력입니다. 이전과는 다른 새로운 삶의 기회(Chance)를 선택(Choice)하고 도전(Challenge)하며 변화(Change)를 받아들여, 새로운 창조물(New Creature)로서 구원의 삶을 누리는 것입니다.

도전 앞에서 가장 중요한 자세는 지혜로운 분별에 따른 결심, 담대한 용기, 충분한 준비, 최선의 노력, 그리고 결과를 하나님께 맡기는 신뢰라고 생각합니다. 모든 도전에서 반드시 이길 수 있는 것은 아니지만, 필요한 도전은 최선을 다해 싸워 극복하도록 노력해야 하고, 불필요한 도전은 지혜롭게 피하거나 때로는 무시할 필요도 있습니다. 도전의 동기는 상위 가치를 지키거나 목표를 달성하기 위한 것입니다.

도전하려면 충분한 준비가 필요합니다. 이러한 준비에는 건강한 영혼과 육체 그리고 신령한 지혜와 힘, 능력이 포함됩니다. 여기에 전적으로 하나님께 의지하며 순종하는 삶이 더해질 때, 도전을 이겨내는 핵심 요소가 갖추어집니다. 우리의 믿음은 매일 도전에 직면합니다. 만약 일상생활 속에서 도전을 느끼지 못한다면, 자신의 신앙생활을 깊이 돌아볼 필요가 있습니다.

예수님께서는 태어나자마자 생명의 위협이라는 도전을 경험하셨고(마 2:13-15), 광야에서는 사단의 유혹이라는 도전을 받으셨으며(마 4:1-11), 십자가 위의 고통 속에서는 극심한 절망의 도전까지 겪으셨습니다. 성경은 도전의 구체적인 행동으로 믿음의 "선한 싸움"을 싸우라고 권면합니다(딤전 1:18, 딤후 4:7).

    하나님의 형상 예수님 안에서 회복되다

믿음의 선한 싸움을 싸우라 영생을 취하라 이를 위하여 네가
부르심을 입었고 많은 증인 앞에서 선한 증거를 증거하였도다
(딤전 6:12)

성경의 많은 인물들은 믿음의 도전 속에서 살아갔습니다. 고향을
떠난 아브라함, 홍해를 건너 이스라엘 민족을 이끈 모세, 요단강을 건
너 여리고 성 앞에 선 여호수아, 골리앗을 맞선 다윗, 죽음의 위협 속
에 있었던 선지자들, 복음을 전하던 예수님의 제자들, 그리고 그 외에
도 수많은 하나님의 사람들이 모두 믿음의 도전을 경험했습니다.

하나님께서는 우리의 믿음을 성장시키기 위해 일상에서 계속해서
건강한 믿음의 도전을 준비하시고 또 어려움을 허락하십니다. 우리
는 의로운 믿음의 도전을 통해 성장하고 성숙해지며, 악한 유혹의 도
전을 피하거나 이겨 냅니다. 우리가 구원받고 의로운 삶을 위한 도전
속에 있다면, 마음속에 하나님 나라가 이루어지고 있는 것입니다.

일상에서 믿음의 도전은 영혼의 근육을 키우는 영적 운동과 같으며,
그 결과는 성품으로 나타납니다. 도전의 상황은 두려워하거나 걱정해
야 할 대상이 아니라, 자신과 공동체에 축복과 기쁨을 가져다줄 수 있
는 통로이며, 동시에 하나님께 영광을 돌릴 기회가 될 수 있습니다.

든든함

기계에서 사용하는 의존성(dependability)이나 신뢰성은 특정 조
건에서 기계와 장치가 얼마나 잘 기능을 수행할 수 있는지를 보여주

는 확률적인 개념입니다. 의존성이 높다는 것은 해당 목표를 지속적으로 달성할 가능성이 크다는 의미입니다.

'든든함'은 하기로 마음먹은 일은 희생이 따르더라도 끝까지 완수하여 신뢰를 보여 주는 것을 의미합니다. 우리는 든든한 사람과 함께하고 일하고 싶어 하는 것이 당연한 마음입니다. 누구나 각자 나름의 이유와 힘든 상황이 있지만, 그럼에도 맡은 역할을 성실히 감당하는 사람을 우리는 든든하게 느낄 수밖에 없습니다. 든든한 사람이 곁에 있다는 것은 큰 복입니다. 믿고 맡길 수 있고, 그 일을 충분히 해낼 능력이 있는 사람이 있다면 우리의 삶은 한결 더 수월해집니다.

자녀들은 부모에 대해 든든한 마음을 갖게 될 때 정서적으로 안정된 성장을 하게 됩니다. 물론 자녀가 성장하여 산과 같던 아버지의 모습이 작은 언덕처럼 낮아지는 것을 느낄 때도 있습니다. 이쯤이면 자녀는 아버지의 든든한 인생의 동반자로 여정을 시작하고 있다는 신호일 수 있습니다.

사업을 하는 사람은 당연히 든든한 사업 동반자를 원합니다. 하지만 상황에 따라 자주 계약을 어기거나 변덕을 보인다면, 지속적인 사업 협력이 어렵습니다.

하지만 사람을 의지하는 데에는 한계가 있습니다. 그래서 그리스도인은 하나님을 의지합니다(렘 17:7, 고후 1:9, 시 146:3-4).

그러나 무릇 여호와를 의지하며 여호와를 의뢰하는 그 사람은
복을 받을 것이라 그는 물가에 심기운 나무가 그 뿌리를 강변

 하나님의 형상 예수님 안에서 회복되다

에 뻗치고 더위가 올찌라도 두려워 아니하며 그 잎이 청청하
며 가무는 해에도 걱정이 없고 결실이 그치지 아니함 같으리
라(렘 17:7-8)

예수님의 제자들 가운데는 예수님을 팔아넘긴 유다와, 예수님을
모른다고 부인한 베드로가 있습니다. 어떤 관점에서는 이들보다 예
수님의 장례를 위해 비싼 향유와 몰약 백 근을 준비한 니고데모, 그
리고 골고다 언덕에서 예수님의 시신을 요청해 묘지에 안장한 아리
마대 요셉이 더 든든하게 느껴질 수 있습니다. 우리는 어려운 순간
에 희생을 감수하면서 자신의 역할을 다하는 사람을 의지하게 됩니
다. 그러나 결국 우리가 진정으로 의지할 수 있는 든든한 대상은 하
나님이십니다(시 115:11).

만족(滿足)

'만족'은 노력과 형편에 맞게 모자람이 없다는 넉넉한 마음으로 감
사와 기쁨을 누리는 것을 의미합니다. 만족을 한자로 풀이하면 "발
이 가득하다"라는 뜻이며, 원형의 의미는 "발걸음이 다 했다"입니
다. 의미적으로는 "욕구가 알맞게 채워져 더 이상 나아가지 않는 것"
이라는 해석도 있습니다. 자신이 처한 상황을 받아들이고 만족할
줄 아는 상태를 '자족'이라고 합니다.

물을 그릇에 가득 채우는 방법에는 큰 그릇에 물을 가득 붓는 방
법과, 그릇 자체를 작게 만들어 적은 양의 물로도 채우는 방법이 있

을 것입니다.

어릴 때 쉽게 만족한다고 하면 "그것밖에 안 되느냐?"라는 식으로 무시당하곤 했습니다. 다른 사람을 보다 먼저 만족하면 그릇이 작거나 소심하거나 더 큰 목표가 없는 사람으로 여겨지던 시절도 있었습니다. 물론 그러한 의미가 모두 틀린 것은 아닙니다. 하지만 언제나 더 큰 것을 추구하고 채워야 한다는 사회적 분위기는, 과도한 경쟁과 끊임없는 '불만족'으로 인해 생활 전반에 불안함을 조성할 수 있습니다.

그래서 더 많이 가져야 만족할 수 있다고 믿는 시대에 살아가는 사람들은 끊임없는 탐욕으로 인해 쉽게 만족하지 못하고, 다툼도 끊이지 않을 것입니다(약 1:15, 잠 28:25, 딤전 6:5-12). 허망한 욕심은 헛된 자아에서 비롯되며, 그 헛된 자아를 채우기 위해 평생 애써도 결국 채워지지 않거나 깨어져 허무만 남게 됩니다(엡 4:17, 시 119:37). 그렇기에 헛된 것을 버리고 진실한 것으로 자신을 채우며, 주님의 말씀에 의지하면 주님이 주시는 풍성한 삶을 누리게 됩니다(잠 28:25).

그러나 지족하는 마음이 있으면 경건이 큰 이익이 되느니라
(딤전 6:6)

스스로 만족하려면 절제와 겸손이 이끄는 힘이 필요합니다. 절제는 욕심을 멈추게 하고, 겸손은 욕심의 그릇을 내려놓도록 도와줍니

     하나님의 형상 예수님 안에서 회복되다

다. 만족의 성품을 배우고 신앙생활 속에서 실천할 때, 우리는 바울
의 고백을 떠올릴 수 있습니다.

> 내가 궁핍하므로 말하는 것이 아니라 어떠한 형편에든지 내가
> 자족하기를 배웠노니 내가 비천에 처할 줄도 알고 풍부에 처
> 할 줄도 알아 모든 일에 배부르며 배고픔과 풍부와 궁핍에도
> 일체의 비결을 배웠노라(빌 4:11-12)

그리고 궁극적으로 우리 영혼의 목마름을 채우고 참된 만족을 주
시는 분은 주님입니다(요 4:13-14).

> 우리가 무슨 일이든지 우리에게서 난 것 같이 생각하여 스스
> 로 만족할 것이 아니니 우리의 만족은 오직 하나님으로부터
> 났느니라(고후 3:5)

명철

우리의 삶에는 많은 어려움과 사건들, 그리고 수많은 질문들이 끊
임없이 찾아왔다가 떠나갑니다. 어떤 것은 금방 지나가기도 하지
만, 어떤 것은 오랫동안 머물며, 때로는 평생 우리 곁을 맴돌기도 합
니다. 그러나 이러한 어려움과 질문들을 모두 이해하고 해답을 찾
아 해결하는 것은 불가능한 일입니다.

많은 학자들은 인생의 목적이나 인간 존재의 실체에 대해 질문하

곤 했습니다. 수많은 시대를 거치며 많은 연구와 답변이 제시되었지만, 시대에 따라 그 답도 함께 변해 가고 있습니다.

자연과학 분야에서 사물에 대한 이해가 더욱 정교해지고, 인문학 분야에서는 더욱 깊이 있게 사람과 사회, 문화, 그리고 다양한 이해와 원리들을 풀어 가고 있습니다.

사건을 해결하는 과정에서 짧은 단서가 이해의 실마리를 푸는 데 도움을 주기도 하며, 다른 사람들의 눈에는 지극히 평범한 물건이 때로는 중요한 단서가 되기도 합니다.

'명철'은 어떤 것을 사실대로 파악하고 식별하여, 그 깊은 뜻이나 이치를 풀어내는 역량을 의미합니다. 사물과 인간관계를 깊이 있게 보고 다양한 이해를 끌어내며, 바르게 해석하는 역량은 삶에 아주 유용합니다. 명철은 민감함과 신중함, 사려 깊고 지혜로운 성품들과 조화를 이루며 삶에 유익을 가져다줍니다.

히브리어의 "테부나"는 명철, 총명, 슬기, 깨달음, 분별력 등으로 성경에 번역되었습니다. 이러한 명철은 하나님께 속해 있으며, 하나님은 그것을 사용하시고 우리에게 가르치시며, 또한 주신다고 말씀하십니다(잠 3:19, 2:6, 시 119:66).

 하나님의 형상 예수님 안에서 회복되다

지혜와 권능이 하나님께 있고 모략과 명철도 그에게 속하였나
니(욥 12:13)

성경에서 명철은 하나님을 아는 것이며, 그리스도인에게 많은 유
익을 준다고 가르칩니다(잠 16:22, 18:15, 2:11, 1:5, 10:13, 8:12, 8:5,
28:11, 15:21, 18:4, 19:8, 욥 12:12).

여호와를 경외하는 것이 지혜의 근본이요 거룩하신 자를 아는
것이 명철이니라(잠 9:10)

부모는 자녀가 뛰어난 명철과 지혜, 그리고 지식을 얻기를 바랍니
다. 명철은 악을 멀리하게 하고, 지식과 지혜를 얻게 하며, 하나님께
서 창조하신 세계를 바르게 인식하도록 도와주는 귀한 성품입니다.

또 사람에게 이르시기를 주를 경외함이 곧 지혜요 악을 떠남
이 명철이라 하셨느니라(욥 28:28)

민감성

'민감성'은 주위 상황이나 사람의 실제 태도와 감정을 신속하게 그
대로 감지하는 것을 의미합니다. 주변 상황이나 사람들의 필요와
감정을 예민하게 느끼는 것은 빠른 이해와 적절한 대응을 위해 중요
합니다. 사고를 미리 방지할 수 있었던 요인 중 하나로 '예민한 감각'

이 자주 언급됩니다.

또한 서로의 감정을 민감하게 인식하는 것은 관계를 지속하는 데 필수적입니다. 민감성은 상황을 신속하게 파악하고 감정을 적절하게 조절하여, 관계를 개선할 기회를 얻게 할 수 있습니다.

민감성이 지나치면 과민하게 반응하는 현상이 나타날 수 있습니다. 이는 과거의 경험이 현재 상황에서 객관적으로 평가되지 않거나, 여과 없이 그대로 투영되는 경우이기도 합니다. 지나친 민감함은 때로는 허약함을 의미하기도 하는데, 이는 감정적으로 쉽게 상처를 받을 수 있기 때문입니다.

민감함은 객관적인 이해와 구체적인 사실에 근거해 적절하게 적용되어야 오해와 실수를 줄일 수 있습니다. 또한 자신에 대해서만 민감하고 타인의 감정에는 둔감하다면, 상황이나 관계를 잘 다루지 못해 갈등이나 충돌이 발생할 수 있습니다. 이런 현상은 자기중심적이고 이기적인 감정의 틀에 갇혀 있기 때문이며, 심할 경우 공동체에 심각한 상처와 위협을 줄 수 있습니다.

서로 무엇에 민감한지를 세밀하게 알아내고, 이에 적절하게 반응하고 다루는 것은 지속적인 관계를 위해 중요합니다. 특히 부부 사이의 민감한 감정은 친밀한 관계를 유지하는 데 매우 중요합니다. 부부가 서로의 요구와 민감한 부분을 맞추지 못하면 피로감이 누적되고, 결국 심각한 부부 싸움이나 심한 경우 이혼에 이르기도 합니다.

대부분의 민감한 사람들은 공감 능력이 뛰어나고 눈치도 빠릅니다. 민감성은 배려, 긍휼, 자비 등과 같은 감정적인 측면을 이루는

 하나님의 형상 예수님 안에서 회복되다

성품에 큰 도움이 됩니다. 하나님 또한 사람을 민감하게 살피시고 공감하시는 분이십니다.

> 여호와여 주께서 나를 감찰하시고 아셨나이다 주께서 나의 앉
> 고 일어섬을 아시며 멀리서도 나의 생각을 통촉하시오며 나의
> 길과 눕는 것을 감찰하시며 나의 모든 행위를 익히 아시오니
> 여호와여 내 혀의 말을 알지 못하시는 것이 하나도 없으시니
> 이다(시 139:1-4)

예수님께서도 우리와 같이 이러한 모든 것을 직접 경험하셨기에, 사람들의 필요를 민감하게 헤아리시고 은혜를 베풀어 주셨습니다(히 4:15). 예수님은 바쁜 제자들에게는 휴식이 필요하다는 점과 감당하지 못할 한계에 대해 민감하게 배려하셨고(막 6:31, 요 16:12), 아이들의 마음에도 민감하게 반응하셨으며(막 10:13-16), 상대방의 마음을 존중하고 평등하게 대하도록 가르치셨습니다(마 7:12, 9:19-22).

그리스도인은 죄를 짓지 않도록 민감해야 합니다. 죄는 우리와 하나님과의 관계를 멀어지게 만들기 때문입니다. 죄에 빠질 수 있는 유혹이나 습관을 민감하게 분별하고 대처하는 태도가 중요합니다. 죄를 지은 후에 그러한 생각이나 행동이 잘못된 것인 줄 몰랐다고 말하는 것은 매우 어리석은 태도입니다.

그리스도인은 하나님의 음성에 민감하게 반응해야 하며(요 10:27), 민감한 성품은 주변 사람들의 필요를 감지하고, 겸손한 태

도로 동역자를 배려하며 함께 협력하기 위해 중요합니다. 바울은 성도들의 어려움에 민감했습니다.

> 이 외의 일은 고사하고 오히려 날마다 내 속에 눌리는 일이 있
> 으니 곧 모든 교회를 위하여 염려하는 것이라 누가 약하면 내
> 가 약하지 아니하며 누가 실족하게 되면 내가 애타하지 않더
> 냐(고후 11:28-29)

다른 사람의 상황에 민감하면 복음을 전할 기회를 얻을 수도 있습니다. 바울은 감옥에서 죄수들이 도망쳤다고 오해한 간수가 자살하려 하자 이를 막고 그의 생명을 구한 뒤, 그와 온 가족에게 복음을 전하고 침례를 주었습니다(행 16:23-34).

그리스도인으로서 성경적 양심에 대해 민감한 태도를 보이는 것 역시 중요합니다. 하나님께서 성령으로 우리와 함께하시며, 우리 안에 선한 양심을 회복시켜 주신 것은 그리스도인에게 주어진 귀한 축복입니다(딤전 1:18-19). 그리스도인은 성령에 민감하게 반응하고, 그 선한 양심에 따라 자기 행동을 절제하며 섬길 때 귀한 열매를 맺게 됩니다.

자신에게만 지나치게 집중하거나 지쳐 있을 때는 주변에 민감할 수 없고, 하나님의 말씀과 인도를 제대로 알아차리지 못할 수도 있습니다. 엘리야는 지친 몸과 마음이 회복된 후에야 민감하게 하나님의 미세한 음성을 들을 수 있었습니다(왕상 19:1-18). 피곤하거나

 하나님의 형상 예수님 안에서 회복되다

힘들 때 나타나는 과민 반응이 아니라, 꼭 필요한 것에 반응할 수 있는 민감한 성품은 우리의 삶에 큰 도움이 됩니다. 성령과 민감하고 친밀한 교제를 나누는 사람은 예수님의 마음을 가진 사람입니다.

> 오직 하나님이 성령으로 이것을 우리에게 보이셨으니 성령은 모든 것 곧 하나님의 깊은 것까지도 통달하시느니라 사람의 사정을 사람의 속에 있는 영 외에는 누가 알리요 이와 같이 하나님의 사정도 하나님의 영 외에는 아무도 알지 못하느니라… 누가 주의마음을 알아서 주를 가르치겠느냐 그러나 우리가 그리스도의 마음을 가졌느니라(고전 2:10-16)

민첩성

　동물에 관한 다큐멘터리 프로그램에서는 동물들이 사냥하는 모습이 종종 나옵니다. 치타의 최고 속도는 시속 100km가 넘습니다. 이러한 속도는 초당 약 27미터를 뛸 수 있다고 계산됩니다. 치타는 빠른 속도로 필사적으로 달아나는 사냥감을 쫓아 숨통을 물고 늘어집니다. 엄청난 속도와 집중력을 동원하여 효율적으로 목표를 이루는 능력이라고 볼 수 있습니다. 물론 항상 성공하는 것은 아닙니다.

　'민첩성'은 목적하는 일을 적절하고 정확하며 빠르게 해내는 것을 의미합니다. 어떤 일을 해벌 때 민첩성은 매우 중요합니다. 빠른 속도만큼이나, 정확하게 일을 처리하는 능력도 중요합니다. 민첩성은 반복된 훈련과 집중을 통해 길러지며, 신체적 민첩성은 선천적으로 타고나는 경우가 많지만, 꾸준한 훈련 없이는 온전한 민첩성을 갖기 어렵습니다.

민첩성을 구성하는 요소로는 유연성, 섬세함, 정확성, 신속함, 집중력, 그리고 힘이 있습니다. 생각의 민첩성은 정확한 정보에 기반해 빠르고 올바른 판단을 내리는 능력이라 할 수 있습니다. 가장 정확하고 합리적인 판단을 하려면 폭넓은 정보를 알고 있어야 하며, 신속한 처리 능력도 갖추고 있어야 합니다.

성경은 하나님께서 민첩하게 일하시는 모습에 대하여 말씀합니다(시 147:15, 사 60:22, 렘 48:40, 사 19:1). 또한 하나님의 심판이 신속하고 강력하며 무자비하게 이루어질 것이라고 경고하고 있습니다(사 5:26-30).

그리스도인으로서 생활 속에서 이러한 민첩성은 매우 요긴하게 쓰일 때가 많습니다. 우리는 하나님의 뜻이 무엇인지 구하며 기도하지만, 말씀에 대한 풍부한 지식이나 성령의 인도에 민첩하게 반응하지 못하는 경우가 종종 있습니다. 영적인 민첩성은 말씀에 대한 깊은 이해와 확고한 믿음, 그리고 주님께 대한 집중과 순종을 통해 더욱 발전할 수 있습니다.

주의 계명을 지키기에 신속히 하고 지체치 아니하였나이다
(시 119:60)

     하나님의 형상 예수님 안에서 회복되다

믿음

‘믿음’은 이해를 넘어 어떤 대상을 사실로 받아들이는 마음을 의미합니다. ‘믿음’은 지능과 감정의 도움을 받지만, 의지가 주로 작용합니다. 지적 이해나 감동, 또는 느낌의 도움을 받아 그것이 참이라고 받아들일 때, 우리는 믿게 되었다고 말할 수 있을 것입니다.

자연과학 시간에 법칙이나 수학에서 공식이라는 것을 배웁니다. 하지만 법칙이나 공식을 다 이해하고 나서 받아들이는 것은 아닙니다. 특히 어려운 법칙이나 공식은 그냥 외웁니다. 왜냐하면 그것들이 ‘참’이라고 믿기 때문입니다. 그리고 그것들을 의심하지 않고 사용합니다. 그래서 믿음은 이해를 넘어 ‘참’에 이르는 다리와 같습니다. 물론 잘못된 것을 믿는 경우도 있기 때문에 옳은 것을 믿는 것이 중요합니다.

또한 믿음은 자신이나 그 대상이 누구인지, 무엇인지를 정의하고 결정하는 일종의 마음의 틀이라고 생각됩니다. 우리는 그 틀 안에서 사고하고 행동하게 되며, 결국 마음속 정해진 틀이라는 거울을 통해 자신이 보고 싶은 모습만을 바라보게 됩니다.

“믿는 만큼 보인다”, “믿는 대로 된다”, “바라는 것을 기꺼이 믿는다” 등 믿음에 관한 다양한 말들이 있습니다. 믿음은 삶을 지탱하는 기초라고 생각합니다. 믿음이 없다면 잠시도 살아가기가 어려울 것입니다.

보이지 않는 진리에 대한 믿음은 우리의 생각을 새로운 차원으로 이끌어 줍니다. 알고 이해하는 수준을 넘어 믿음으로 한 걸음 더 나아간다면, 더욱 깊고 놀라운 창의적인 생각을 할 수 있는 새로운 정신 세계에 들어설 수 있습니다.

생명의 위협과 같은 어려운 상황을 이겨 낸 많은 사람들이, '살아날 것'이라는 믿음이 희망을 만들어내고 결과적으로 생명을 지킬 수 있었다고 이야기하는 경우가 많습니다. 물론 믿는다고 해서 항상 그런 일이 일어나지는 않습니다. 그러나 적어도 믿음이 힘든 시간을 견디고 이겨 내는 데 큰 힘이 되었음은 분명합니다.

보이지 않는 것, 경험하지 않은 것을 믿는 것은 실수에 대한 부담 때문에 두렵고 어려운 과정일 수 있습니다. 하지만 어떤 것들은 믿기 전에 경험할 수 없고, 오직 믿은 후에만 경험할 수 있는 것도 있습니다. 이러한 믿음에 관한 결정을 내릴 때, 우리는 분별력과 지혜, 신중함과 같은 성품을 가지고 믿음의 결단을 내려야 합니다. 진리를 믿게 될 때 믿음은 우리에게 새로운 비밀의 보물 상자를 여는 열쇠가 되기도 합니다.

하나님에 대한 신앙은 창조주이신 하나님의 존재를 믿음으로 시작됩니다. 하나님을 믿는 것은 하나님이 계시기를 바라는 마음이 아니라, 하나님이 계신다는 사실을 인정하는 것입니다. 경험하지 않은 역사를 우리가 믿는다고 표현하지만, 실제로는 그 역사가 사실임을 인정하고 받아들이는 것이라 할 수 있습니다.

하나님이 주시는 구원의 은혜와 신령한 축복을 경험하기 위해서는 믿음이 있어야 합니다. 그 믿음은 예수님에 관한 성경 말씀이 사실이라고 진심으로 받아들이는 것입니다.

하나님의 존재를 믿는 것은 우리의 존재를 보이지 않는 영적인 차원으로 이끕니다. 예수님을 믿고 영접하면, 예수님의 영이 우리 안에 함께하시며 동행하십니다. 그 증거로 우리의 성품이 변화하기 시작하고, 이 변화는 우리 안에 지으신 본래의 '하나님의 형상'을 회복하는 과정입니다. 또한 자신의 옛사람이 죽고 새 사람이 태어나는 '거듭남'을 통해 자신이 새로운 존재임을 경험하게 됩니다.

살아 있는 믿음의 씨앗은 마음속에서 싹트고 꾸준히 자라 행동으로 이어지며, 반복된 행동은 습관이 되고, 습관은 자연스럽게 '성품'이라는 성령의 열매를 맺게 합니다.

네가 보거니와 믿음이 그의 행함과 함께 일하고 행함으로 믿음이 온전케 되었느니라(약 2:22)

성경은 믿음을, 바라는 것에 대한 소망을 실체로 받아들이고, 보이지 않는 사실 또한 존재함을 인정하는 마음이라고 말씀합니다.

믿음은 바라는 것들의 실상이요 보이지 않는 것들의 증거니 (히 11:1)

또한 성경은 우리를 구원에 이르게 하는 '믿음'이 '복음의 메시지를 들음으로써' 생겨나며, 그 들음은 "오직 예수 그리스도를 전하는 말씀에서 비롯된다"라고 말씀합니다(롬 10:17). 실제로 하나님의 말씀을 자주 들을 때, 우리의 믿음이 자라나는 모습을 볼 수 있습니다. 그리고 성경은 믿음을 통해 여러 어려움을 극복하고 구원을 받은 사람들(마 9:29), 그리고 고난 중에도 믿음을 지킨 하나님의 사람들에 대해 증언하고 있습니다(히 11:3-12:2). 하나님의 구원 능력과 기적이 믿음이라는 다리를 통해 이 땅에 임하게 됩니다.

예수님께서는 믿음이 적거나 없음을 여러 차례 지적하셨습니다(마 6:30, 8:26, 17:20, 14:31, 막 9:19). 반면, 큰 믿음을 가진 사람은 칭찬하셨습니다(마 15:28, 8:10). 그리고 예수님을 믿으면 의와 영원한 생명, 그리고 축복을 주신다고 말씀합니다(요 3:18, 3:36, 5:24, 6:40, 7:38, 11:25-26, 3:16, 행 10:43, 롬 4:5, 10:11). 그리스도인의 삶은 예수님을 믿는 '믿음' 안에서 영적 성장과 성숙이 이루어집니다(엡 4:13, 살전 1:7, 2:10, 딤전 4:12, 딤후 1:12, 요일 5:5, 계 2:13).

> 내가 그리스도와 함께 십자가에 못 박혔나니 그런즉 이제는 내가 산 것이 아니요 오직 내 안에 그리스도께서 사신 것이라 이제 내가 육체 가운데 사는 것은 나를 사랑하사 나를 위하여 자기 몸을 버리신 하나님의 아들을 믿는 믿음 안에서 사는 것이라(갈 2:20)

신앙생활을 하다 보면 '나는 정말 믿고 있는가?' 또는 '나는 올바로 믿고 있는가?'와 같은 믿음에 관한 질문을 스스로 할 때가 있습니다. 또한 주변의 신앙인들을 보며 '저분의 삶은 왜 믿음대로 이루어지지

 하나님의 형상 예수님 안에서 회복되다

않았을까?'라는 궁금증이 생기기도 합니다. 이러한 질문들에 대해 성경은 다양한 상황과 예시를 통해 믿음에 관해 가르쳐 주십니다.

그래서 저는 믿음에는 두 가지 종류가 있다고 생각해 보았습니다. 바로 사람이 원하는 믿음(신념)과 하나님께서 주시는 믿음(신앙)입니다. 신념이란 '자신의 이해나 경험을 통해 사실이나 추론으로 옳다고 생각하는 것을 인정하고 받아들이는 태도'라고 할 수 있습니다. 반면, 신앙은 '이해를 넘어 믿음의 대상인 하나님을 굳게 믿고 예배하며, 그 가르침을 지키고 따르는 것'이라고 설명할 수 있습니다.

그래서 간단히 표현하면, 자기 생각을 믿는 것은 '신념'이고, 하나님을 믿는 믿음은 '신앙'입니다. 신앙은 어느 정도 신념에서 출발할 수 있지만, 하나님께서 주체가 되어 은혜를 주실 때 비로소 그리스도인의 신앙이 시작되고 성장합니다(요 6:44, 엡 2:8-9, 3:16, 살후 2:13, 빌 2:13, 벧후 1:3, 딛 2:12, 고전 1:29).

신앙이 점점 더 성장하고 성숙해질수록 우리는 하나님의 뜻을 더욱 깊이 구하며 믿음으로 순종하게 되고, 그럴 때 하나님 나라의 신령한 축복을 더욱 풍성하게 누리게 됩니다.

또한 그리스도인의 삶 속에서 믿음을 실천할 때 하나님의 의로우심이 세상 가운데 드러나며, 공동체 안에서는 점점 더 하나님이 다스리시는 나라가 이루어져 갑니다(마 5:16, 벧 2:12, 딛 2:10, 롬 14:17-19, 행 2:42-47, 엡 4:15-16).

배려

'배려'란 상대방을 존중하고, 그가 처한 상황을 세심하게 헤아려 편안한 마음이 들 수 있도록 신경 써 주는 것을 의미합니다. "사람을 수단이 아니라 목적으로 대우하라"는 말은 잘 알려져 있습니다. 이 표현은 타인 역시 자유와 평등, 그리고 인간의 기본 권리를 가진 존재이기에 마땅히 존중받아야 한다는 의미입니다.

하지만 여기서 한 가지를 다시 생각해 볼 필요가 있습니다. 우리는 과연 얼마나 자주 상대를 '당신'이 아닌 '그것'으로 인식하며 대하고 있나요? 상대를 인격적으로 대우하지 않으면, 우리는 그들을 너무 쉽게 자신의 목적이나 욕구를 채우는 도구로 대하게 됩니다.

예를 들어, 남편이 아내에게 서로 존중하지 않고 단순히 음식만을 요구한다면, 아내는 "내가 밥하는 사람으로만 보이냐?"라며 불만을 토로할 수 있습니다. 또한 부모가 아이에게 자신이 기대하는 것만을 계속 강요한다면, 아이는 자신이 부모를 만족시키기 위한 도구라고 느낄 수도 있습니다. 이러한 일상적인 상황이 반복되고 쌓이면서, 상대의 동의나 배려 없이 원치 않는 고통을 주는 단계에 이르게 된다면, 이는 결국 '학대'라고 할 수 있습니다.

상대방도 나와 동등한 가치를 지닌 존재임을 인식하고 존중하는 마음을 가지는 것이 배려의 시작입니다. 그러기 위해서는 자신을 바르게 존중하고 배려하는 마음을 먼저 배우는 것이 중요하다고 생각합니다. 자신을 하찮게 여기거나 자기중심적이고 이기적인 태도는 모두 자신을 바르게 존중하고 배려하는 자세가 아닙니다.

　하나님의 형상 예수님 안에서 회복되다

학교 폭력 사례를 보면, 폭력을 일삼는 아이들에게는 두 가지 주요한 성향이 있습니다. 첫째는 가정에서 폭력을 경험한 경우이고, 둘째는 이기적으로 자라 자신과 타인을 존중하고 배려하는 방법을 배우지 못한 경우입니다. 이러한 폭력적 성향은 친구 관계, 결혼 후 배우자와의 관계, 그리고 부모와 자식 사이에도 영향을 미칩니다. 이러한 폭력의 근본에는 상대에 대한 배려의 부재가 공통적으로 드러납니다.

인도주의 사업을 하면서, 상대방이 필요로 하는 것을 미리 파악해 도와주면 그들의 마음을 더욱 기쁘게 할 수 있다는 사실을 배웠습니다. 단순히 생필품이나 의약품만 전달하는 데 그치지 않고, 한 걸음 더 나아가 상대를 배려하는 마음을 행동으로 보여줄 때, 그 도움은 더욱 큰 의미와 효과가 있다는 것을 경험했습니다.

하나님은 배려의 하나님이십니다. 아담이 외로워하는 모습을 보시고 하와를 지어 주셨고, 우리의 필요를 미리 아시고(마 6:8) 채워 주신다고 약속하셨습니다(빌 4:19). 바울도 복음을 전할 때마다 상대방의 상황에 맞게 자신을 조정하고, 새로운 환경에 적응하며 배려를 실천했습니다(고전 9:22-23). 배려는 존중, 긍휼, 공감, 친절, 민감함, 겸손과 함께 하나님 나라를 세워 가는 데 중요한 역할을 합니다.

성경이 말하는 배려는 단순히 예의를 넘어, 예수님께서 우리에게 보여주신 사랑과 겸손을 본받아 자기중심적인 태도를 버리고, 다른 사람의 필요와 유익을 적극적으로 구하며 섬기는 이타적인 마음에서 나오는 행동입니다. 약한 자들을 돌보고, 우리의 자유가 타인에

게 해가 되지 않도록 조심하며, 친절과 긍휼로 서로를 대할 때 우리
는 진정한 배려를 실천할 수 있습니다.

> 아무 일에든지 다툼이나 허영으로 하지 말고 오직 겸손한 마
> 음으로 각각 자기보다 남을 낮게 여기고 각각 자기 일을 돌아
> 볼 뿐더러 또한 각각 다른 사람들의 일을 돌아보아 나의 기쁨
> 을 충만케 하라(빌 2:3-4)

베풂

　인도주의 지원 활동을 하면서, 재난이나 질병 등 여러 이유로 기
본적인 생활조차 할 수 없는 사람들을 세계 곳곳에서 보았습니다.
식량 부족으로 만성 영양실조에 걸려 머리카락이 누렇게 변한 아이
들이 있었고, 기본적인 의료품조차 구하지 못해 사소한 질병에도 생
명을 위협받는 아이들도 많았습니다.

　인도주의 의료사업을 통해 도움을 받아 치료된 환자가 환하게 웃
는 모습을 볼 때마다, 마음 깊이 감동하며 기쁨을 나눌 수 있었습니
다. 물론 짧은 시간 동안 이런 마음을 나눌 기회도 없이 헤어진 환자
들도 있었지만, 그럼에도 그런 봉사에 참여했다는 사실만으로도 충
분히 보람을 느꼈습니다.

　성경에 나오는 선한 사마리아인의 이야기는, 길에서 강도를 당해
쓰러져 있는 한 사람을 제사장과 레위인은 보고도 피하여 그냥 지나
쳐 갔지만, 어느 사마리아인은 그를 불쌍히 여겨 도와 주고 주막으

　하나님의 형상 예수님 안에서 회복되다

로 데려가 정성껏 돌보아 준 이야기입니다.

그러나 이야기는 거기서 끝나지 않습니다. 사마리아인은 주막 주인에게 다친 사람을 잘 돌보아 달라며 돈을 더 맡기고 떠나면서, 비용이 더 들면 돌아와 갚겠다고 약속합니다. 우리는 이 사마리아인의 모습에서 긍휼을 베푸는 마음과, 그 마음을 실제 행동으로 옮기는 실천의 중요성을 배우게 됩니다(눅 10:30-37).

'베풂'은 대가를 바라지 않고 다른 사람의 기본적인 필요에 관심을 두고 그것을 채워 주는 일을 의미합니다. 어려운 사람을 보면 돕고자 하는 마음이 드는 것은 하나님께서 우리에게 주신 소중한 성품입니다. 이러한 마음이 자연스럽게 표현될 때 우리의 마음에는 보람과 기쁨이 찾아옵니다. '베풂'은 인간이라면 누구나 실천해야 할 기본적인 일입니다. 그리스도인은 물질뿐 아니라 주님의 은혜와 성품도 함께 나눌 수 있습니다.

> 선한 일을 행하고 선한 사업에 부하고 나눠주기를 좋아하며
> 동정하는 자가 되게 하라(딤전 6:18)

분별

'분별'은 어떤 일이 발생하는 근본 원인을 파악하고 분석하여, 옳고 그름을 구별하는 것을 의미합니다. 분별은 서로 다른 일이나 사물을 구별하는 성품으로, 세상일에 대해 올바른 생각과 판단을 내리도록 돕습니다. 또한 분별은 어떤 일이나 사람의 참된 동기를 파악

하고, 올바른 처신을 하는 데 근거가 됩니다.

요즘같이 복잡한 정보의 시대를 살아가는 생활에서 분별력은 우리의 삶을 좀 더 간단하고 바른 판단으로 이끄는 데 도움을 줄 수 있습니다. 그래서 우리는 분별의 능력이 더욱 필요하고, 또 그것을 사용해야 할 일들도 점점 많아지고 있습니다. 그러나 분별은 결코 쉬운 일이 아니며, 무엇을 기준으로 어떻게 분별해야 하는지 종종 깊이 고민하게 됩니다.

지식, 지혜, 명철, 경험은 분별의 기초가 됩니다. 어떤 것을 구별한다는 것은 그것과 다른 것의 차이와 본질에 대한 지식을 가지고 있음을 의미합니다. 또한, 상황을 판단하고 이해하는 깊이, 그리고 상위 관점에서 오는 지혜와 경험이 필요하기 때문입니다.

세상에서의 분별은 주로 세상의 지식과 지혜를 바탕으로 이루어지지만, 영적인 분별은 성령의 가르침을 통해 이루어집니다. 따라서 영적 분별력은 성령과 깊은 교제 속에서 얻을 수 있습니다. 성령과의 교제는 기도와 말씀, 찬양을 통해 더욱 깊어집니다.

> 우리가 이것을 말하거니와 사람의 지혜의 가르친 말로 아니하고 오직 성령의 가르치신 것으로 하니 신령한 일은 신령한 것으로 분별하느니라(고전 2:13)

솔로몬이 하나님께 구한 지혜는 선악을 분별하기 위한 것이었고, 바울 역시 빌립보 교회에 무엇이 가장 선하고 탁월한 것인지 지혜롭

 하나님의 형상 예수님 안에서 회복되다

게 분별하라고 권면했습니다(왕상 3:11, 빌 1:10). 여기서 선악의 분별은 자신의 기준으로 임의로 판단하는 것이 아니라, 반드시 성령의 가르침과 인도하심으로 이루어져야 합니다. 성령께서 주시는 영적 분별력은 우리가 참된 진리와 거짓 가르침을 분별하고, 거룩한 삶을 살아가는 데 필요합니다(고전 2:13-14, 12:10, 겔 44:23). 또한 우리는 각 시대와 자신에게 주어진 하나님의 뜻을 분별하는 영적인 능력이 필요합니다(마 16:3).

> 너희는 이 세대를 본받지 말고 오직 마음을 새롭게 함으로 변화를 받아 하나님의 선하시고 기뻐하시고 온전하신 뜻이 무엇인지 분별하도록 하라(롬 12:2)

분별없이 살아가면 우리는 쉽게 지치고 낙심하거나 포기하게 될 수 있습니다. 분별력은 우리를 올바른 길로 이끄는 나침반과 같으며, 성경은 하나님께서 의인과 악인, 그리고 하나님을 온전히 섬기는 사람과 그렇지 않은 사람을 분별하신다고 말씀합니다(말 3:18).

사랑

'사랑'은 우리가 가장 관심을 두는 단어이지만, 실제로는 생각만큼 잘 알고 있지 않은 것 같습니다. 로버트 스턴버그(Robert Sternberg)는 사랑을 결정하는 세 가지 중요한 요소로 친밀감, 열정, 그리고 헌신을 제시하였습니다. 이 세 가지 요소가 균형을 이루지 못하고 어느 하나에 치우치게 되면, 사랑은 불안정한 모습이 됩니다.

첫째, '사랑'을 하기 위해서는 서로를 잘 아는 것이 중요합니다. 우리는 관심 있는 사람이 생기면, 그 사람에 대해 더 잘 알기 위해 주위 사람들에게 묻기도 하고, 직접 여러 가지를 질문하며 알아 가려고 노력합니다.

둘째는 '열정'입니다. 누군가를 처음 만났을 때 강렬한 매력에 이끌려 '첫눈에 반했다'라는 표현을 쓰기도 하고, 시간이 흐르며 점차 설렘과 좋은 감정이 자라나는 것을 뜻하기도 합니다. 이처럼 감정적인 요소는 '사랑'의 중요한 부분입니다.

셋째는 '헌신'입니다. 어렵고 힘든 상황에서도 서로에게 헌신하는 모습은 사랑에서 매우 중요한 요소입니다. 서로를 인내로 기다리고, 돌보고, 보호하며, 책임지는 헌신적인 행동은 사랑하는 사람과 관계를 유지하고 성장시키는 데 필요합니다.

성경에서 '사랑'은 단순한 감정을 넘어 하나님의 본질적인 성품이자 그리스도인에게 가장 중요한 성품으로 강조됩니다. 참되고 온전한 사랑의 근원은 하나님이시기 때문에, 하나님을 안다는 것은 곧 그분의 사랑을 아는 것과 같습니다.

> 사랑하지 아니하는 자는 하나님을 알지 못하나니 이는 하나님은 사랑이심이라 (요일 4:8)

또한 '사랑'은 모든 성품의 뿌리 역할을 하므로, 사랑이 견고해야

   하나님의 형상 예수님 안에서 회복되다

흔들리지 않는 성품을 세울 수 있습니다. 우리가 하나님의 사랑을 알고 깊이 경험할 때, 그 사랑은 우리의 성품을 변화시키는 놀라운 힘이 됩니다.

> 내가 사람의 방언과 천사의 말을 할찌라도 사랑이 없으면 소리나는 구리와 울리는 꽹과리가 되고 내가 예언하는 능이 있어 모든 비밀과 모든 지식을 알고 또 산을 옮길만한 모든 믿음이 있을찌라도 사랑이 없으면 내가 아무 것도 아니요 내가 내게 있는 모든 것으로 구제하고 또 내 몸을 불사르게 내어 줄찌라도 사랑이 없으면 내게 아무 유익이 없느니라 사랑은 오래 참고 사랑은 온유하며 투기하는 자가 되지 아니하며 사랑은 자랑하지 아니하며 교만하지 아니하며 무례히 행치 아니하며 자기의 유익을 구치 아니하며 성내지 아니하며 악한 것을 생각지 아니하며 불의를 기뻐하지 아니하며 진리와 함께 기뻐하고 모든 것을 참으며 모든 것을 믿으며 모든 것을 바라며 모든 것을 견디느니라(고전 13:1-7)

예수님께서는 하나님을 사랑하고 이웃을 사랑하는 것이 모든 율법의 완성이라고 가르치셨습니다. 사랑의 성품이 풍성한 사람은 모든 하나님의 뜻을 따라 자연스럽게 순종하게 됩니다(마 22:37-40).

하나님의 본질적 성품인 사랑은, 그리스도인이 예수님을 닮아 성령 안에서 맺어야 할 가장 중요한 성품입니다. 우리가 이 사랑의 성품을 더욱 깊이 깨닫고 경험할수록, 하나님 나라를 위한 헌신이 깊어지고, 주변에 선한 영향력을 끼치며, 하나님께 더욱 큰 영광을 돌릴 수 있습니다(마 5:16, 고후 5:14-15, 9:12-13, 벧전 2:9, 벧후 1:7-8, 엡 3:17-19).

선함

'선함'의 사전적 의미는 "올바르고 착하여 도덕적 기준에 맞음"입니다. 인간 본성에 대한 선과 악에 대한 논의는 오래전부터 이어져 왔습니다. 맹자는 '성선설'을 주장하며, 사람에게는 본래 측은지심과 같은 선한 마음이 내재해 있다고 보았습니다. 반면, 순자는 '성악설'을 주장하면서 인간의 본성은 악하므로 배우고 수련해야 올바른 인간이 될 수 있다고 설명했습니다.

성경이 말하는 '선함'은 단순히 도덕적으로 옳은 일을 하는 차원을 넘어, 하나님의 본질적인 성품을 드러내는 깊은 의미를 지닙니다. 이 선함은 세상이 정한 기준이나 인간이 만들어 낸 잣대에 따라 결정되지 않습니다. 그 근원은 오직 하나님께 있으며, 하나님께 뿌리를 둔 도덕적 순결과 의로움으로부터 흘러나옵니다.

특히 성경에서 '선함'은 하나님의 사랑을 반영한다는 점에서 독특합니다. 하나님의 사랑을 닮은 선함은 이웃의 유익을 진심으로 구하고, 생각에 머무르지 않고 삶의 자리에서 적극적인 실천으로 이어집니다. 말과 행동, 선택과 태도 속에서 하나님의 선하심을 드러내려는 모든 움직임이 곧 이 '선함'의 구체적인 표현이라 할 수 있습니다.

   하나님의 형상 예수님 안에서 회복되다

이렇게 하나님에게서 오는 선함은 우리 스스로 만드는 인격적 성취가 아니라, 하나님과의 관계 속에서 형성되는 성령의 열매입니다. 우리가 예수 그리스도를 믿음으로 받아들이고 성령의 인도하심에 순종할 때, 비로소 이 선함은 우리 안에서 온전히 빚어지고 자라나며, 결국 우리의 삶을 통해 분명하게 드러나게 됩니다(갈 5:22-23).

예수님께서는 오직 하나님 한 분만이 선하시다고 분명히 말씀하셨습니다(막 10:18). 그러므로 모든 참된 선함은 하나님에게서 나옵니다. 그리고 하나님은 선하심으로 하나님이 하시는 모든 것은 '선'합니다(시 119:68).

하나님을 사랑하고 그분의 뜻에 따라 부르심을 받은 그리스도인의 삶에는 크고 작은 많은 일들이 있습니다. 성경은 이 모든 일이 하나님의 주권적인 섭리와 성령의 지혜로운 인도를 따라, 우리의 영적인 유익과 하나님의 나라와 영광을 위한 최선의 결과로 마무리된다고 말씀합니다.

여기서 영적인 유익이란 곧 그리스도의 형상을 본받아 의롭고 영화로운 삶으로 나아가며, 하나님의 형상을 회복하는 것을 의미합니다. 따라서 때때로 우리에게 다가오는 역경과 고난 등, 우리의 생각을 넘어 이해할 수 없는 상황에서도 하나님께서 여전히 '선'하시며 우리를 사랑하고 계시기 때문에, 우리는 하나님을 전적으로 신뢰하게 되고, 위로와 소망을 얻게 됩니다.

우리가 알거니와 하나님을 사랑하는 자 곧 그 뜻대로 부르심
을 입은 자들에게는 모든 것이 합력하여 선을 이루느니라(롬
8:28)

설득

다리 난간 위에서 구조요원과 스스로 목숨을 끊으려는 사람이 한
동안 대치하고 있었습니다. 구조요원은 적당한 거리를 유지한 채,
자살을 시도하는 사람에게 지금 하려는 행동이 얼마나 잘못된 일인
지 차분하게 설명하며 설득하고 있었습니다. 한동안은 설득이 통하
는 듯 보였지만, 자살하려는 사람은 갑자기 몸을 더 위험하게 다리
난간 밖으로 기울이며 움직였습니다.

그때 군중 사이에서 그 사람의 어머니로 보이는 할머니 한 분이 모
습을 드러냈습니다. 할머니는 눈물을 흘리며, 자살을 시도하는 그
사람의 마음을 돌리기 위해 간절히 애원했습니다. 이처럼 위기의 순
간, 어떤 설득이 자살하려는 사람의 마음을 되돌릴 수 있을까요?

'설득'이란 먼저 상황을 분석하고 공감한 뒤, 핵심적인 사실을 분명
히 설명하여 상대가 이해하고 깨닫도록 도와줌으로써 그 생각과 감
정을 돌이켜 더 바르고 좋은 방향으로 이끌어 주는 것을 뜻합니다.

자녀를 키우다 보면, 부모는 종종 아이를 설득해야 하는 상황에
놓입니다. 올바른 선택을 하도록 이끄는 것은 분명 부모의 역할입
니다. 그러나 때로는 '설득'이라기보다 '강요'에 가까웠던 상황이 있
었습니다. 또는 강요를 교묘하게 설득으로 포장했을 때도 있었던

 하나님의 형상 예수님 안에서 회복되다

것 같습니다. 아이에게 문제가 있다고 느끼면 자연스럽게 그것을 고치려는 자세로 다가가게 되는데, 이때 아이는 방어적인 태도를 보이며 대화에서 벗어나려고 애쓰곤 합니다.

진정한 설득은 상대방에게 선택의 자유를 인정하는 것에서 시작해야 합니다. 상대를 돌아설 곳 없이 구석으로 몰아붙이면 그것은 설득이 아니라 강요가 됩니다. 설득의 기본은 단순히 '옳고 그름'을 따지는 데 있는 것이 아니라, 더 나은 선택을 전제로 한 공감에 있습니다.

공감은 마음으로 서로 어깨동무하는 친밀한 관계에 비유할 수 있습니다. 그래서 공감의 기초는 존중과 배려입니다. 존중과 배려 속에서 인내하며 공감할 때, 상대방 역시 자신의 의지로 마음을 열 가능성이 커집니다. 그때 비로소 그 마음을 좋은 길로 이끌 기회를 얻게 됩니다. 반대로, 상대에게 사실만 전달하면 설득이 이루어진다고 생각하기 쉽지만, 설득이란 공감을 기반으로 사실을 제시하고, 상대가 자유의지로 스스로 선택하도록 돕는 과정입니다.

복음을 전할 때, 자칫 설득이 앞서는 경우가 많습니다. 그러나 자신의 지혜나 지식에 의존해 설득하려다 보면, 설득이 잘되지 않을 때 강요하는 태도로 바뀌어 여러 부작용이 생길 수 있습니다. 특히 가족에게 복음을 전할 때 이러한 현상이 더 자주 나타납니다.

한 사람이 그리스도인이 되는 과정에서 복음을 듣고 예수님을 영접할 때, 가장 깊은 '성령의 설득'을 경험하게 됩니다(행 28:23, 요 16:13). 이 과정은 나의 지혜에서 나온 설득이 아니라, 성령의 나타나심과 능력으로 이루어집니다(살전 1:5, 행 16:14).

하나님께서는 사람의 자유로운 선택을 존중합니다. 자유의지로 믿음을 선택할 때, 그 믿음을 통해 하나님의 은혜로 예수님을 영접하게 되고, 성령께서 직접 그 믿는 사람의 삶 가운데 역사하십니다.

복음을 전하다 보면, 여전히 주변에서는 기독교에 반감을 품은 사람들을 자주 만나게 됩니다. 많은 이들이 일상에서 접하는 각종 정보로 인해 그리스도인에 대해 부정적으로 인식하게 되거나, 그리스도인에게서 직·간접적으로 상처를 받은 경험이 있습니다. 저는 그 이유가 대체로 그리스도인의 참된 성품을 제대로 경험해 보지 못했기 때문이라고 생각합니다.

또한 기독교의 가치가 세상을 살아가는 하나의 수단으로 변질되거나, 교회가 형식적인 틀에 갇혀 세상과 점점 괴리될 때, 기독교 정신은 점차 퇴색되고 사회 속에서도 영향력을 잃게 됩니다.

그러기에 성령의 능력 안에서, 그리스도인이 자신의 믿음을 삶으로 보여 주는 것은 매우 중요합니다. 이러한 삶은 하나님의 모습, 곧 그분의 형상을 드러내는 것이며, 동시에 우리를 구원하시기 위해 사람의 몸으로 오신 예수님을 닮아가는 모습이기도 합니다.

그리스도인은 예수님을 본받아 하나님의 형상을 회복해 가도록

 하나님의 형상 예수님 안에서 회복되다

부르심을 받은 사람입니다. 그리고 그 회복된 형상의 모습으로 가정과 교회, 일터와 세상 가운데 살아갈 때, 하나님의 나라는 오늘도 우리 삶의 자리에서 세워져 갑니다. 이것이 성경이 가르치는 참된 그리스도인의 삶입니다.

온전한 그리스도인의 삶, 즉 하나님의 성품으로 살아내는 삶은 복음을 전하는 데 결정적인 역할을 합니다. 그리고 그리스도인은 주변 사람들에게 진정한 신앙인의 모습을 드러냄으로써 하나님께 영광을 돌릴 수 있습니다.

> 너희가 이방인 중에서 행실을 선하게 가져 너희를 악행한다고 비방하는 자들로 하여금 너희 선한 일을 보고 권고하시는 날에 하나님께 영광을 돌리게 하려 함이라(벧전 2:12)

성경적인 '설득'이란 성령의 인도하심을 따라, 상대를 진심으로 아끼고 공감하며 존중하는 마음으로 참된 진리의 말씀을 전하여, 그 마음에 신령한 깨달음과 살아 있는 믿음이 자리 잡도록 돕는 과정입니다.

이 과정에서는 인내와 지식, 지혜, 열정, 진정성과 같은 여러 성품이 균형 있게 드러나야 합니다. 예수님께서 이 땅에서 사역하실 때 보여 주신 중요한 성품 가운데 하나 역시, 죄 가운데 있는 사람들의 눈을 열어 그들이 회개와 믿음으로 구원받도록 이끄시고 하나님 나라로 인도하신 '거룩한 설득'이었습니다.

성실성

'성실성'이란 자신에게 주어진 일과 역할을 분명히 알고, 진정한 마음으로 최선을 다해 노력하는 것입니다. 단순히 열심히 하는 것보다, 맡겨진 일의 의미와 자신의 역할을 인식하고 성심껏 감당하는 것이 진정한 성실성입니다. 만약 모두가 자신에게 주어진 역할을 잘 감당한다면, 세상은 더 조화롭고 바람직한 곳이 될 것입니다.

흔히 '성실하게 살아야 한다'라는 말을 많이 듣지만, 실제로는 '성실'한 삶이 가장 실천하기 어려운 성품 중 하나라고 생각합니다. 누구나 자신의 역할과 일에 대충하고 싶은 유혹을 받기 쉽고, 심할 때는 일을 잘한 것처럼 위선을 부리기도 합니다. 가끔 성실한 사람과 함께 일할 때 답답함을 느낀다면, 이는 아직 자신이 성실에 대해 충분히 훈련되어 있지 않기 때문일 수 있습니다. 물론, 성실함과 강박적 태도, 그리고 유연성은 분명히 구별할 필요가 있습니다.

아담과 하와가 자신들에게 주어진 일과 역할을 잘 지켰다면 '불순종의 죄'를 짓지 않았을 것입니다. 천사도 자신의 역할과 일을 성실히 지켰다면 타락하여 '마귀'가 되지 않았을 것입니다.

이렇게 자기 자리를 벗어나, 허락되지 않은 일을 하려는 사람이나 천사는 결국 타락한 존재가 되고 맙니다. 죄 가운데 있는 사람의 삶에서 '성실함'의 의미는 쉽게 흔들리고 변질되며, 또한 위선으로 가려지기 쉽습니다. 수많은 편법과 불법, 권모술수가 만연한 세상에서 인간의 힘만으로 온전한 성실함을 지키는 것은 분명 불가능해 보입니다.

하지만 진정으로 성실하게 살기 위한 노력은 하나님의 뜻에 더 가

 하나님의 형상 예수님 안에서 회복되다

까이 나아가는 길을 열어 주며, 작은 일에 성실한 사람은 결국 큰일에도 성실할 수 있습니다. 이는 세속에 휩쓸리지 않으려는 작은 노력들이 쌓여, 하나님을 의지하고 하나님의 뜻을 향해 살아가는 큰 힘이 되기 때문입니다(눅 16:10, 고전 15:58, 잠 11:3).

'성실'은 목표를 향해 자신의 역할을 꾸준히 지켜 나가게 하는 귀한 성품 중 하나이며, '성실'한 삶은 우리에게 은혜와 축복을 가져다줍니다(잠 28:6, 왕상 3:6). 성경은 하나님의 성실하신 성품을 찬양합니다(시 119:90, 138:2, 애 3:22-23).

> 여호와여 주의 기사를 하늘이 찬양할 것이요 주의 성실도 거룩한 자의 회중에서 찬양하리이다(시 89:5)

욕심, 조급함, 미숙함, 게으름 등은 성실을 이루는 데 방해가 되는 요소입니다. 성실해지려면 용기, 진정성, 근면함, 정직성이 꼭 필요하며, 굳은 믿음과 신뢰가 이를 뒷받침해야 합니다. 성실함은 하루아침에 이루어질 수 없으므로, 인내심을 가지고 꾸준히 노력해야 합니다. 또한 성실함은 지혜와 분별과 함께 실천되어야 더 큰 효율을 얻을 수 있습니다. 만약 지혜와 분별없이 성실하기만 하면 자칫 미련하게 보일 수 있으며, 효과적인 결과도 얻기 어렵습니다.

성실함에는 열심의 요소가 포함되어 있습니다(롬 12:11). "어떤 일에 온 정성을 다하여 골똘하게 힘쓰는 것"을 '열심'이라고 합니다. 옳은 일에 열심을 내는 것은 매우 바람직하지만(벧전 3:13), 나쁜 일에 쓰인다면 많은 사람이 불행하거나 고통받을 수 있습니다(갈 4:17). 우리는 하나님이 주시는 뜻에 따라 성실함으로 우리의 삶과 사역을 잘 감당할 수 있습니다(골 3:23-24, 엡 6:5).

소망

'소망'이란 어떤 것이 간절히 이루어지기를 기대하는 마음을 의미합니다. 대부분의 사람들은 대단하지 않더라도 자신과 가족을 위한 작은 소망 한두 개쯤은 가지고 있습니다. 현실이 힘든 사람일수록 소망에 더욱 의지하게 됩니다. 그래서 소망은 어려운 오늘을 견디는 힘이 됩니다.

가정에 아픈 사람이 있으면 우리는 치유와 회복, 그리고 건강을 소망하게 됩니다. 직장을 잃고 경제적 어려움에 부닥치면 취업과 안정된 일자리를 소망하게 됩니다. 부부 갈등으로 이혼의 위기를 겪게 되면 결혼 생활의 회복을 소망합니다. 가정에 불화가 생기면 화목과 안정을, 사람이나 공동체 사이에 갈등이 생기면 화해와 관계 회복을 소망하게 됩니다.

소망은 소박한 것에서부터 크고 중요한 것까지 다양합니다. 소망에서 중요한 것은 크기보다 그 내용입니다. 이는 일상 속의 소망이 서로 밀접하게 연관되어 있어 우리의 행동에 결정적인 영향을 미치기 때문입니다.

때로는 허망한 것에 소망을 두는 경우도 있습니다. 너무 막연하고 헛된 것을 믿으며 이루어지기만을 바라는 사람은 시간과 여러 자원

 하나님의 형상 예수님 안에서 회복되다

을 낭비하게 되고, 심할 경우, 마치 망상 장애 속에서 살아가는 사람처럼 보이기도 합니다.

우울증을 앓고 있는 사람은 소망이 없거나, 가망 없는 일에 소망을 두어 자포자기하는 경우가 많습니다. 이는 반복된 실패 이후 더이상 소망이 떠오르지 않거나, 실망이 주는 상처를 두려워하여 소망을 회피하는 경우를 말합니다. 약한 의지 상태에서는 소망을 갖기조차 어렵고, 건강한 소망을 찾기는 더욱 어렵습니다.

소망의 하나님께서는 사람과 세상을 창조하시고, 각 창조 목적에따라 기쁨과 평안을 누리기를 소망하셨습니다.

소망의 하나님이 모든 기쁨과 평강을 믿음 안에서 너희에게 충만케 하사 성령의 능력으로 소망이 넘치게 하시기를 원하노라(롬 15:13)

하지만 인간은 타락하여 그 삶이 더 이상 하나님의 영광에 이르지못하게 되었습니다(롬 3:23). 그러나 소망이 완전히 끊어진 것은 아니었습니다. 하나님께서는 우리를 위해 새로운 소망을 예비하셨고, 그 소망이 바로 예수 그리스도이십니다. 그리스도인은 예수님 안에있는 이 소망으로 어려운 삶의 자리를 끝까지 인내하며 견뎌내는 사람입니다(히 3:6, 살전 1:3).

하나님께서는 사람에게 선한 목적을 향한 기대를 주셔서, 과거의경험을 바탕으로 미래의 '소망'을 갖게 하시고, 현재의 어려움을 극복하며 의미 있게 살아가도록 인도하십니다(빌 2:13). 또한 '소망'을 이루는 과정에서 믿음은 매우 중요한 역할을 하며, 그 믿음의 크기에 따라 '소망'이 실현됩니다.

'구원'은 우리에게 있어 가장 기본적이면서도 가장 중요한 소망입니다(롬 8:24, 살전 5:8). 소망은 저절로 이루어지는 것이 아니라, 꾸준히 자기 역할을 충실히 해야 비로소 결과로 드러납니다(히 6:11). 또한 소망이 이루어지기까지는 환난과 인내, 연단의 과정을 겪기도 합니다(롬 5:3-4).

오랜 시간 소망하는 일이 이루어지지 않으면, 그 소망을 붙드는 인내가 정말 어렵습니다(잠 13:12). 이런 상황에서 우리는 하나님께 더욱 의지하게 되고, 소망을 포기하지 않는 인내의 힘을 얻게 됩니다. 그래서 그리스도인은 소망 중에 즐거워합니다(롬 12:12, 잠 10:28). 이는 하나님의 사랑이 우리 마음에 충만하게 되어, 소망이 이루어질 때까지 인내할 힘을 얻고, 성령께서 우리와 함께 소망을 이루기 때문입니다(롬 5:5).

많은 사람들이 어렵고 힘든 일상에서도 내일의 소망을 품고 힘을 내어 살아가고 있습니다. 만약 그들에게 소망이 없다면, 매일 밤은 더욱 어두워지고, 아침이 와도 힘든 삶에 짓눌려 일어나기조차 어려울 것입니다.

우울증을 겪었던 한 젊은이에게 가장 힘들었던 일상 중 하나는 아침에 일어나 문을 열고 밖으로 나가는 일이었습니다. 모든 것이 무기력하고 침체된 삶을 치유하고 회복하는 중요한 방법은, 소망의 성

 하나님의 형상 예수님 안에서 회복되다

령께서 항상 함께하시며 우리의 마음에 소망을 심어 주시도록 간구하는 것입니다.

솔선

어릴 적, 가끔 시장에 다녀오시는 어머니를 기쁘게 해 드리고 싶어 집 안을 청소하곤 했습니다. 그러면 어머니는 집안이 깨끗해진 것을 금세 알아채시고, "시키지도 않은 일을 이렇게 깨끗하게 청소했네"라며 칭찬해 주셨습니다.

어느 가정이나 대부분 그렇듯이, 첫째 아이는 어릴 때부터 엄마 아빠를 도와주고 싶어 했습니다. 첫째 아이는 아직 걷는 것이 익숙하지 않던 세 살 무렵, 집 안을 돌아다니며 이것저것 도우려고 애썼습니다. 오히려 다칠 것이 염려되어 말리면 굳이 하겠다고 떼를 쓰고, 집 안을 분주히 돌아다니며 도우려 하던 모습이 아직도 눈에 선합니다. 자라면서는 스스로 자기 일을 조용히 해냈고, 동생들에게는 부모의 빈자리를 채워 주는 넉넉한 모습을 보여주었습니다.

'솔선'이란 요청받기 전에 해야 할 일을 자발적으로 먼저 나서서 하는 것을 의미합니다. 도움이 필요할 때 누군가 먼저 나서서 도와

주면 우리는 더욱 깊은 감사와 기쁨을 느끼게 됩니다. 솔선의 기본은 의미 있는 삶의 자세와 자유에서 온다고 생각됩니다. 스스로 자유롭게 의미 있는 일을 선택하여 실천하는 것입니다.

돕기 쉬운 상황이라면 어려운 사람을 돕는 것은 당연하지만, 돕기 어려운 상황에서도 진심으로 도움을 주려는 태도는 적극적인 솔선의 성품에 의해 결정됩니다. 건강한 의지와 의미 있는 삶의 자세가 잘 길러진 사람은 남보다 앞장서 행동하며, 타인에게 본보기가 되는 '솔선수범'을 보여줄 수 있습니다.

스스로 존재하시는 하나님께서는 필요한 일들을 당연히 솔선해서 하십니다. 또한 하나님은 하나님의 뜻에 따라 스스로 하시고자 하는 일을 미리 아시고 행하시는 분이십니다. 구원은 하나님께서 죄로 인해 타락한 인간을 구원하시기 위해 스스로 계획하시고 전적으로 실행하신 일입니다(고전 2:7). 그리고 그리스도인은 자원하는 심령을 하나님께 간구할 수 있습니다(시 51:12).

그리스도인은 하나님께 받은 사랑과 은혜에 감사하며 하나님의 뜻을 따르는 일에 솔선하는 마음을 갖게 됩니다(고후 8:3, 8:11). 하나님께서도 우리가 솔선하여 선한 일을 하기를 원하십니다(몬 1:14). 아이들이 성장하면서 점점 철이 들어, 솔선해서 부모가 기뻐하는 일을 한다면, 그것은 정말 보람된 일이 될 것입니다.

너희 중에 있는 하나님의 양 무리를 치되 부득이함으로 하지
말고 오직 하나님의 뜻을 좇아 자원함으로 하며 더러운 이를

  하나님의 형상 예수님 안에서 회복되다

위하여 하지 말고 오직 즐거운 뜻으로 하며 맡기운 자들에게
주장하는 자세를 하지 말고 오직 양 무리의 본이 되라(벧전
5:2-3)

순종

아이가 말을 듣지 않는다며 상담을 요청하는 부모들이 있습니다.
부모의 관점에서 아이들이 부모의 말을 잘 순종한다면 양육이 순조
롭게 진행될 것으로 생각합니다. 학교에서도 학생이 선생님께 순종
하면, 반드시 그렇지는 않더라도 대체로 좋은 학생이 될 수 있습니
다. 직장에서도 상사에게 순종하면 좋은 직장인이 될 가능성이 큽
니다. 그러나 순종은 생각처럼 쉽게 이루어지지 않습니다. 물론 합
리적이고 타당한 제안이나 지시, 명령이 전제되어야 하겠지만, 모든
일에 순종하는 사람을 만나기는 어렵습니다.

'순종'이란 지시에 잘 귀 기울이고 순순히 받아들여 그대로 행하는
것을 의미합니다. 순종하기 어려운 이유는 우리 안에 반발심과 자
기 마음대로 하고자 하는 욕구가 있기 때문이라고 생각됩니다. 그
근본에는 '불순종의 영', '상처', 그리고 '왜곡된 자유의지'가 자리하
고 있습니다. 또한, 지시하거나 명령하는 대상에 대한 '불신'이나 두
려움도 중요한 이유가 될 수 있습니다.

순종이 이루어지기 위해서는 관계가 중요한 역할을 합니다. 관계
가 좋으면 순종할 가능성이 훨씬 높아집니다. 또한 순종하는 당사자
의 성품과도 밀접한 관련이 있습니다. 성실한 사람은 자신의 역할과

일에 대해 정직한 마음과 진심으로 순종하려고 노력할 것입니다.

성경에서 사람의 첫 번째 '불순종'은 하와가 선악과를 먹은 사건입니다. 하와는 하나님 말씀에 '불순종'하는 죄를 범했고, 그 죄의 결과는 '죽음'이었습니다. 하와는 왜 하나님 말씀에 순종하지 않고 마귀의 유혹에 넘어갔는지 깊이 고민했습니다.

성경의 짧은 사건 하나 때문에 인류가 끔찍한 죄의 굴레에서 벗어나지 못하는 현실이 때로는 한심하게 느껴지기도 했습니다. 하지만 저 또한 그 '불순종'의 죄를 벗기 전에는 끊임없는 갈등과 불편함, 그리고 허무한 마음으로 인해 평안한 삶의 의미를 얻지 못했습니다(딛 3:3, 히 3:18, 엡 2:2). 복음을 듣고 주님을 믿어 그리스도인이 되고 나서야, 믿음으로 '순종'하는 것이 구원에 이르는 길임을 경험하게 되었습니다.

> 너희 자신을 종으로 드려 누구에게 순종하든지 그 순종함을 받는 자의 종이 되는 줄을 너희가 알지 못하느냐 혹은 죄의 종으로 사망에 이르고 혹은 순종의 종으로 의에 이르느니라(롬 6:16)

하나님의 부르심에 순종하여 멀리 사역을 떠나기 전, 저의 가정 예배 설교의 제목은 늘 "아브라함을 부르심"이었습니다. 그래서 설교 제목이 "아브라함을 부르심"이라고 하면, 가족 모두가 "이번에는 또 어디로 이사를 가는가?" 하며 긴장하곤 했습니다.

   하나님의 형상 예수님 안에서 회복되다

하나님께서 부르신 일에 순종하는 길은 쉽지 않았지만, 돌아보면 헛된 시간이 아니라 가장 보람 있고 최선의 시간이었음을 깨닫게 됩니다. 하나님께 순종할 수 있다는 것만으로도 이미 큰 축복이며, 더 나아가 순종의 삶을 따라서 거두는 열매는 얼마나 더 큰 축복이 되겠습니까?

시간 엄수

어떤 문화에서는 약속 시각에 30분쯤 늦게 나가는 것이 습관이기도 하고, 또 다른 문화에서는 약속 시간 전후로 1~2시간 정도를 유연하게 받아들이기도 합니다. 점점 문명화되어 가는 사회에서는 시간에 대한 약속이 더 정확해져, 대부분은 약속 시각보다 5분 정도 일찍 도착하는 것이 예의라고 여겨집니다.

'시간 엄수'란 타인의 삶을 존중하기 위해 정해진 시간에 맞추어 적절하게 행동하는 것을 의미합니다. 상대방을 존중하는 사람은 약속을 잘 지킵니다. 약속 장소에 상대방이 제시간에 나타나지 않으면, 대부분의 사람은 잠시 기다리다가 점점 기분이 나빠지거나 걱정하게 됩니다. 일을 처리할 때도 시간 내에 끝내지 않으면, 성의가 없거나 무시당한다는 인상을 줄 수 있고, 상대방에게 손해를 끼칠 수도 있습니다.

　어떤 사람은 늘 습관적으로 늦는 경우가 있습니다. 이에 따라 상대방이 5분이나 10분 이상 기다리는 일이 생깁니다. 물론 어쩔 수 없는 상황이라면 늦는 이유를 설명하고 양해를 구하는 것이 좋습니다. 그러나 습관적이거나 의도적으로 늦고, 진심으로 미안해하지 않는 사람도 있습니다. 이는 자신이 중요한 사람임을 무의식적으로 강조하거나, 상대를 무시해 자신의 우월감을 드러내려는 미성숙한 태도, 혹은 그냥 늦는 이기적인 나쁜 습관이라고 생각됩니다. 약속 시간을 지키면 상대방이 기다리는 시간을 낭비하지 않아도 됩니다. 서로의 시간을 아끼고 배려하는 자세는 성경적이라고 할 수 있습니다.

> 그런즉 너희가 어떻게 행할 것을 자세히 주의하여 지혜 없는 자 같이 말고 오직 지혜 있는 자 같이 하여 세월을 아끼라 때가 악하니라(엡 5:15-16)

　하나님께서도 때를 따라 일하셨습니다(렘 5:24, 신 28:12, 시 145:15-16). 사람은 하나님께 은혜와 구원을 받기 위해 그때를 알고 나아가야 합니다(히 4:16, 고후 6:2).

　사람 사이에서 시간 약속을 지키는 것은, 상대방의 삶을 소중히 여기고 존중하는 태도를 나타내며, 더 나은 기회를 얻을 가능성도 제공합니다. 또한, 하나님께서 주신 시간을 헤아려 지혜롭게 살아갈 때 하나님께서는 그 삶을 존중하시고 보람 있는 삶으로 축복해

　　하나님의 형상 예수님 안에서 회복되다

주실 것입니다(시 90:12).

신중함·근신

‘신중함’이란 깊이 있게 관찰하고 매우 조심스럽게 행동하는 성품으로, 바람직하지 않은 결과를 예측하고 이를 삼가는 것을 의미합니다. 신중함은 결과를 내다보는 지혜, 세심한 주의, 필요한 자제력과 함께 무분별한 행동을 하지 않는 성품입니다. ‘근신’도 비슷한 의미로, 몸과 마음을 삼가 조심하며, 말과 행동을 주의하고 자제하여 덕이 되지 않는 것을 미리 삼가는 태도를 의미합니다.

두려움은 본능적으로 위험이 다가올 때 느끼는 경계심입니다. 이 감각은 위험에 대비하고 조심스럽고 신중한 행동을 하도록 도와줍니다. 필요한 상황에서 두려움을 적절히 느끼지 못하면 매우 위험할 수 있습니다. 분열과 갈등, 전쟁 등을 초래하는 잘못된 결정들이 신중하지 못한 생각에서 비롯되는 것이 많습니다.

하지만 신중한 척하면서 이기적인 목적을 위해 자기중심적으로 일을 처리하면, 그 결과 때문에 주위의 많은 사람이 어려움을 겪거나 위험에 처할 수도 있습니다. 따라서 이 신중함은 하나님의 뜻 안에서 이루어질 때 서로에게 유익할 수 있습니다.

신중함은 자유와 책임의 균형을 맞추는 중요한 성품입니다. 신중하지 않으면 책임져야 할 일이 늘어날 수 있고, 충동적으로 결정할 때는 후회할 가능성이 높아집니다. 그래서 신중함은 무조건 천천히 결정을 내리는 것이 아니라, 충분히 여러 가지를 고려하고 분석한 뒤 결정하기 위해 적절한 시간이 필요합니다. 그것은 자신의 의견만 고집하지 않을 뿐 아니라, 다른 사람들의 견해도 듣고 분석하며 수용하여 최선의 결정을 내리려는 겸손하고 성실한 노력입니다.

신중함은 상황을 예민하게 분별하며, 위기 중에 깨어 있어 섣부른 판단을 막고, 위험에서 벗어날 길을 보여 주기도 합니다. 뱀이 하와를 유혹했을 때, 하와가 신중하게 하나님께 도움을 구하고 선악과를 먹지 않기로 결심했다면, 죄는 인류 역사에 들어오지 못했을 것입니다.

신중함은 명철, 인내, 조심성, 지혜, 지식, 겸손 등과 함께 우리를 지키고 보호하며, 실수를 줄이고 자신과 주변에 해로운 결과를 최소화하는 성품입니다. 때로는 신중한 행동이 믿음이나 이해가 부족한 가운데 나타날 수 있습니다. 기드온이 그런 상황에 있었을 때, 하나님께서는 그가 문제를 해결하도록 친절하게 도와주셨습니다(삿 6:36-40).

많은 사람들이 복잡한 세상, 변화하는 세상, 그리고 어떤 것이라도 양보하지 않는 세상 속으로 빠르게 달려가고 있습니다. 하지만 급하게 달려가다 보면 위험할 수 있습니다. 그래서 이러한 위기를 관리하고 위험으로부터 막아 주며 피할 수 있는 길을 열어 줄 수 있

 하나님의 형상 예수님 안에서 회복되다

는 신중한 성품이 우리에게 필요한 이유입니다. 성경은 신중하지 않고 잘 모르고 서두르는 것은 잘못된 결과를 가져올 수 있다고 말씀합니다.

> 지식 없는 소원은 선치 못하고 발이 급한 사람은 그릇하느니라(잠 19:2)

안정성·평안

성경적 '안정성'이란 영원히 변치 않으시는 하나님과 그분의 말씀을 신뢰함으로써 얻게 되는, 흔들리지 않는 내적 평안과 견고함을 의미합니다.

교통사고로 자녀가 부상을 당한 경험이 있는 부모는, 가능하다면 더 많은 보상을 받을 수 있는 보험에 가입하려 할 것입니다. 또한 특별히 모험을 즐기는 사람이 아니라면, 누구나 불안한 상황을 원하지 않을 것입니다. '평안'하고 '안정'된 환경과 생활은 대부분의 사람들이 기본적으로 바라는 것입니다. 그러나 현실은 그렇지 않습니다.

그래서 다가오는 불안감을 인정하고, '그 감정을 어떻게 처리하는가?'에 대한 방법을 생각해 보아야 할 것입니다. 다가올 일에 대해 불안감이 생기기 시작하면, 일단 경계와 조심, 그리고 성실하게 준비해야 합니다. 하지만 모든 것을 자신이 통제해야 한다고 생각한다면, 오히려 점점 더 불안해질 수 있습니다.

자녀들이 위험한 환경에 있다면 거의 모든 부모는 편안한 잠을 잘 수 없을 것입니다. 그렇다고 딱히 어떻게 할 방법이 있는 것도 아니고, 혹시 자녀에게 큰 사고가 생길 수 있다는 두려움이 생기기 시작하면, 불안감은 점점 증폭됩니다. 이러한 심리적 경험들이 반복되면 불안장애를 겪을 수 있습니다.

사람마다 다르지만, 누구나 내면에 불안심리를 가지고 있습니다. 우리는 이러한 불안에서 벗어나 안정된 마음을 얻으려고 노력하지만, 결국 자신과 상황을 믿지 못하는 한계를 깨닫게 됩니다. 어떤 이는 그 한계를 극복하려고 시도하지만, 때로는 이 과정이 두려움에서 비롯된 교만에 빠질 수 있는 이유가 되기도 합니다.

모든 상황을 통제하고 조절함으로써 자신의 안정을 찾고자 한다면, 아주 힘들거나 불가능한 경우가 많습니다. 위험한 일의 경중에 따라 이러한 현상은 더욱 뚜렷하게 나타날 수 있습니다.

생명의 위협을 느낄 만한 사건을 경험한 후에는 트라우마가 생기는 경우가 많습니다. 이러한 트라우마와 앞으로의 일들에 대한 불확실한 두려움이 내면에서 불안감을 더욱 키우면, 불안 장애와 공황 장애로 이어질 위험이 있으며, 결국 통제하기 어려운 자기방어 행동이 나타날 수 있습니다.

그래서 그리스도인은 불안한 상황에 부닥칠 때, 먼저 자신의 역할과 하나님이 하시는 역할을 분명하게 이해할 필요가 있습니다. 사람은 사람으로서 할 수 있는 일을 다 해야 하며, 그 한계를 넘어선 결과는 하나님께서 이끄신다는 깊은 신뢰에서 비롯된 믿음으로 채워야 합니다. 사실 이러한 신뢰와 믿음을 갖는 일은 쉽지 않습니다.

성경은 불안할 때 기도와 감사로 하나님께 맡기면, 하나님의 평안
이 우리 마음을 지켜 주신다고 말씀합니다. 하나님을 의지하고 예
수님을 믿으며, 성령과 말씀을 지팡이 삼아 구원의 길을 걷는 사람
은 흔들리지 않고, 무너지지 않으며, 사라지지 않는 것에 기초를 둔
견고하고 안정된 삶을 살아가게 됩니다(마 7:24-25).

성경에서 말하는 '평안'은 단순히 고요하거나 문제가 없는 상태를
넘어서, 하나님과 올바른 관계에서 오는 깊은 내적 평화와 참된 안
식을 의미합니다. 평안은 그리스도인이 하나님 나라에서 누리는 귀
한 축복 가운데 하나입니다(롬 14:17, 엡 2:17). 이 평안은 주님께서
주신 것으로, 세상이 빼앗을 수 없는 신령한 평안입니다. 주님이 주
시는 평안을 얻은 사람은 하나님 안에서 안정된 삶을 살아가게 될
것입니다(갈 1:3). 그리고 영적인 평안은 그리스도인의 삶과 공동체
안에서 하나님 나라를 깊이 경험하게 합니다(빌 4:7, 잠 1:33, 롬 8:6,
골 3:15).

평안을 너희에게 끼치노니 곧 나의 평안을 너희에게 주노라
내가 너희에게 주는 것은 세상이 주는 것과 같지 아니하니라
너희는 마음에 근심도 말고 두려워하지도 말라 (요 14:27)

열정

'열정'이란 주어진 일에 최선을 다하고자 하는 강렬하고 충만한 감정을 의미합니다. 나이가 들수록 부족하다고 느껴지는 성품은 바로 '열정'입니다. 젊을 때는 '열정적이다'라거나 '미친 듯이 열심히'라는 표현을 자주 사용했지만, 50세가 넘으면서 거의 쓰지 않게 되었습니다. 한편으로 나이가 들면서 이런 변화가 자연스럽다고 생각할 수도 있지만, 열정은 나이와 상관없이 꾸준히 회복되고 유지되어야 할 중요한 성품이라고 생각합니다.

감정적인 측면에서 열정은 '어떤 일에 대해 집중적으로 좋아하고 몰입하는 감정'이라고 정의할 수 있습니다. 열정이 분명하게 나타나려면 감정의 힘이 충분히 남아 있어야 합니다. 이러한 '감정'의 힘이 이성의 작용인 이유와 목표를 만나 의미가 깊어질 때, 비로소 강한 열정으로 드러날 가능성이 커집니다. 그리고 열정을 지속적으로 이끌어가는 것은, 얼마나 집중적이고 꾸준한 의지로 의미를 되새기거나 새롭게 부여하는가에 달려 있습니다.

감정이 소진되면 열정을 갖기가 어렵습니다. 저 역시 지난 며칠 동안 여러 가지 일로 감정적으로 많이 지쳐 있었습니다. 그래서 열정에 대한 글을 쓰기 위해 앉았을 때, 처음에는 다소 힘든 마음이었

 하나님의 형상 예수님 안에서 회복되다

습니다. 하지만 목적과 이유를 떠올리고 의미를 되새기다 보니, 마음 한편에서 작은 즐거움이 생겨났습니다. 이 즐거움이 다시 글을 쓰는 열정으로 변화되길 기대하며 집중해 봅니다.

〈Passion of Christ〉라는 영화를 오래전에 보았습니다. 하나님께서 예수님으로 이 땅에 오셔서 인류의 구원을 위해 보여주신 지극히 희생적인 사랑을 열정(Passion)이라고 이해했습니다.

성경에 나오는 인물인 엘리야는 '열정'과 '침체'를 모두 경험한 사람입니다. 엘리야는 450명의 바알의 선지자와의 전투에서 승리했음에도 불구하고, 이사벨의 위협을 피해 도망쳤으며, 힘든 영적 전투로 인해 모든 힘이 소진된 후에는 더 이상 기력을 유지하지 못했습니다. 또한 그는 극심한 침체를 겪은 뒤 우울증 증상까지 경험하였으며, 자신의 생명을 하나님께서 거두어 주시기를 바란다고 토로했습니다. 그리고 엘리야는 자신만이 유일하게 하나님의 사람으로 남아 있다고 여기며, 깊은 절망과 자기 연민을 드러내는 말을 합니다(왕상 19:10).

> 스스로 광야로 들어가 하룻길쯤 행하고 한 로뎀나무 아래 앉아서 죽기를 구하여 가로되 여호와여 넉넉하오니 지금 내 생명을 취하옵소서 나는 내 열조보다 낫지 못하니이다 하고(왕상 19:4)

지친 엘리야의 힘을 회복시켜 주신 하나님께서는 그에게 새로운 사역을 맡기셨습니다. 이후 엘리야는 하나님이 주신 사명을 끝내고, 불수레를 타고 하늘로 올라갔습니다(왕상 19:11~왕하 2:11).

믿음 생활에서는 '열정'과 '침체'를 반복해서 경험할 수 있습니다. 그래서 몸의 휴식과 주님께서 주시는 영혼의 위로, 격려, 안식이 필요합니다. 그리고 회복된 열정으로 각자 새로운 사명의 길을 떠나게 됩니다. 성경은 그리스도인이 하나님의 뜻을 따라 '열정'으로 서로를 섬기라고 말씀하십니다(딛 2:14, 골 3:23-24, 살전 2:17, 갈 4:18).

우울하거나 지루함에 머물지 않도록 우리의 감정을 잘 회복하고 건강하게 돌보며, 성령께서 마음에 주신 열정을 꾸준히 지켜 가기 위한 지혜와 노력이 필요합니다. 성경은 우리가 하나님을 사랑하고, 선한 일과 복음 전파, 그리고 이웃 사랑에 대한 거룩한 열정을 구할 것을 권면합니다. 이러한 열정은 우리의 영적인 삶과 모든 사역의 원동력이 되며, 성령의 도우심으로 말미암아 더욱 하나님께 영광을 돌리는 삶으로 이어지게 됩니다.

> 그가 우리를 대신하여 자신을 주심은 모든 불법에서 우리를 구속하시고 우리를 깨끗하게 하사 선한 일에 열심하는 친 백성이 되게 하려 하심이니라"(딛 2:14).

오래 참음·끈기

'끈기'는 쉽게 단념하지 않고 끈질기게 견디는 기운을 의미합니다. '오래 참음(long-suffering)'은 정신적, 육체적 고통의 압력 속에

 하나님의 형상 예수님 안에서 회복되다

서도 최선을 다해 견디는 것이라고 볼 수 있습니다. 끈기와 오래 참음은 거의 같은 의미로 사용되며, 성경에서는 번역본에 따라 영어의 'patience'와 'long-suffering'이 끈기, 인내, 오래 참음 등으로 번역되었습니다.

오래전에, 30년간 선교 현장에서 사역하셨던 선배 선교사님께서 "인내는 서서 자기 차례를 기다리는 것이고, 오래 참음은 힘든 고통 속에서도 꾸준히 목표를 향해 버티는 것"이라고 설명하셨습니다. 지금도 그 비유는 매우 적절하다고 생각됩니다.

우리의 인생이 항상 즐겁고 기쁜 것만은 아닙니다. 특히 심한 고통 속에서 부당한 대우를 견디며 오랜 시간을 기다려야 할 때, 마음에 깊은 상처와 장애가 남을 수 있습니다.

장거리 달리기를 해본 사람이라면 오래 참는 것이 얼마나 중요한지 잘 알 것입니다. 처음에는 비교적 수월하게 달리지만, 어느 순간부터 숨이 차오르고 당장이라도 포기하고 싶은 마음이 들기 시작합니다. 그러나 달려야 하는 이유를 떠올리고, 달릴수록 목표에 가까워진다고 생각하면 포기하지 않고 끝까지 달릴 힘이 생깁니다.

때로는 우리의 삶이 매우 힘들어지고, 오랜 시간 참아야 하는 상황이 다가올 수 있습니다. '고통의 시간을 얼마나 더 견뎌야 변화가 오고, 새로운 인생의 길을 찾을 수 있을까?'라는 생각이 들면, 답답함이 더욱 커지고 만성적인 우울감이 생길 수 있습니다. 심한 경우 삶의 희망마저 잃게 되는 위기가 찾아올 수도 있습니다.

바울은 사역 중에 살고자 하는 희망조차 잃을 만큼 극심한 고난을 겪었다고 말합니다(고후 1:8-9). 또한, 그는 자신의 '오래 참음'을 성령의 열매라고 표현했습니다. 우리가 하나님을 의지하고 성령의 능력으로 살아갈 때, 역경 속에서도 오래 참음이라는 성령의 열매를 맺을 수 있습니다(갈 5:22-23).

성경은 하나님께서 인간이 회개하고 구원에 이르기까지 오래 참고 기다리신다고 기록하고 있습니다(롬 9:22-23, 벧후 3:9, 3:15). 그리스도인은 예수님을 바라보며 성령의 인도하심에 순종하고 그 능력을 의지할 때, 예수님의 오래 참으심의 성품을 닮아가게 됩니다.

> 그러나 내가 긍휼을 입은 까닭은 예수 그리스도께서 내게 먼저 일체 오래 참으심을 보이사 후에 주를 믿어 영생 얻는 자들에게 본이 되게 하려 하심이라(딤전 1:16)

"사랑은 오래 참고…"로 시작하는 고전 13장 4절은, 힘들고 어려운 고통이 따를지라도 사랑하기 때문에 오래 참을 수 있음을 의미합니다. 사랑하는 자녀로 인해 '오래 참음'이 필요하고 이를 경험한 부모들도 많습니다. 부모의 오래 참음의 열매를 자녀가 맛보며, 그 본을 따라 자녀에게도 오래 참음의 성품이 형성되는 것을 볼 수 있습니다.

그리스도인의 신앙생활과 사역에서 오래 참음은 어려운 상황을 이겨 내는 데 꼭 필요한 소중한 성품입니다(고후 6:4-7, 딤후 3:10-11, 골 1:11-12, 3:12-14, 엡 4:1-3). 그리고 오래 참음을 통해 주님이 약속하신 복을 받는 것은 신앙생활의 큰 보람과 기쁨이 됩니다.

 하나님의 형상 예수님 안에서 회복되다

가라사대 내가 반드시 너를 복주고 복주며 너를 번성케 하고
번성케 하리라 하셨더니 저가 이같이 오래 참아 약속을 받았
느니라(히 6:14-15)

온유

'온유'는 힘들고 어려운 상황에서도 타인을 깊이 배려하고, 부드럽고 따뜻한 마음으로 대하는 것을 의미합니다. 온유한 사람이 옆에 있으면 추운 날씨에 따뜻한 난로 주위에서 평안하게 손을 쬐는 듯한 느낌이 듭니다.

감정이 격해져서 서로 충돌하는 상황에서도 온유한 사람은 분위기를 부드럽고 침착하게 바꾸는 능력이 있습니다. 온유가 나약하고 무기력하여 저항하지 못하는 비굴한 상태를 의미하거나, 용기가 없고 우유부단하여 결단하지 못하는 상황으로 오해될 수도 있습니다.

그러나 온유는 강한 힘과 능력이 인내, 절제, 지혜, 친절, 포용, 유연한 태도로 감싸여 있는 성품입니다. 온유는 마치 모난 돌이 오랜 시간 깎이고 닳아 둥글둥글해진 모습과도 같습니다. 온유는 겸손과 함께 성숙한 사람에게서 드러나는 성품입니다. 예수님은 겸손하고 온유하신 분이십니다.

나는 마음이 온유하고 겸손하니 나의 멍에를 메고 내게 배우
라 그리하면 너희 마음이 쉼을 얻으리니(마 11:29)

성경은 그리스도인에게 서로 다투지 말고, 온유한 성품으로 가르치며 훈계할 것을 권면합니다(딤후 2:24-26, 갈 6:1). 온유는 성령께서 우리의 삶을 통해 맺으시는 열매이자, 이웃을 사랑하고 섬기는 소중한 도구입니다(고전 13:4, 벧전 3:4, 3:15, 딤전 6:11, 골 3:12-14, 약 1:21, 3:13, 고후 10:1, 엡 4:2-3). 또한 성경은 온유한 사람이 땅을 기업으로 받는다고 말씀합니다(시 37:11).

온유한 자는 복이 있나니 저희가 땅을 기업으로 받을 것임이요(마 5:5)

용기

'용기'란 감당하기 어렵고 두려운 상황에서도 해야 할 일을 하는 것을 의미합니다. 감당하기 어렵고 두려운 일을 마주할 때, 우리는 그 일을 맞서 이기려는 마음과 피하고자 하는 마음 사이에서 망설이는 자신을 경험하게 됩니다. 이런 상황에서 그 일이 필요하다고 판단된다면, 용기를 내어 맞서야 합니다. 해야 할 일임에도 두려워서 피한다면 비겁한 사람이 됩니다.

네팔 카트만두에서 인도 국경 쪽으로 가려면, 한쪽은 산기슭이고 다른 한쪽은 수백 미터 깊이의 계곡을 따라 다섯 시간가량 지나가야 합니다. 낮에도 여러 차례의 교통사고로 계곡 곳곳에 차량이 나뒹구는 모습을 볼 수 있었습니다.

인도 국경에서 인도주의 사업을 마치고 카트만두로 돌아오는 길에

 하나님의 형상 예수님 안에서 회복되다

는 이미 어둠이 내려앉고 있었습니다. 우리 차의 운전기사가 너무 빠
르고 난폭하게 운전했던 터라, 밤에 다시 그 길을 돌아가야 한다고 생
각하니 사고에 대한 두려움이 몰려왔습니다. 운전기사는 오늘 밤 중
으로 반드시 카트만두에 도착해 차량을 반납해야 한다며 더는 지체
할 시간이 없다고 했습니다. 결국 다섯 시간이 걸리는 계곡 길을 다시
달려야 했고, 그 순간 저에게는 용기가 필요했습니다. 차가 자정을
넘기기 전에 안전하게 카트만두에 도착해서 다행이었지만, 저는 운
전기사 옆자리에 앉아 긴장한 탓에 허리에 심한 통증이 생겼습니다.

우리의 인생에서 두려움이 마음을 짓누를 때가 있습니다. 심한 놀
람과 두려움이 반복되면 불안장애와 공황장애를 경험하기도 합니
다. 하나님은 우리가 극심한 두려움 가운데 있을 때도 용기를 내라
고 말씀합니다(대하 32:7, 수 1:9).

두려워 말라 내가 너와 함께 함이니라 놀라지 말라 나는 네
하나님이 됨이니라 내가 너를 굳세게 하리라 참으로 너를 도
와 주리라 참으로 나의 의로운 오른손으로 너를 붙들리라(사
41:10)

성경은 성령을 통해 용기를 얻고, 맡겨진 사역을 감당할 것을 권
면합니다(대하 15:7, 행 23:11). 또한 믿음 안에서 서로 교제하며 격
려하고, 용기를 가질 수 있도록 도와주라고 말씀합니다(히 10:24-
25, 살전 5:11, 롬 15:5, 행 28:15). 그리스도인은 여호와를 의지함으

로써 두려움을 이겨 내고, 용기 있게 나아갈 수 있습니다.

용서

'용서'란 상처를 준 사람에 대해 품고 있던 보복하려는 마음과 원망을 내려놓는 것을 의미합니다. 용서는 참으로 어려운 일입니다. 잘 알고 있고 할 수 있다고 생각해도, 실제로는 쉽게 되지 않는 것이 용서라는 생각이 듭니다. 때로는 "정말로 사람이 다른 사람을 용서하는 것이 가능할까?"라는 의문이 들 만큼, 용서하기 힘든 순간을 경험할 수 있습니다.

용서의 사전적 의미는 "잘못이나 죄를 꾸짖거나 벌하지 않고 덮어 주는 것"입니다. 용서가 필요한 이유는 용서받는 사람뿐만 아니라 용서하는 사람에게도 유익하기 때문입니다. 서로 얽혀 있는 깊은 감정의 골이 용서라는 다리를 통해 만나게 되면, 분노와 갈등이 해소될 수 있습니다. 성경은 우리에게 용서를 분명하게 가르칩니다 (눅 6:37, 17:3, 마 6:14).

흔히 우리는 인내하며 용서할 수 있는 횟수의 한계를 세 번 정도로 생각하곤 합니다. 반복된 잘못을 과연 얼마나 더 용서해야 하는 것일까요? 성경은 이에 대해, 회개하며 용서를 구하면 하루에 일곱 번이라도 용서하라고 말씀합니다(눅 17:4).

아들을 죽게 만든 죄인을 용서했던 한 아버지의 이야기를 들은 적이 있습니다. 대부분의 부모는 차라리 자신이 희생해서 아들을 대신할 수 있다면 덜 고통스러울 것입니다. 그렇기에 사랑하는 자녀를 죽인 죄인을 용서하는 일은 이 세상에서 가장 힘든 일입니다. 삶에서 가장 소중한 것을 빼앗기고, 그로 인해 모든 것이 무너져 내렸기 때문입니다. 이 아버지의 용서는 오직 하나님이 주신 용서의 능력으로만 가능했을 것이라 짐작할 뿐입니다.

하나님은 예수님의 십자가 희생을 통해 우리의 죄를 용서하셨습니다. 처음 기독교 신앙을 접했을 때, 저는 '왜 예수님이 하나님의 외아들로 오셔야 했을까?'라는 의문을 가졌습니다. 아이들이 생기고 나서야 비로소 하나님이 주신 자녀들의 소중함을 깊이 깨닫게 되었습니다. 정상적인 부모라면 세상 그 무엇과도 소중한 자신의 아이를 바꿀 수 없을 것입니다.

그래서 예수님이 하나님의 아들로서 우리의 죄를 대속하시고 돌아가셨다는 사실은, 하나님께서 우리를 얼마나 사랑하시는지 알게 하고, 우리가 얼마나 귀한 존재인지를 깨닫게 해 주시기 위한 하나님의 은혜임을 깊이 느끼게 되었습니다.

하나님께서는 우리의 죄를 용서하시기 위해 외아들을 십자가에 내어주셔서 십자가에서 못 박히게 하심으로, '공의'와 '사랑'을 동시에 성취하셨습니다. 저는 이것이 인류를 죄로부터 구원하기 위한, 하나님만이 이루실 수 있는 '용서'와 '화해'의 유일하고도 최선의 길임을 알게 되었습니다.

또한 성경은 우리가 왜 이웃을 용서해야 하는지를 분명하게 설명해 줍니다(마 18:23-35). 용서는 관계를 회복하고, 서로를 너그럽게 받아들이며, 화해의 길로 나아가는 열쇠입니다. 용서를 받기 위해서는 자신의 마음과 태도를 바꾸는 반성과 회개, 그리고 다시 같은 잘못을 반복하지 않겠다는 결심이 중요하며, 이는 화해의 핵심 요소입니다. 그리스도인의 용서는 주님 앞에서 이루어지는 것이며(고후 2:10), 화평케 하는 자는 하나님의 아들이라 불릴 것입니다.

> 화평케 하는 자는 복이 있나니 저희가 하나님의 아들이라 일컬음을 받을 것임이요(마 5:9)

용서가 온전히 이루어져 화평의 길에 들어설 때, 성령께서는 우리의 마음을 더욱 깊은 주님의 사랑으로 이끌어 주시며, 그 사랑을 풍성하게 나누는 삶으로 인도합니다.

> 그러므로 너희는 하나님의 택하신 거룩하고 사랑하신 자처럼 긍휼과 자비와 겸손과 온유와 오래 참음을 옷입고 누가 뉘게 혐의가 있거든 서로 용납하여 피차 용서하되 주께서 너희를

 하나님의 형상 예수님 안에서 회복되다

위로·격려

'위로'란 마음을 함께하며 따뜻한 말이나 행동으로 괴로움을 덜어
주거나 슬픔을 달래 주는 것을 의미하고, '격려'란 우울하거나 두려
움으로 불안해할 때 용기나 의욕이 나도록 힘을 북돋워 주는 것을
의미합니다.

인생의 어느 순간에는 슬픔과 고통이 이어지며 끝이 보이지 않는
터널 속에 있는 듯 느껴질 때가 있습니다. 오랫동안 슬프고 답답한
감정에 눌려 지내다 보면 우울증이 찾아올 수도 있습니다.

지난여름, 어머님께서 소천하셨습니다. 급성 암 말기 상태에서 수
혈을 받으시던 두세 달은 어머님께는 고통의 시간이었지만, 또 한편
으로 어머님과 저에게는 이 땅에서 함께할 수 있었던 마지막 시간으
로, 매우 소중한 시간이었습니다. 어머니의 병상 곁을 지키며 많은
이야기를 나누었고, 삶을 마무리하시며 이별을 준비하시는 어머님
의 모습을 보며 깊은 슬픔이 밀려왔습니다.

새벽마다 기도하며 저 역시 어머니와의 이별을 준비하려 했지만,
이별이 되지 않았습니다. 그리고 저의 마음 깊은 곳에서 억누를 수
없는 눈물이 흘러나왔습니다.

그때 주님께서는, 제가 감당할 수 없는 슬픔을 느끼는 것은 어머
님의 크신 사랑이 제 마음속에 깊이 자리하고 있기 때문이라고 말씀

해 주셨습니다. 저는 그 슬픔이 어머님께서 제게 베푸신 너무도 크고 깊은 사랑이 이별을 만나 드러난 또 다른 모습임을 깨닫게 되었습니다. 그리고 주님께서는 그 사랑이 앞으로도 제 마음속에 남아 항상 함께할 것이라고 말씀하시며, 이별로 슬퍼하는 저의 마음을 깊이 '위로'해 주셨습니다.

그리고 어머니는 "나의 평생에 가장 복된 일은 내가 예수님을 만난 것이라"라는 찬양을 즐겨 들으시다가 천국으로 떠나셨습니다. 어머님의 관을 운구하며 산을 오르던 중, 저 먼 언덕 위에서 "하늘 가는 밝은 길이"라는 찬송의 트럼펫 소리가 들려왔습니다. 언덕 위에 올라가 보니, 장례를 준비해 주시던 분이 뜻하지 않게 어머니의 천국 가시는 길을 위해 트럼펫으로 찬송을 은혜롭게 연주하고 계셨습니다. 저는 어머님과의 이별이 무척 아쉬웠지만, 육신의 어머니를 평안히 보내 드릴 수 있었습니다.

어머니가 그리워질 때면, 언젠가 천국에서 다시 만나 함께 누리게 될 그날의 기쁨을 조용히 소망 가운데 바라보게 됩니다. 그러면 제 마음 깊은 곳에 고이 간직된 어머님의 사랑을, 오래된 사진첩을 한 장 한 장 펼쳐 보듯 다시 떠올리게 되고, 그 사랑이 여전히 제 곁에 함께하고 있음을 다시 확인하게 됩니다.

성경은 애통해하는 사람은 위로를 받는다고 말씀합니다. 자신의 죄를 자백하고, 슬프고 힘든 일로 애통해하는 심령에 주님은 위로를 주시고 회복의 길로 인도해 주십니다.

   하나님의 형상 예수님 안에서 회복되다

애통하는 자는 복이 있나니 저희가 위로를 받을 것임이요(마 5:4)

'격려'는 주저하거나 힘들어할 때, 하던 일을 계속해서 앞으로 나아가도록 힘을 북돋아 주는 일입니다. 지치고 힘들어서 포기하고 싶은 사람에게 목표에 도달하도록 '격려'하는 것은 매우 중요합니다.

마라톤에서 '페이스메이커(pacemaker)'는 주전선수가 최상의 기록을 낼 수 있도록 특정 구간까지만 함께 달리는 역할을 합니다. 이때 페이스메이커는 주전선수의 속도 조절을 도와주고, 힘들 때 '격려'해 줍니다. 따라서 페이스메이커는 남을 위해 뛰지만, 자신에게는 메달이나 영광이 돌아가지 않습니다.

의학에서 '페이스메이커'는 심장 박동이 부정맥 등으로 인해 정상적으로 유지되지 않을 때, 전기 신호를 보내 정상 박동을 유지하도록 돕는 장치를 말합니다. 일상에서도 '페이스메이커'처럼 우리의 생활이 정상적으로 유지되도록 돕는 '격려자'가 종종 필요합니다. 인생은 선한 일을 위해 서로 '위로'하고 '격려'할 때 더 보람 있고 성공적으로 마무리할 수 있습니다.

그리스도인은 믿음 생활 안에서 서로 사랑과 위로, 격려를 주고받으며 주님 안에서 선한 삶의 목표를 이루어 갑니다(롬 15:5, 12:8, 고전 14:3, 살전 3:7, 3:2-3, 고후 7:4, 7:7, 행 16:40, 엡 6:22, 몬 1:7, 딤후 1:16-17, 골 4:8, 히 10:24-25). 위로의 하나님께서는 우리의 믿음 생활 중 힘든 시간이 올 때 위로해 주십니다(고후 1:4, 7:6, 롬 15:5).

주님의 위로는 믿음 생활에서 고난을 극복하는 힘이 됩니다(롬 15:4, 행 9:31). '위로'와 '격려'는 고달픈 세상을 살아가며 절망과 좌절을 겪는 우리의 삶을 회복시키는 소중한 성품입니다(고후 1:5).

> 우리 주 예수 그리스도와 우리를 사랑하시고 영원한 위로와 좋은 소망을 은혜로 주신 하나님 우리 아버지께서 너희 마음을 위로하시고 모든 선한 일과 말에 굳게 하시기를 원하노라 (살후 2:16-17)

유연성

'유연성'이란 계획이나 생각, 행동을 불쾌하게 여기지 않고, 가능한 범위에서 기꺼이 받아들이거나 바꿀 준비가 되어 있는 것을 의미합니다. 인체의 유연성은 동작을 원활하게 하고, 행동 범위를 넓혀 주며, 부상을 예방하는 데 도움이 됩니다. 운동선수들은 시합 전에 몸의 유연성을 높이기 위해 준비운동을 합니다. 유연성이 높아지면 특정 동작이 가능할 뿐 아니라, 민첩성, 복원력, 집중력도 향상됩니다.

사고의 유연성은 우리 삶에서 이해와 소통, 적응과 변화에 매우 중요한 요소입니다. 유연성은 나의 입장과 처지에만 머무르거나 한쪽에 묶여 있는 고정관념을 극복하고, 창의적이고 자유로우며 개방적인 생각을 갖도록 도와줍니다.

대체로 중년 이후에는 기존의 습관과 행동을 그대로 유지하며, 변화에 대응하려 하지 않는 다소 안일한 생활 태도에 빠지기 쉽습니

 하나님의 형상 예수님 안에서 회복되다

다. 물론 전통의 가치를 고려해 잘 구별하고 지키는 것도 중요하지만, 유연성을 잃는 것은 문제가 될 수 있습니다.

젊은이들은 다양한 분야에서 더 나은 변화를 이루고자 유연한 사고와 다양한 접근 방식을 시도합니다. 이러한 과정에서, 젊은 세대는 미숙한 자기 행동의 합리화와 진보적 추구를 위한 유연성의 차이를 분명히 구별할 줄 알아야 합니다.

유연성의 성품을 가진 사람은 환경에 잘 적응하고, 필요한 변화에 효과적으로 대처합니다. 또한 겸손, 공감, 지혜, 관용, 경청, 그리고 상대를 존중하는 민감한 성품을 함께 갖출 때, 유연성은 더욱 효율적으로 발휘됩니다.

유연성과 비교되는 것은 꼼꼼함입니다. 유연성이 때로는 적당히 처리하거나 대충 넘어가는 상황이나 태도로 보일 수 있어, 자칫하면 꼼꼼함의 중요성이 가볍게 여겨질 수 있습니다. 휘어질 수 있지만 부러지지 않고, 다시 필요한 태도와 자세를 찾아가는 유연성은 어려운 시대에 필요한 성품입니다.

역사적으로, 그리고 오늘의 일상생활 속에서도 그리스도인의 신앙은 끊임없이 도전받아 왔으며 하나님의 보호와 은혜로 이어져 오고 있습니다. 때로는 교리의 경직성으로 많은 희생을 치렀고, 잘못된 성경 해석으로 이단에 의한 상처와 고통을 겪기도 했습니다.

상황에 따라 기독교의 유연성이 어디까지 허용될 수 있는지, 그리고 원칙을 어떻게 지켜야 할지에 대한 신학자들의 논쟁 역시 끊이지 않고 있습니다. 건강한 그리스도인이라면, 이러한 모든 논란이 바

르게 해결되기 위해 무엇보다도 그리스도인의 삶의 기본이자 기준
인 하나님의 말씀, 곧 성경을 분명히 믿고 바르게 배워야 합니다.

그리스도인 신앙의 근본이 복음이라면, 그리스도인의 유연성은
복음을 전하기 위해 다양하게 접근하는 여러 방법으로 볼 수 있을
것입니다. 그러나 이러한 유연한 접근들이 하나님의 뜻과 그 결과
에 따르는 성령의 열매가 아니라면, 그 유연성은 오히려 핑계나 거
짓이 될 수 있습니다.

또한 십자가의 은혜를 믿음으로 얻은 구원의 결과가 우리의 생각
과 행위를 통해 성령의 열매로 나타나지 않는다면, 우리의 믿음은
죽었거나 거짓일 수 있습니다. 예수님께서는 경직된 사고방식을 꾸
짖으시고, 도움이 필요한 사람에게는 유연하게 자비를 베푸셨습니
다(막 3:5).

성질이 억세고 고집스럽고 사나운 바리새인들은 율법주의에 갇
혀, 안식일에 손이 오그라든 사람을 치유해 주신 예수님을 죽이려고
논의했습니다. 그들의 마음은 긍휼과 동정에서 멀어졌고, 오히려
자신의 것만 지키려는 아집과 경직된 사고에 사로잡혀 있었습니다.

저희 총명이 어두워지고 저희 가운데 있는 무지함과 저희 마
음이 굳어짐으로 말미암아 하나님의 생명에서 떠나 있도다
(엡 4:18)

완고한 마음은 하나님의 뜻을 방해하고 하나님의 진노를 쌓게 됩

     하나님의 형상 예수님 안에서 회복되다

니다(행 19:9, 시 78:8, 롬 2:5). 그러나 이러한 완고한 마음은 예수님 안에서 사라질 수 있으며, 하나님께서는 그것을 버리라고 말씀하십니다(고후 3:14, 히 3:8, 3:15, 4:7). 바울은 복음을 전하는 본질적인 목적을 이루기 위해 유연성을 보여주었습니다.

> 약한 자들에게는 내가 약한 자와 같이 된 것은 약한 자들을 얻고자 함이요 여러 사람에게 내가 여러 모양이 된 것은 아무쪼록 몇몇 사람들을 구원코자 함이니 내가 복음을 위하여 모든 것을 행함은 복음에 참예하고자 함이라(고전 9:22-23)

특히 바울이 디모데에게 할례를 준 사건에서 보여준 유연성은, 복음을 전하는 사명을 이루기 위해 현지 문화를 존중하고 불필요한 갈등을 없애고자 했던 것이라고 이해할 수 있습니다(행 16:3).

뽑히지 않아야 할 뿌리와 같은 가치로서 복음은 반드시 지켜야 하며, 복음을 전하기 위한 허용 범위 내에서 성령의 지혜와 인도에 따라 유연한 태도를 보이는 것이 하나님 나라의 확장에 도움이 될 것입니다.

유용성

사람이 유익을 주는 결과에 따라서 크게 이기적인 사람과 이타적인 사람의 두 종류로 나눌 수 있습니다. 물론 대부분의 사람들은 그 두 사이의 어딘가에 적당하게 위치를 정하고 살아가고 있습니다.

주위에서 가끔 "나는 거절을 할 줄 모른다"라는 말을 듣곤 합니다. 자신의 일부분을, 타인의 유익을 위해 기꺼이 양보하거나 내놓는 태도라고도 들립니다. 하지만 이러한 말에는 어쩔 수 없이 하거나 마지못해서 하는 수동적인 심리 상태가 있다고 들립니다.

자존감이 건강하게 세워진 사람은 필요할 때는 분명하게 거절할 수 있지만, 때로는 상대를 존중하고 배려하는 마음에서, 상대방의 의사를 존중하며 자신의 우선순위를 양보하고 거절하지 않기도 합니다.

'유용성'이란 다른 사람의 필요나 요구에 맞추어 자신의 일정이나 우선순위를 양보하며 도움을 주는 것을 의미합니다. 어떤 공동체에서 상대적으로 낮은 위치에 있는 사람들은 자신보다 높은 사람의 뜻에 우선순위를 양보하며 살아가도록 길들여지는 경향이 있습니다.

물론 사회적 질서나 업무의 효율성 측면에서 어느 정도는 필요할 수 있지만, 때로는 이러한 유용성이 지나쳐 남용이나 심지어 학대로 이어지는 경우도 있습니다. 유용성을 실천할 때는 지혜와 분별이 필요하며, 절제와 만족이 큰 도움이 될 수 있습니다.

그리스도인은 하나님의 나라를 위해 자신을 드린 사람입니다. 그러므로 하나님의 부르심에 대한 응답을 항상 우선순위에 두어야 합니다. 하나님은 우리 모두에게 유익한 길로 인도하며 우리 삶의 주인이시기 때문입니다(시 23:1-3). 하나님의 뜻에 맞추어 유용한 사람이 될 때, 우리는 선한 일에 쓰임 받고, 기쁨과 함께 은혜와 축복을 경험하게 될 것입니다. 하나님께 귀하게 쓰임 받기에 합당한 사람은 자신을 항상 주님 안에서 깨끗하게 하는 사람입니다.

 하나님의 형상 예수님 안에서 회복되다

큰 집에는 금과 은의 그릇이 있을뿐 아니요 나무와 질그릇도 있어 귀히 쓰는 것도 있고 천히 쓰는 것도 있나니 그러므로 누구든지 이런 것에서 자기를 깨끗하게 하면 귀히 쓰는 그릇이 되어 거룩하고 주인의 쓰심에 합당하며 모든 선한 일에 예비함이 되리라(딤후 2:20-21)

인내

'인내'란 때와 장소, 혹은 적절한 상황이 올 때까지 자신에게 맡겨진 역할을 끝까지 감당하며 견뎌 내는 것을 의미합니다. 시간이 걸리더라도 옳다고 생각하는 일이나 입장을 견뎌 내는 힘을 '인내력'이라고 할 수 있을 것 같습니다. 인내할 때는 인내하는 목적이나 이유가 있어야 제대로 할 수 있습니다. 인내를 너무 오래 하면 원래 목표를 향한 열정이 점차 줄어들고 의미를 잃는 경우도 있습니다.

인내는 우리가 지속적인 노력으로 보람된 목표를 이루는 데 아주 중요한 성품입니다. 요즘 시대에 인내를 온전하게 이루는 것은 참 힘든 것 같습니다. 모든 것이 빠르게 변화하는 세상에서 인내하면 시대에 뒤처지고 손해를 볼 수 있다고 생각할 수 있습니다.

어떤 식당 앞에 음식 주문을 기다리는 줄이 있었습니다. 다들 배가 고프지만 자기 차례가 오기를 인내하며 기다리고 있는데, 어떤 사람이 앞쪽에 끼어들어 와서 주문하려 하자, 뒷사람이 그것을 지적했고, 곧 말다툼이 일어나기 시작했습니다. 그 말다툼은 큰 싸움으로 번졌고, 한 사람이 생명을 잃고 끝이 났습니다. "참을 인(忍) 자셋이면 살인도 피한다"라는 속담이 있습니다.

하나님도 인내하십니다. 인내의 성품은 소망과 구원을 이루는 핵심 과정입니다(벧후 1:6, 눅 21:19, 롬 15:4-6).

> 다만 이뿐 아니라 우리가 환난 중에도 즐거워하나니 이는 환난은 인내를, 인내는 연단을, 연단은 소망을 이루는 줄 앎이로다(롬 5:3-4)

인내는 어떻게 길러지게 될까요? 인내는 저절로 오는 것이 아닙니다. 어려움을 경험할 때, 인내가 만들어지고 또 성장하게 됩니다. 또한 믿음의 시련이 인내를 만들게 됩니다(약 1:3). 성경은 인내하는 사람을 복되다고 하셨습니다.

> 보라 인내하는 자를 우리가 복되다 하나니 너희가 욥의 인내를 들었고 주께서 주신 결말을 보았거니와 주는 가장 자비하시고 긍휼히 여기는 자시니라(약 5:11)

주님의 말씀에 따라 인내하면 시험의 고난을 겪지 않게 되는 경우도 있습니다(계 3:10). 모든 결실의 뒤에는 크고 작은 인내가 있습니다(눅 8:15). 인내는 소망을 붙드는 그리스도인의 삶 속에 있으며, 그리스도인을 온전하고 부족함이 없게 만듭니다(살전 1:3).

'인내를 온전하게 이룬다'라는 것은 무슨 뜻일까요? 그것은 어려움 속에서도 믿음을 잃지 않고 끝까지 하나님께 순종함으로써, 우리의 성품이 성장하고 성숙한 상태에 이르게 되는 것을 의미합니다.

우리는 인생에서 정말 인내하기 어려운 순간들을 경험할 수 있습니다. 수많은 방법을 마련하다가 더 이상 길이 보이지 않고, 어떻게할 수 없는 상황에 직면할 때 비로소 인내를 배우게 됩니다. 그래서여러 가지 방법을 시도할 수 있는 상황에서는 오히려 진정한 인내를 경험하기가 쉽지 않습니다. 온전한 인내는 결국 모든 방법이 사라진 상황에서, 단순히 참고 견디는 것이 최선임을 깨닫는 그 순간부터 시작됩니다. 그리고 우리는 인내가 최선이라는 지혜를 배우게됩니다.

> 인내를 온전히 이루라 이는 너희로 온전하고 구비하여 조금도
> 부족함이 없게 하려 함이라(약 1:4)

젊었을 때, 새로운 사역을 기다리며 가족 모두가 내일이라도 이사할 각오로 하루하루를 버텼습니다. 모든 방법을 찾아보았지만, 다음 단계로 나아가는 길은 보이지 않았고, 그렇게 한 달이 지나고, 결국 일 년이 흘렀습니다. 오래 기다려야 할 줄 몰랐기에 제대로 준비하지 못했고, 이곳저곳을 메뚜기처럼 이사하며 떠돌아다녔습니다. 결국 아내가 조심스럽게 "이렇게 계속 기다리는 것이 맞는지?" 물었습니다. 저는 기다리는 것이 최선이라고 말했지만, 제 안에서는 이미 그 말에 대한 자신감을 잃어 가고 있었고, 마음속에는 조급함과

의심이 조금씩 쌓여 가고 있었습니다.

아이들은 여러 곳을 이사 다니다가 결국 개학일이 지나 한 달이 넘도록 학교에 가지 못하는 상황이 되었습니다. 저의 '인내심'은 한계에 이르렀고, 무엇이든 결단해야 한다는 생각이 들었습니다. 그것이 인내의 끝이라고 생각했을 무렵, 새로운 인내의 힘이 생겨나기 시작하여 더 인내할 수 있었고, 성령의 열매인 인내를 경험할 수 있었습니다. 이후에는 평안한 마음으로 다음 사역지로 이동할 수 있었고, 그곳에 도착한 후에는 지난 시간 동안 인내하며 기다려야 했던 이유를 분명히 알 수 있었습니다.

성경은 선한 일을 하는 데에 낙심하지 말고, 힘을 내라고 권면하며(갈 6:9), 하나님의 뜻을 이루고 그분의 약속을 받기 위해서는 인내가 필요하다고 말씀합니다.

> 너희에게 인내가 필요함은 너희가 하나님의 뜻을 행한 후에
> 약속을 받기 위함이라(히 10:36)

일관성

'일관성'이란 여러 변화와 어려운 환경 속에서도 어떤 것을 지속적으로 일정하게 유지하는 것을 의미합니다. 자신의 가치를 드러내기 위해 일관성 있는 태도를 유지하는 것은 중요하며, 일관성 있는 가치관을 보여주는 것은 주변에 혼란을 줄이고 안정감을 줄 수 있습니다. 불안한 요소가 많은 시대를 살아가면서 일관성 있는 자세를 유

 하나님의 형상 예수님 안에서 회복되다

지하는 것은 결코 쉬운 일이 아닙니다.

사람 관계에서 일관성은 매우 중요합니다. 자신의 관점이나 의견을 자주 바꾸게 되면, 상대방은 그 사람의 정체성이나 신뢰에 대해 의문을 품게 됩니다. 또한 법정에서는 일관된 증언이나 진술이 신뢰도를 높여주어, 재판에 큰 영향을 미치는 경우가 많습니다.

자녀를 양육할 때도 일관성 있는 태도가 매우 중요합니다. 어떤 경우에는 야단치고, 또 비슷한 상황에서는 그냥 넘어가 버리면, 아이는 부모의 모순된 양육 방식에 혼란을 느끼기 쉽습니다.

성경 말씀은 성령의 감동으로 하나님을 찬양하고 영광을 돌리는 목적에 따라 일관성 있게 기록되어 있으며, 예수 그리스도의 본질, 성품, 능력, 진리, 사랑, 그리고 구원의 사역이 과거에도 그러하셨고, 현재에도 그러하시며, 미래에도 절대 변치 않으실 것을 일관성 있게 말씀합니다.

예수 그리스도는 어제나 오늘이나 영원토록 동일하시니라
(히:13:8)

신앙생활에서 일관된 태도는 우리의 믿음이 꾸준히 성장하도록 이끌어 줍니다. 이는 온전한 믿음을 지니는 것뿐만 아니라, 행동으로도 일관성 있는 건강한 그리스도인의 모습을 드러내는 것을 의미합니다. 그리스도인으로서 성경적 삶을 실천할 때, 주위의 믿지 않는 이웃들에게 자연스럽게 복음을 전할 기회를 얻게 됩니다.

자비

'자비'란 상대가 받아야 할 괴로움과 고통의 대가를 가엾고 불쌍히 여겨 덜어 주거나 피하도록 혜택을 베푸는 것을 의미합니다. 힘들고 어려운 상황이나 고통 가운데 있는 사람을 가엾게 여기고 이해관계와 상관없이 다양한 도움을 줄 수 있습니다. 사실 사람들은 이해관계를 떠나기가 쉽지 않습니다. 특히 자신에게 해를 끼친 사람에게는 자비를 보이기 어렵겠지만, 진정한 자비의 능력은 차별과 이해관계를 뛰어넘습니다.

전쟁에서 자신을 죽일 수도 있었던 적군이 포로로 잡혀 와서 살려 달라고 할 때 자비라는 단어를 사용하며, 법정에서 죄에 대해 구형할 때 죄를 가볍게 해 달라는 간청으로 자비라는 단어를 사용합니다. 일상생활 중에는 자비라는 단어를 사용할 일이 그리 많지 않습니다.

그러나 하나님과 사람과의 관계에서 자비는 성경 전체에 나타나는 하나님의 대표적인 성품입니다(약 5:11, 출 34:6-7). 무엇보다도 하나님이 죄에 빠진 인간을 구원하신 핵심적인 성품이 바로 자비라고 할 수 있습니다. 하나님의 말씀을 불순종하고 하나님과 멀어졌던 사람들에게 하나님께서 자비를 베풀어 주심으로 구원이 이루어진 것입니다.

긍휼에 풍성하신 하나님이 우리를 사랑하신 그 큰 사랑을 인하여 허물로 죽은 우리를 그리스도와 함께 살리셨고 (너희가 은혜로 구원을 얻은 것이라) 또 함께 일으키사 그리스도 예수

　　하나님의 형상 예수님 안에서 회복되다

하나님의 자비로우심은 예수님을 통한 인간의 구원에서 분명하게 드러나며, 하나님은 우리에게 신실하게 자비를 베푸시는 분이십니다. 또한 성경은 그리스도인이 각자의 삶 속에서 자비를 성령의 열매로 맺고 자비로운 사람이 되도록 권면합니다(갈 5:22-23).

하나님께서 사람을 구원하시기 위해 베푸신 자비는 공의를 소홀히 하거나 감정에 치우친 자비가 아니라, 예수님의 십자가 희생으로 이루어진 공의로 충만한 자비입니다. 성경은 이러한 하나님의 자비를 풍성히 경험한 그리스도인들에게 자비의 성품을 서로 나누라고 권면합니다.

자원 선용

'자원 선용'이란 다른 사람들이 보지 못하고 지나치거나 버린 자원을 포함해, 주변의 사용 가능한 자원들을 적절한 곳에 쓸모 있게 활용하는 것을 의미합니다. 우리의 일상생활에는 더 효율적으로 일을 하기 위해 도움이 필요할 때가 있습니다. 그럴 때 주변 사람이 필요한 도구를 찾아주거나 아이디어를 제공하면 일이 한결 수월해지고,

더 좋은 결과를 얻을 수 있습니다. 또한 때때로 평범한 사람들은 그냥 지나치거나 버릴 만한 물건들을 유용하게 재활용하는 사례도 볼 수 있습니다.

말라위의 14살 농촌 소년 윌리엄 캄쾀바는 고철 더미에서 재료를 구해 친구의 도움을 받아 풍력 발전기를 만들었습니다. 그러자 주위 사람들은 핸드폰을 충전하기 위해 그의 집에 모여들기 시작했습니다. 캄쾀바는 "다른 사람들의 조롱과 비난에도 불구하고, 자신의 부족한 환경을 탓하기보다는 긍정적인 마음으로 전기를 만드는 꿈을 꾸었다"고 말했습니다.

자원을 활용하는 데 있어 가장 기본은 상황이 부족하다고 불평하기보다, '지금 내가 할 수 있는 일이 무엇일까?'라는 긍정적인 태도를 갖는 것입니다. 이러한 마음가짐은 힘든 상황을 바꾸는 데 필요한 것이 무엇인지 고민하고, 주위를 살피며 방법을 찾게 만듭니다. 비록 모든 문제를 다 해결할 수는 없지만, 이런 태도는 많은 경우 어려운 상황을 극복하는 데 큰 도움이 됩니다.

자원을 현명하게 활용하는 성품이 자리 잡으면, 쓰레기를 재활용하고 사용하지 않는 물건을 필요한 사람과 나눔으로써 일거양득의 효과를 얻을 수 있습니다. 여러 나라에서는 쓰지 않는 물건을 서로 저렴하게 팔거나 기증하는 문화가 생겨나고 있습니다. 물론 이러한 일에는 시간과 노력이 필요하며, 실용적인 시각과 열린 마음 역시 중요합니다.

처음 해외 사역을 나갔을 때는 궁금한 것이 많았습니다. 미리 사

    하나님의 형상 예수님 안에서 회복되다

역을 시작하신 선배님께 "현지에서 필요한 것이 무엇인가요?"라고 여쭈었더니, "모든 것이 다 필요합니다. 쓰레기통에 있는 쓰레기조차 필요할 수 있습니다"라고 답해 주셨습니다.

현지에 도착해서 가장 아쉬웠던 것 중 하나는 물에 젖은 물건을 담을 비닐봉지였습니다. 미국에서는 남는 비닐 쇼핑 봉지를 그냥 쓰레기통에 버렸는데, 현지에서는 그 봉지가 무척 필요했습니다. 미국에 돌아온 후에는 쇼핑 봉지를 꼭 챙기는 습관이 생겼습니다.

그리스도인의 재능과 은사가 서로의 역할과 능력을 인정하고, 질서 있게 각각의 자리에서 섬기며 하나님께 영광을 드린다면, 이것이 바로 훌륭한 하나님 나라를 세우는 '자원 선용'이 될 것입니다. 물론 이를 위해서는 서로 협력하고 존중하며 섬기는 가운데, 하나님께서 우리의 삶을 통해 선한 목적을 이루실 것이라는 믿음이 필요합니다(롬 8:28).

성경적인 삶에서 자원을 선용한다는 것은 우리의 몸을 비롯한 모든 삶을 하나님의 전능하신 손에 온전히 맡겨 예배의 삶으로 나아가는 것을 의미합니다(롬 12:1). 그러면 하나님께서 우리에게 필요한 것을 채워 주시고, 하나님의 뜻 안에서 우리의 삶이 하나님 나라를 위해 귀하게 쓰임 받는 축복을 경험하게 될 것입니다(고후 9:8).

> 나와 나의 백성이 무엇이관대 이처럼 즐거운 마음으로 드릴 힘이 있었나이까 모든 것이 주께로 말미암았사오니 우리가 주의 손에서 받은 것으로 주께 드렸을 뿐이니이다(대상 29:14)

성경은 우리가 소유한 시간과 재능, 재물, 심지어 우리의 몸과 마음까지도 모두 하나님의 것이며, 우리는 그분의 신실한 청지기라고 가르칩니다. 그러므로 우리는 이 모든 자원을 이기적인 욕심에 따라 낭비하는 것이 아니라, 하나님께 영광을 돌리고 이웃을 유익하게 하며, 하나님의 나라를 확장하는 데 지혜롭고 성실하게 사용해야 합니다. 이것이 바로 성경에서 말하는 자원 선용입니다.

적응성

어린 시절, 아버지의 직업 때문에 여러 번 이사해야 했습니다. 이사할 때마다 학교도 옮겨야 했고, 새 학교에 처음 등교하는 날이면 아침부터 배가 아프고 학교에 가기 싫었던 기억이 납니다. 처음 만나는 선생님과 친구들, 낯선 환경에 무척 긴장했습니다. 이후 가정을 이루고 국경을 넘어 여러 나라로 이사하며, 아이들도 새로운 환경에 적응하려 애쓰는 모습을 자주 보았습니다.

집 뒤뜰에는 두어 마리의 도마뱀이 살고 있었습니다. 도마뱀은 주변 환경과 비슷한 색으로 즉시 몸의 색깔을 바꿉니다. 이는 위험한 상황에서 주위 색으로 변해 자신을 보호하는 생존 방법입니다. 이처럼 환경에 적응하는 것은 생존과 직접적으로 연결될 수 있습니다.

'적응성'이란 새로운 조건과 환경에 긍정적으로 조정하고 받아들이는 것을 의미합니다. 적응은 우리의 생활에 매우 중요한 요소입니다. 적응을 위해서는 환경에 대한 민감한 마음이 필요합니다. 둔한 마음으로는 환경의 변화나 다양한 정보를 제대로 인식할 수 없

   하나님의 형상 예수님 안에서 회복되다

습니다. 민감하고 정확하게 정보를 수집하는 능력과 자신을 적절히 변화시키려는 노력이 적응성의 기본 요소입니다.

변화를 방해하는 요소로는 두려움, 게으름, 그리고 아집 등을 들 수 있습니다. 크고 작은 변화에 대한 두려움은 누구에게나 존재하지만, 필요하다면 위험을 감수하고 도전해야 합니다. 일반적으로 누군가가 변화에 게으르거나 소극적으로 임하는 것은 삶에 대한 기대가 낮기 때문인 경우가 많습니다. 아집은 지나친 자기중심적 사고에서 비롯되는 위험한 요소입니다. 따라서 자기 성찰을 통해 유연하게 변화하는 태도가 중요합니다.

또한 적응을 위해 변화를 시도해야 한다면, 변화의 본질적인 이유와 동기를 분명히 찾아야 합니다. 그 이유와 동기는 생존, 자기실현, 또는 그 외의 다양한 필요와 목적과 연결될 수 있습니다. 사실 대부분의 사람은 현 상황이 불편하지 않으면 변화나 개선을 꺼리는 경향이 있습니다. 그래서 여러 가지 비합리적인 생각이나 착각, 또는 이기적인 이유를 들어 변화가 필요 없다고 여기거나 자기 합리화를 하게 됩니다.

우울한 사람은 목표가 분명하지 않고 사고 능력도 저하되어 있어, 변화하려는 동기를 찾기 어렵고 의지력도 약한 경우가 많습니다. 이런 이유로 우울한 상태에서는 스스로 '적응력'을 기르기가 쉽지 않습니다. 우울한 사람의 의식은 점차 자신의 깊은 내면에 갇히는 구조로 형성되어 혼자 힘으로 벗어나기 어렵습니다.

반면에, 의지가 강하고 목표가 명확하다면 적응해야 하는 상황에 더 적극적이고 선제적으로 대응할 수 있습니다. 환경에 대한 수용성은 적응성을 키우는 데 중요한 요소이며, 주위의 이해와 지원이 있다면 큰 도움이 됩니다. 또한 적응이 본질적인 가치를 훼손하는 것이 아니라는 점을 분명하게 인식해야 합니다. 자신의 정체성에 대한 기초가 확고하게 세워져 있다면 이러한 우려는 줄어들 것입니다.

그리스도인으로서 세상에 적응하는 것은 세속화와 분명히 구별되어야 합니다. 그리스도인은 죄로부터 구별되고, 하나님이 창조하신 세상에 적응하려는 노력이 필요합니다. 이러한 적응의 분명한 동기는 주님을 닮은 모습으로 이 땅에서 하나님의 나라를 이루어 가는 데 있습니다.

바울은 복음을 전하기 위해 적극적으로 적응하려는 노력을 기울였습니다. 이러한 자세는 전도자에게 필요한 성품이며, 모든 적응 능력이 하나님의 능력 안에 있음을 보여줍니다(고전 9:19-23).

> 내가 궁핍하므로 말하는 것이 아니라 어떠한 형편에든지 내가 자족하기를 배웠노니 내가 비천에 처할 줄도 알고 풍부에 처할 줄도 알아 모든 일에 배부르며 배고픔과 풍부와 궁핍에도 일체의 비결을 배웠노라(빌 4:11-12)

절제

'절제'란 그릇된 욕구를 물리치고 옳은 일을 알맞게 하려고 스스로 조절하는 것을 의미합니다. '추진'과 '제어'는 의지를 구성하는 두 가

 하나님의 형상 예수님 안에서 회복되다

지 중요한 요소입니다. 용기와 도전 등은 목표를 향해 나아가게 하는 추진력의 의지 성향을 나타내고, 절제와 신중함 등은 멈추거나 조절하는 제어력의 의지 성향과 관련이 있습니다.

일상생활에는 해야 할 일들이 많고, 또한 다양한 유혹도 존재합니다. 절제는 무엇을 더 해야 할지, 혹은 멈춰야 할지에 대한 충분한 지식과 이해가 선행되어야 합니다. 물론 감정이 도움이 될 때도 많습니다. 따라서 지식과 감정을 바탕으로 의지를 사용하여 필요에 맞게 자신을 적절히 조절하거나 멈추는 것이 절제입니다. 그리스도인은 성령의 도우심을 의지하여 이와 같은 절제의 삶을 배우며 성장해 갑니다.

해야 할 일은 하고, 하지 말아야 할 일은 하지 않는다면 공동체가 혼란스러울 일은 없을 것입니다. 그러나 현실에서는 해서는 안 될 세상의 욕심에 많은 사람들이 마음을 빼앗겨 옳지 않은 행동을 하게 됩니다. 해야 할 일을 성실하게 하는 사람은 어떤 일이든 목표를 이룰 가능성이 높지만, 해야 할 일을 미루고 다른 일에 빠진다면 그만큼 목표에서 멀어지게 됩니다.

자녀를 양육하는 부모라면 누구나 아이가 자기 할 일을 성실하게 하고, 게임이나 주위의 다른 유혹에 빠지지 않기를 바랍니다. 그러나 정작 부모 자신은 건전한 생각과 생활 방식을 지키지 못하는 경우가 많습니다. 하지 말아야 할 것을 물리치고 이겨 내는 절제의 힘은 유혹이 많은 세상을 살아가는 우리 모두에게 꼭 필요한 성품입니다.

절제에 도움이 되는 성품으로는 인내, 책임감, 만족 등이 있습니다. 나쁜 일에 대한 유혹이 다가올 때, 결과에 대한 책임을 생각하면 절제해야 하는 이유가 분명해집니다. 또한 자신의 역할과 노력에 따라 주어진 결과에 만족하는 것 역시 절제에 큰 도움이 됩니다. 여기에 인내의 성품이 더해지면 더욱 온전한 절제에 이를 수 있습니다.

성경이 말하는 절제는 특정한 힘이나 능력 내에 머무르는 상태로 번역할 수 있습니다. 그리스도인의 절제는 성령의 힘과 권능 아래에 머무르는 상태로 이해할 수 있습니다. 인생을 살아가며 때때로 '조금 더 절제했더라면 어땠을까?'하는 생각이 들 때가 있고, 그때 절제를 잘 실천했다면 결과가 달라졌을지도 모른다는 아쉬움이 남기도 합니다(잠16:32).

성경에는 이와 같은 상황들이 여러 차례 등장합니다. 그중에서도 가장 아쉽게 느껴지는 사건은 하와가 선악과를 먹은 이야기입니다. 만약 하와가 뱀의 유혹에 넘어가지 않고 절제의 성품을 사용했다면, 죄가 사람에게 들어오지 않았을 것이라는 단순한 생각이 들기도 합니다.

성경에서 절제는 성령께서 우리 삶에 함께하시며 맺게 하시는 성품의 열매입니다(갈 5:22-23). 그리스도인은 성령의 인도에 순종하고, 성령의 능력에 의지하기 위해 끊임없이 노력합니다. 성경은 하나님께서 그리스도인에게 절제의 마음을 주신다고 말씀합니다(딤후 1:7). 또한 믿음의 승리를 위해 그리스도인은 목표를 분명히 인식하고 절제의 성품을 길러야 합니다.

 하나님의 형상 예수님 안에서 회복되다

또한 절제는 지도자가 반드시 갖추어야 할 중요한 성품 중 하나입니다(딛 1:8). 성경은 지식에 절제를 더하고, 절제에 인내를 더하라고 말씀합니다(벧후 1:6).

사람은 각자 크고 작은 유혹을 이겨 내며 살아갑니다. 특히 육체의 정욕을 제어하는 데 절제는 필요합니다. 하나님께서 부르신 삶에 합당하게 살아가기 위해 성령께 더욱 의지하며 절제의 성품을 구할 때, 우리의 삶 속에서 절제의 힘이 점차 길러집니다.

'절제'는 삶의 고뇌를 가볍게 해 주고, 목표를 향해 신속히 나아갈 수 있도록 도와주는 귀한 성품입니다. 크고 작은 탐욕의 가지들을 절제의 칼로 잘라낼 때 마음에 평안이 찾아옵니다. 하나님께서 주시는 힘과 능력 안에 온전히 머물며, 마음과 생각, 입술과 행동에 절제의 열매를 맺어 갈 때, 그 열매는 하나님 나라를 위해 귀하게 쓰이게 될 것입니다.

정리정돈

대부분 '정리'는 불필요한 것들을 제거하고 주변을 깨끗하게 한다는 의미로 사용되며, '정돈'은 우선순위에 따라 분류하고 자리를 정하는 것으로 이해됩니다. '정리'와 '정돈'은 함께 사용되는 경우가 많습니다.

열심히 일하겠다는 다짐과 함께 책상을 '정리정돈'하고, 해야 할 일에 마음을 바로잡곤 합니다. 도구나 일상용품을 정리정돈하는 것도 중요하지만, 그보다 더 중요한 것은 인간관계를 정리정돈하는 일입니다.

살아가다 보면 여러 사람과 다양한 관계를 맺게 됩니다. 모든 사람은 소중하고 존중받아야 할 존재이지만, '정리정돈'되지 않은 인간관계로 인해 우선순위가 흐트러지고 사람들에게 휩쓸려 해야 할 일을 소홀히 하는 경우도 있습니다.

'정리'는 마음에서 먼저 시작될 수 있습니다. 심리적인 어려움을 겪는 사람들 가운데는 때때로 물건에 과도하게 집착하거나, 계속해서 물건을 쌓아 두는 경향을 보이기도 합니다. 처음에는 필요해서 물건을 모으기 시작했다지만, 결국 언제 사용할지 모르는 다양한 물건들로 집안이 가득 차 발 디딜 틈이 없어지는 경우도 있습니다. 이런 경우에는 전문적인 치료가 필요할 수 있습니다.

 하나님의 형상 예수님 안에서 회복되다

그리스도인의 삶에도 '정리'의 과정이 필요합니다. 세상 속에서 알게 모르게 짓는 죄에 대해 깨끗하게 '정리'하려는 노력이 중요합니다(시 19:12, 139:23-24, 고후 7:1). 이러한 '정리'는 성찰과 회개, 그리고 기도 속에서 주님의 은혜로 영혼의 죄를 깨끗이 '정리'할 수 있습니다. 이렇게 자신을 깨끗이 '정리'함으로써 하나님을 섬기고 선한 일에 쓰임 받는 삶을 살아갈 수 있습니다(요일 1:9, 딛 2:14, 히 9:14).

> 그러므로 누구든지 이런 것에서 자기를 깨끗하게 하면 귀히 쓰는 그릇이 되어 거룩하고 주인의 쓰심에 합당하며 모든 선한 일에 예비함이 되리라(딤후 2:21)

'정돈'에서 가장 중요한 첫 번째 일은 우선순위를 정하는 것입니다. 우선순위는 주로 자신의 정체성에 의해 결정됩니다. 그래서 그리스도인은 자신의 정체성을 바탕으로 삶의 우선순위를 생각할 수 있으며, 그 해답은 성경에서 찾을 수 있습니다(마 22:36-40).

> 그러므로 염려하여 이르기를 무엇을 먹을까 무엇을 마실까 무엇을 입을까 하지 말라… 너희는 먼저 그의 나라와 그의 의를 구하라 그리하면 이 모든 것을 너희에게 더하시리라(마 6:31-33)

생활에 '정리정돈'이 잘 되어 있는 그리스도인을 만나면 참 깔끔

하고 평안합니다. 그리고 주님의 은혜 안에서 효율적인 삶을 살아가는 것을 볼 수 있습니다. 주님의 말씀 안에서 '정리정돈'이 잘 되어 있는 그리스도인은 거룩한 길로 나아가며 하나님의 축복이 가득한 삶이 될 것입니다.

공동체가 잘 '정돈'되어 있다는 것은 우선순위에 따른 질서가 세워졌음을 의미합니다. 이러한 질서를 통해 맡은 일을 더욱 효율적으로, 잘 감당할 수 있습니다(골 2:5).

모든 것을 적당하게 하고 질서대로 하라(고전 14:40)

우리의 삶을 예수님 안에서 '정리정돈'하는 것은 하나님께 영광을 돌리며, 더욱 효율적으로 사명을 감당하고, 평안하고 품위 있는 삶을 살아가기 위해 필수적인 성품입니다.

정의·공의

'정의'란 깨끗하고 바르며 진실한 것을 지키기 위해 책임을 다하는 것을 의미합니다. '정의'와 '공의'는 모두 '의'를 기초로 하고 있습니다. '의'는 '옳다', '사리에 맞고 바르다'로 해석할 수 있습니다. 더 나아가, '의'란 '옳은 마음을 가지고 행동하며, 그릇된 길로 가지 않는다'라고 풀어 생각할 수 있습니다.

정의롭다는 것은 '옳고, 바르고, 공정한 것'을 의미한다고 생각합니다. '바른 것'은 '그른 것'과 대비되는 것으로, 이를 구별하기 위해

하나님의 형상 예수님 안에서 회복되다

서는 분명한 기준이 필요합니다. 이 올바름의 기준은 사람이 정하는 도덕과 윤리, 관습, 법률 등이 있습니다.

하지만 사람이 정한 기준에는 많은 한계와 오류가 있기 때문에, 그리스도인은 하나님이 정하신 기준인 성경에서 '정의'와 '공의'를 찾아야 합니다. 이는 사람의 마음이 이미 죄로 인해 '하나님의 의'에서 멀어져 있기 때문입니다. 다시 말해, 잘못된 저울로는 정확한 무게를 잴 수 없는 것과 같습니다.

하나님은 정의롭고 공의로우신 분이십니다(렘 9:24, 사 42:3). 하나님의 의는 하나님의 뜻과 기준을 따르는 것이며, 하나님의 거룩하신 성품에 합당한 상태, 즉 죄가 없는 상태를 의미합니다.

오직 만군의 여호와는 공평하므로 높임을 받으시며 거룩하신
하나님은 의로우시므로 거룩하다 함을 받으시리니(사 5:16)

또한 성경은 죄로 인해 하나님 앞에서는 의로운 사람이 없다고 말씀합니다(시 143:2, 롬 3:10-18, 3:20). 그러나 하나님께서는 믿음을 의로 여기셨습니다(창 15:6). 이는 믿음으로 하나님과의 관계가 올바르게 세워지는 것 자체가 '의'임을 의미합니다. 그리고 의로운 길에는 생명이 있습니다(잠 10:16, 12:28).

우리는 예수님을 믿음으로 의로움을 얻습니다(행 13:39, 갈 2:16). 그리고 믿음이 행위로 나타날 때 온전한 의로 인정을 받게 됩니다. 구원받은 사람이 성령의 힘과 지혜, 능력 안에서 살아간다면,

그 삶에는 반드시 의로운 실천이 드러나야 합니다(약 2:24-25). 또한 하나님의 의를 구하며 살아갈 때 우리는 주님께서 공급하시는 축복의 삶을 누리게 될 것입니다(마 5:6, 6:33).

> 의를 위하여 핍박을 받은 자는 복이 있나니 천국이 저희 것임이라(마 5:10)

하나님은 '정의'와 '공의'를 사랑하시고(시 33:5), 이를 기뻐하십니다(잠 21:3). 우리가 '정의'와 '공의'를 깨닫고, 선한 길을 따르는 삶을 살아갈 때 하나님께서는 생명과 영광을 약속하십니다(잠 2:7-8, 21:21). 그리스도인은 성령과 함께 '정의'와 '공의'가 실현되는 하나님의 나라를 이 땅에 이루어 가는 사람입니다.

> 오직 공법을 물 같이, 정의를 하수 같이 흘릴찌로다(암 5:24)

정직성

'정직성'이란 속이거나 왜곡하려는 의도 없이, 사실이라고 믿는 바를 올곧게 나타내는 것을 의미합니다. 대부분 사람의 정직성은 크고 작은 일에서 시험을 받게 됩니다. 어떤 문화에서는 남을 속여서 좋은 결과를 얻으면 '능력 있다'라고 인정되기도 합니다. 속은 사람이 바보라고 하거나, 속이는 사람을 머리가 좋은 사람이라며 그 능력을 자랑하기도 합니다.

'정직성'은 개인과 사회에서 신뢰의 기초가 되며, 하나님과 이웃 앞에서 믿을 수 있는 삶을 세워 가는 중요한 토대가 됩니다. 흔히 '못 믿겠다'라는 말의 이면에는 거의 항상 정직성의 문제가 있습니다. 틀린 저울은 신뢰할 수 없고, 고의로 속이는 사람은 의심받을 수밖에 없습니다(잠 11:1, 20:23, 레 19:35-36, 신 25:15-16, 호 12:7, 미 6:10-11).

정직이 무너진 공동체에는 거짓으로 인한 불신이 자리 잡게 되고, 결국 서로를 경계하는 시선과 의심이 가득해집니다. 불신으로 가득 찬 개인 관계나 공동체는 고립과 붕괴의 위기에 처할 수 있습니다. 이에 따라 속지 않으려는 긴장과 불안이 커지며, 서로를 멀리하게 되는 불편한 관계가 만들어집니다.

정직한 사람은 하나님의 귀한 복을 받게 됩니다(잠 11:6, 2:6-9). 또한 성경은 정직한 사람이 자신과 공동체 모두에게 복이 된다고 말씀합니다(잠 11:11, 12:6, 14:11, 시 112:2). 예수님은 나다나엘이 마음에 거짓이 없는 사람이라고 칭찬하셨습니다(요 1:47).

> 여호와 하나님은 해요 방패시라 여호와께서 은혜와 영화를 주시며 정직히 행하는 자에게 좋은 것을 아끼지 아니하실 것임이니이다(시 84:11)

하나님께서는 사람을 창조하실 때 '정직'한 성품을 주셨고, '정직함'의 기초 위에 많은 성품들을 세우셨습니다. 만약 정직함이 흔들리면, 그 위에 세워진 여러 성품들도 함께 흔들리거나 무너질 위험이 있습니다.

> 내가 깨달은 것은 오직 이것이라 곧 하나님은 사람을 정직하
> 게 지으셨으나 사람이 많은 꾀를 낸 것이니라(전 7:29)

조심성

'조심성'이란 필요한 시간 안에 옳고 적절한 판단과 행동을 하기 위해 자세히 살펴보고 확인하는 것을 의미합니다.

조심성이 많은 동물 중 하나로 미어캣이 생각납니다. 미어캣은 주행성 동물이라 낮에 굴 밖으로 나와 햇볕을 쬐면서 두 다리로 서서 천적을 경계합니다. 독수리나 다른 포식자가 나타나면, 서로 위험 신호를 주고받으며 순식간에 굴속으로 사라집니다.

그런데 미어캣의 이런 '조심성' 있는 특성을 이용하는 동물도 있습니다. 바람까마귀는 미어캣의 천적이 나타난 것처럼 미어캣을 속여, 미어캣이 허둥지둥 도망치며 놓고 간 먹이를 가로챕니다. 물론 목숨을 잃는 것보다 먹이를 잃는 것이 더 나은 선택이겠지만, '조심성'이 올바른 정보에 근거한 정확한 분석이 아니라 습관적인 두려움이나 공포에서 비롯된 것이라면, 그것은 피해야 할 태도입니다.

성경은 우리의 신앙생활에서 조심해야 할 것에 대하여 말씀합니다. 첫째, 어떻게 살아가고 있는지, 우리의 삶의 방식과 행동을 조심하라고 권면합니다(엡 5:15-16). 하루하루를 그냥 흘려보내지 말고, 내가 지금 어떤 길을 걷고 있는지, 어디를 향해 가고 있는지 자세히

 하나님의 형상 예수님 안에서 회복되다

살피라는 것입니다. 성경은 어리석은 사람처럼 아무 생각 없이 남의 말에 쉽게 휩쓸리거나 충동적으로 행동하여 불필요한 위험과 넘어짐을 겪지 말고, 오히려 자신의 발걸음을 평탄하게 하고 견고하게 서라고 말씀합니다(잠 14:15, 4:26).

둘째로, 죄와 유혹을 피하기 위해 조심하라고 말씀합니다. 우리 눈에는 보이지 않지만, 영적인 적대자인 마귀는 끊임없이 우리의 마음을 흔들고 넘어뜨리려 합니다. 그래서 성경은 언제든 방심하지 말고, 늘 깨어 조심하라고 가르칩니다(벧전 5:8). 특히 내가 '이 정도면 괜찮다'고, 스스로 영적으로 강하다고 느낄 때 오히려 더 위험할 수 있음을 알려 줍니다. 바로 그때 교만이 스며들 수 있고, 작은 틈으로 죄가 파고들 수 있기 때문입니다(고전 10:12).

셋째로, 다른 사람을 실족시키지 않도록 조심하라는 권면입니다. 내 말 한마디, 내 행동 하나가 믿음이 약한 형제자매에게는 큰 상처가 될 수 있고, 때로는 넘어지게 하는 걸림돌이 될 수도 있습니다(롬 14:13). 그래서 하나님께서 주신 자유조차도, 나만을 위한 것이 아니라 다른 이를 생각하며 사용해야 한다고 성경은 말합니다. 내 선택이 누군가에게 부정적인 영향을 주지 않도록, 항상 한 번 더 배려하며 조심하라고 가르칩니다(고전 8:9).

이런 의미에서 '조심성'은 우리의 삶을 움츠러들게 만드는 두려움의 다른 이름이 아닙니다. 오히려 죄와 유혹, 그리고 영적인 위험으로부터 자신을 지키고, 다른 사람에게 상처를 주지 않으며, 하나님의 뜻을 더욱 지혜롭게 따라가기 위한 성숙한 마음가짐입니다. 하나님을 깊이 경외하고, 이웃을 진심으로 사랑하며, 성령의 인도하심에 민감하게 귀 기울이고자 할 때, 우리의 삶 속에 조용하지만, 단단한 조심성이 자라납니다. 그리고 그 조심성이 우리의 발걸음을 지켜 주고, 우리의 삶을 더욱 하나님께 가까이 이끌어 줍니다.

> 너희는 스스로 조심하라 그렇지 않으면 방탕함과 술취함과 생활의 염려로 마음이 둔하여지고 뜻밖에 그 날이 덫과 같이 너희에게 임하리라(눅 21:34)

존중

　'존중'이란 가치를 인정하고 귀하게 대하는 것을 의미합니다. 존중이라는 단어는 생각만 해도 기분이 좋아집니다. 존중을 늘 마음속에 품고 누구를 만난다면, 그리고 이 마음을 서로 잃지 않는다면 훨씬 귀하고 품위 있는 인생이 될 것입니다. 존중을 받으려면 먼저 존중하라는 말이 있습니다. 어떤 일을 함께할 때도 서로 존중으로 대하면 수많은 갈등과 싸움이 해결될 수 있을 것입니다.

　다른 사람을 올바르게 존중하기 위해서는 먼저 자신을 제대로 존중하는 마음이 중요합니다. 자신을 존중한다는 것은 자신의 온전한 가치를 아는 것이고, 동시에 상대방에게도 똑같은 가치가 있음을 인정할 때, 존중의 의미와 감정은 더욱 깊어집니다.

　존중은 나이가 많거나, 또는 일이나 직책이 중요해서 받는 것보다 더 깊은 의미가 있습니다. 그래서 사람은 누구나 그 근본적인 인간

 　하나님의 형상 예수님 안에서 회복되다

의 가치에서 존중받아 마땅합니다. 편견을 가진 사람들은 왜곡되거나 편협한 존중의 태도를 보이는 경우가 많습니다.

성경은 모든 사람을 존중하고, 특별히 부모와 권위자, 그리고 이웃을 사랑과 겸손으로 대하라고 가르칩니다(벧전 2:17). 이런 존중의 태도는 하나님께 영광을 돌리고, 건강한 공동체를 세우는 기초가 됩니다.

존중은 사람과 사람 사이에 선한 관계를 만드는 핵심 요소입니다. 신분이나 직위, 재산, 지식 또는 능력의 유무와 상관없이, 한 인간으로서 인간의 평등한 가치를 서로 인정하는 기본적인 태도입니다.

성경은 하나님을 존중하면 하나님께 존중을 받는다고 말씀합니다. 하나님께서 예수님을 보내시며 예수님을 존중할 것을 말씀하셨습니다(막 12:6). 예수님은 모두를 존중하셨습니다. 어린아이를 존중하시고, 진심으로 예수님을 맞이하는 사람들을 존중하셨습니다.

나를 존중히 여기는 자를 내가 존중히 여기고 나를 멸시하는 자를 내가 경멸히 여기리라(삼상 2:30)

인생에서 들을 수 있는 가장 귀한 말 중 하나는 '존중받는 하나님의 사람'이라는 표현이라고 생각합니다. 이런 사람을 평생에 만나는 것 자체가 큰 축복이고, 함께 일할 수 있다면 더욱 영광스러운 일이 아닐 수 없습니다. 물론 자신이 이런 사람이라고 인정받을 수 있다면, 그것은 더할 나위 없는 축복일 것입니다.

대답하되 보소서 이 성에 하나님의 사람이 있는데 존중히 여
김을 받는 사람이라 그가 말한 것은 반드시 다 응하나니 그리
로 가사이다 그가 혹 우리의 갈 길을 가르칠까 하나이다(삼상
9:6)

그리스도인들이 존중받는 사회는 축복받은 사회입니다. 그러나
여전히 세상의 많은 곳에서는 그리스도인들이 존중받지 못하고 있
습니다. 오히려 그리스도인이라는 이유로 박해를 받거나, 심하면
목숨을 잃는 일도 있습니다.

존중은 하나님께서 인간을 존중하시며 우리에게 친히 보여주신
귀한 가르침이자 인간 평등과 관계의 기본 원리입니다. 우리가 하
나님께서 존중하는 사람을 또한 존중하는 것은 너무도 당연한 일입
니다. 서로를 존중하는 사회는 결국 각자가 존중을 되돌려 받는 사
회가 됩니다. 사랑의 가치를 깊이 아는 그리스도인은 자연스럽게
이웃을 존중합니다.

준비성

'준비'란 일어날 수 있는 일을 미리 알고, 필요한 대응 방법을 잘 갖
추는 것을 의미합니다. "미리 준비가 있으면 근심이 없다"라는 뜻의
사자성어 '유비무환'은 어릴 때부터 귀에 익도록 자주 들어 온 말입
니다. 준비란 미래를 내다볼 안목이 있는 사람이 할 수 있는 일입니
다. 또한, 직접 또는 간접적인 과거 경험이 동기가 되어 조심성이 길

 하나님의 형상 예수님 안에서 회복되다

러진 사람이 앞으로 일어날 수 있는 일들에 대해 피해를 최소화하려
는 노력이 준비입니다.

과거에 고통스럽고 위험한 경험을 한 사람들은 또다시 아픔을 겪
지 않기 위해 준비를 더 많이 하는 경향이 있습니다. 그러한 경험에
서 오는 두려움과 고통의 기억이, 앞으로 일어날 수 있는 사고나 사
건에 대비하도록 경고음을 울려 주기 때문입니다.

하지만 실제로 사고를 겪어서가 아니라, 미리 가능한 사건과 사고
에 대한 지식을 모아서 준비하는 것이 더 바람직한 방법일 것입니
다. 소중한 가치를 사고와 재해로부터 지키기 위한 준비를 게을리
하지 말아야 합니다.

우리 주변에는 크고 작은 사고와 재해가 곳곳에 도사리고 있습니
다. 자녀들에게 정신적·신체적으로 해를 끼칠 수 있는 위험한 환경
요인들 역시 적지 않습니다. 모든 위험 요소에 완벽하게 대비하는
것은 어렵지만, 우리는 경각심을 유지하고 방심하지 않으면서 언제
나 철저히 준비하는 자세가 필요합니다.

아브라함이 하나님의 명령에 순종하며 믿음으로 이삭을 번제로
드리려 할 때, 하나님께서는 대신 드릴 숫양을 준비해 주셨습니다
(창 22:14). 그래서 하나님은 우리의 모든 필요를 미리 아시고 때에
맞게 준비해 주시는 분이시라는 뜻으로, 그분을 '여호와 이레'라 부
르게 되었습니다. 하나님께서 우리를 위해 '미리 준비하시는 분'이
심은, 그분의 신실하심과 풍성한 공급을 통해 분명히 나타납니다
(출 23:20, 잠 2:7, 마 25:34, 고전 2:9, 사 45:2).

그러므로 염려하여 이르기를 무엇을 먹을까 무엇을 마실까 무
엇을 입을까 하지 말라 이는 다 이방인들이 구하는 것이라 너
희 천부께서 이 모든 것이 너희에게 있어야 할 줄을 아시느니
라(마 6:31-32)

하나님은 인간을 창조하시고 이 땅에서 살아갈 수 있도록 준비시
켜 주셨고(창 1:27-28), 사람을 죄에서 구원하기 위하여 계획하시고
예수님을 준비시켜 주셨습니다(창 3:15, 갈 3:16-17, 사 9:6, 눅 2:30-
31, 히 11:40).

침례 요한은 예수님이 오시는 길을 미리 준비하였습니다(눅 3:3-
4). 또한 예수님은 우리를 위하여 하나님의 나라를 준비하셨습니다
(히 11:16, 요 14:2-3). 그리스도인은 하나님께서 미리 준비하신 삶
과 영원한 하나님의 나라를 향해 살아가는 사람입니다(딤후 4:8, 계
21:1-2). 그리스도인은 항상 깨어 있는 마음으로 하나님의 뜻과 인
도에 따라 계획하고 준비하려고 노력합니다. 그러나 최종 결과는
전적으로 하나님의 주권에 달려 있습니다(잠 21:31).

우리는 그의 만드신바라 그리스도 예수 안에서 선한 일을 위
하여 지으심을 받은 자니 이 일은 하나님이 전에 예비하사 우
리로 그 가운데서 행하게 하려 하심이니라(엡 2:10)

    하나님의 형상 예수님 안에서 회복되다

지혜

  '지혜'란 선한 결과를 위해 이치와 도리, 한계 등을 고려해 바르고 확실하게 일을 처리하는 탁월한 상위 관점을 의미합니다. 어렸을 때 아버지께서 "공부를 많이 하면 사물의 이치가 저절로 깨달아지는 경지에 이르기도 한다"라는 말씀을 자주 하셨습니다. 물론 공부를 통해서 지식을 배우고 또 여러 경험을 통해 이치를 깨달은 것도 있습니다. 하지만 그것도 지극히 제한된 지식과 경험임을 쉽게 알게 되었습니다.

  어렵고 곤란한 일이 많으면 자연스럽게 궁리하게 되고, 깊이 고민하다 보면 방법이 떠오르기도 합니다. 이처럼 지혜는 어려움을 극복하려는 많은 고민에서 나오기도 합니다. 세상을 단순하게 바라보고 도전하던 젊은이들이 좌절과 고난을 겪으며 점차 지혜로운 사람으로 성장하는 모습을 볼 수 있습니다. 그러나 세속적이고 인간적인 지혜는 불완전할 뿐 아니라, 때로는 그 사용이 오히려 나쁜 결과로 이어질 수도 있습니다.

  성경은 하나님의 풍성한 지혜와, 그 지혜에 담긴 뜻과 유익에 대해 말씀합니다(단 2:20, 고전 2:6-8, 1:21, 롬 11:33, 16:27, 사 28:29, 욥 9:4, 계 7:12, 골 2:3, 전 7:19, 잠 9:10, 1:5, 13:14, 15:2, 4:6, 3:18). 또한, 예수님은 하나님의 지혜입니다(사 11:1-5, 마 13:54, 눅 2:40, 2:52, 고전 1:30, 계 5:12, 골 2:2-3). 하나님께서는 지혜를 주시고, 또 그 지혜로 하나님을 알게 하시며 이 땅에서의 사역을 감당하게 하신다고 말씀합니다(행 7:9-10, 엡 1:17, 대상 22:12, 단 2:23, 9:21-23,

눅 21:15, 왕상 3:12).

> 오직 부르심을 입은 자들에게는 유대인이나 헬라인이나 그리
> 스도는 하나님의 능력이요 하나님의 지혜니라(고전 1:24)

또한 성경은 그리스도인들이 하나님께 신령한 지혜를 구하고(약 1:5, 대하 1:10, 고전 14:20), 지혜로 하나님과 이웃을 섬기며, 그리스도 안에서 온전하게 성장하라고 말씀합니다(마 10:16, 행 6:3, 고전 12:8, 약 3:13, 롬 16:19, 골 3:16, 1:28, 막 12:33). 성경은 구원에 이르는 지혜를 알려주며(딤후 3:15), 전도할 때도 지혜롭게 전하라고 권면합니다(마 10:16). 그리스도인은 헛된 세상의 지혜를 버리고(잠 23:4, 고전 3:19), 하나님이 주신 신령한 지혜를 힘입어 하나님의 뜻을 알아 가며, 날마다 주께 합당하게 행함으로 선한 의의 열매를 맺습니다(골 1:9-10).

> 오직 위로부터 난 지혜는 첫째 성결하고 다음에 화평하고 관
> 용하고 양순하며 긍휼과 선한 열매가 가득하고 편벽과 거짓이
> 없나니 화평케 하는 자들은 화평으로 심어 의의 열매를 거두
> 느니라(약 3:17-18)

나쁜 유혹에 이끌려 왜곡된 지혜를 구하면 결국 죄에 빠지게 됩니다. 하와는 선악과의 '지혜롭게 할 만큼 탐스러운 모습'에 끌려 세상

에 죄의 씨앗을 심었습니다(창 3:6). 교만하면 부끄러움을 당하지만, 겸손한 사람에게는 지혜가 있습니다(잠 11:2), 예수님의 말씀을 듣고 실천하는 사람이 진정으로 지혜로운 사람입니다(마 7:21-24).

진실성

바른 사실을 투명하게 알리는 일은 생각만큼 쉽지 않습니다. 특히 자신의 이익이 크게 달린 문제라면 더욱 어렵게 느껴질 수 있습니다. 매년 세금 신고를 할 때가 되면, 어떻게 하면 세금을 조금이라도 줄일 수 있을지 온갖 방법을 고민하게 됩니다. 실제로는 사실대로 알리면 되지만, 때로는 없는 내역까지 추가하고 싶은 유혹에 빠지기도 합니다.

'진실성'이란 사실을 정확하게 알리고, 증거를 통해 신뢰를 얻는 것을 의미합니다. 자신이 알고 있는 사실을 그대로 표현하는 것은 공동체의 유익을 위해 매우 중요합니다. 공동체의 진실한 구성원이 될 때, 자신 역시 그 공동체로부터 진실의 혜택을 누릴 수 있습니다.

물론 누군가는 많이 기여하고도 적게 이득을 얻거나, 반대로 아무런 기여 없이 이득을 챙기는 경우도 있어 공평성의 문제가 발생할 수 있습니다. 그러나 모두가 탐욕에 눈이 멀어 사실을 투명하게 드러내지 않는다면, 진실을 찾기 어렵고 결국 서로가 거짓의 피해자가 될 수 있습니다.

성경은 하나님의 진실, 즉 참되심을 증거합니다(신 32:4, 시 115:1, 86:15, 117:2). 또한, 하나님의 말씀과 하시는 일이 진실함을 강조합니다(시 111:7-8, 108:4, 146:6, 33:4, 삼하 22:31, 느 9:33).

> 여호와께서 그의 앞으로 지나시며 반포하시되 여호와로라 여
> 호와로라 자비롭고 은혜롭고 노하기를 더디하고 인자와 진실
> 이 많은 하나님이로라(출 34:6)

예수님은 하나님의 진실하심을 드러내셨으며(롬 15:8), 이 땅에
계실 때 '진실로'라는 말씀으로 강조하시며 참된 사실을 전하셨습
니다(요 6:47, 8:51, 10:7, 3:3). 하나님은 그리스도인들이 진실하게
살아가기를 원하시고, 그러한 삶을 기뻐하십니다(시 15:1-2, 51:6,
145:18, 삼상 12:24, 수 24:14, 잠 12:22, 요일 3:18). 또한 진실성은
정직성, 진정성, 그리고 성실성과 더불어 그리스도인의 삶에 풍성한
열매는 맺게 합니다.

> 너희로 지극히 선한 것을 분별하며 또 진실하여 허물 없이 그
> 리스도의 날까지 이르고 예수 그리스도로 말미암아 의의 열매
> 가 가득하여 하나님의 영광과 찬송이 되게 하시기를 구하노라
> (빌 1:10-11)

진정성

"열 길 물속은 알아도 한 길 사람 속은 모른다"라는 속담은 사람의
속마음을 알기란 매우 어렵다는 뜻으로 자주 사용됩니다. 그래서

    하나님의 형상 예수님 안에서 회복되다

우리는 때때로 "도대체 당신의 진심이 무엇이냐?"라고 묻게 됩니다.

실리가 복잡하게 얽혀 있는 사회구조 속에서는 자신의 마음을 있는 그대로 진정성 있게 표현하기가 쉽지 않습니다. 이는 진정성이 오히려 이용당하거나 손해를 입게 만들 수 있고, 선택의 기회가 줄어들거나, 협상에서 불리해질 수 있다고 생각하기 때문입니다.

마음을 끝까지 숨겨야 이기는 게임도 우리 주변에서 종종 볼 수 있습니다. 그러나 우리의 삶은 게임이 아닙니다. 따라서 지혜롭게 마음을 감추어야 하는 특별한 상황이 아니라면, 자신의 마음을 솔직하게 표현하는 것이 인간관계의 투명성을 위해 매우 중요합니다.

사람은 누구나 본질적인 자신과는 별개로, 상황에 따라 바깥으로 드러내는 가면을 쓴다고 합니다. 이렇게 역할에 따라 쓰는 가면이 있다면, 그 모든 모습을 투명하게 드러내는 것은 쉬운 일이 아닙니다. 예를 들어, 부모 역할에만 집중하다 보면 다른 역할을 소홀히 하거나 때로는 거짓된 모습이 드러날 수 있습니다. 이런 이유로 우리는 교묘하게 자신을 숨기고, 상황에 맞게 자신을 포장하거나 조작하며 살아가기도 합니다.

'진정성'이란 자신이 가진 믿음, 가치, 판단, 목적 등 내면의 세계를 있는 그대로 밖으로 드러내고 실천하는 것을 의미합니다. 진정성은 소통에서 가장 중요한 기본 요소 중 하나입니다. 반복적으로 진정성이 훼손되면 이를 회복하기가 쉽지 않습니다.

특히 정치인들의 진정성에 대한 논의가 우리 주변에서 자주 거론됩니다. 개인적으로도, 잘못된 일에 용서를 구하거나 타인을 설득할 때 진정성의 유무에 따라 그 효과는 크게 달라집니다. 진정성의 수준은 그 사람의 말이나 행동이 마음의 중심에서 얼마나 솔직하게 드러나느냐에 달려 있습니다.

하나님은 가식이나 결점이 없으시며, 진실하게 자기 백성을 사랑하십니다(신 33:3). 하나님은 우리의 진정성 있는 모습을 보시며, 사람의 모든 것은 하나님 앞에 숨겨질 수 없습니다(시 7:9, 잠 16:2). 그러므로 우리는 하나님을 진정으로 섬기며, 예배를 드리는 삶으로 나아가야 합니다(히 10:22, 요 4:23, 대하 19:9).

> 그러므로 이제는 여호와를 경외하며 성실과 진정으로 그를 섬
> 길 것이라(수 24:14)

겉으로만 착한 척하고 좋게 보이도록 꾸미는 것은 위선입니다(마 23:28). 성경은 위선에 대해 여러 가지 경계와 훈계의 말씀을 전합니다(마 7:5, 15:7-8, 6:2, 6:16, 눅 12:56, 딤전 4:2, 눅 12:1). 또한, 성경은 위선자들에게 화가 임할 것이라고 말씀합니다(마 23:13, 23:15, 23:23, 23:25, 23:27, 행 23:3). 더불어 위선자들의 유혹을 경계하고, 그 영향에서 멀리하라고 권면합니다(잠 26:24-25, 갈 2:13-14, 시 26:4, 벧전 2:1).

그리스도인들 사이에서 '진정성', 즉 '진심으로 투명하게 대하는 마음'은 당연한 성품이지만, 믿지 않는 사람들을 대할 때에도 진정성 있게 행동하는 태도는 매우 중요합니다. 겉과 속이 다른 사람이

    하나님의 형상 예수님 안에서 회복되다

아니라, 자신의 감정과 생각, 말과 행동이 투명하고 순수하게 상대에게 전해지도록 노력하는 것은, 이미 마음속에 이루어진 하나님 나라를 이 땅에 실현하는 그리스도인에게 중요한 성품입니다.

예수님께서는 이 땅에 계시는 동안 모든 사람을 진정으로 사랑하셨습니다. 그리스도인들은 하나님과 이웃을 진정으로 사랑하며 섬기는 사람들입니다(대하 15:15, 31:21, 왕상 8:23, 엡 6:6-7). 이러한 진정성은 성실한 노력을 통해 자연스럽게 상대방에게 전해집니다(골 3:23-24, 눅 8:17).

창의성

새로운 것을 생각하고 창조하려는 노력은 삶을 풍요롭게 만드는 중요한 요소 중 하나입니다. 특히 문화와 기술 분야에서 새로운 사고와 표현을 끊임없이 시도하는 노력은 우리의 삶을 더욱 다양하고 편리하며 즐겁게 만들어 줍니다.

심리학자 아브라함 메슬로는 "창의성은 우리 본연의 특성"이라고 말했습니다. 또한 "창의성 재능 계발 센터"를 설립하고 창의성 연구에 크게 기여한 폴 토랜스는 "용기가 창의적 인재를 만드는 핵심 요소 중 하나"라고 강조했습니다.

'창의성'이란 새롭고 독특한 관점에서 접근하는 것을 의미합니다. 창의성을 키우기 위한 중요한 요소로는 필요성, 흥미, 자율성, 유연성, 다양성 등이 있습니다. 기본적인 정보와 지식 없이는 새로운 것을 창조하기 어렵고, 많은 정보와 경험이 있다고 해서 반드시 창의성이 높아지는 것도 아닙니다. 창의성을 높이기 위해서는 필요한 정보와 적절한 환경, 충분한 지원, 개성을 존중하는 분위기, 자유로운 도전과 실패를 허용하는 태도, 그리고 새로운 도전을 향해 용기를 가질 수 있도록 격려해 주는 것이 중요합니다.

예술 분야에 관심이 있는 사람들이 기존의 형식을 뛰어넘어 자신만의 독특한 예술 세계를 발전시키는 모습을 자주 볼 수 있습니다. 이처럼 창의성은 전통적인 틀을 넘어 새로운 예술적 세계로 나가게 하는 중요한 원동력입니다.

창의적인 세계로 나가는 과정에는 다양한 도전과 유혹이 존재합니다. 창의성을 극대화하기 위해 기존의 사고나 문화적 틀을 벗어나 새로운 도전에 나서지만, 이 과정에서 느끼는 답답함이나 어색함을 극복하기 위해 여러 가지 도움을 찾기도 합니다. 그중에는 일부 예술인들이 약물을 사용하는 사례도 있습니다. 때로는 불법적인 약물을 사용하다 적발되거나, 약물을 과다하게 사용하기도 합니다.

특히 한때 유명했던 젊은 예술인들은 인기가 떨어지거나 우울할 때 이런 유혹에 쉽게 흔들릴 수 있습니다. 더 큰 문제는 약물 남용이 중독으로 이어져 생명을 위협할 수 있다는 점입니다. 따라서 창의성은 절제, 인내, 분별, 지혜와 같은 성품과 조화를 이루어야 합니다.

성경은 세상의 창조로부터 시작합니다. 하나님께서는 인간을 비롯해 모든 만물을 창조하셨습니다. 그리고 그 창조의 목적은 모든 만물이 하나님께 영광을 돌리기 위함이라고 성경은 말씀합니다(롬 11:36, 골 1:16, 시 19:1, 사 43:7).

 하나님의 형상 예수님 안에서 회복되다

하나님께서는 우리를 죄로부터 구원하시기 위해 새로운 창의적인 방법을 알려 주셨고, 사람을 재창조하셨습니다(갈 6:15, 요 3:3).

무에서 유를 창조하는 것은 하나님만이 하실 수 있는 능력입니다. 또한 하나님의 창조 형상을 닮은 인간의 마음에는 끊임없이 새로운 것을 만들어내려는 창의성, 즉 창의적 노력이 자연스럽게 내재되어 있습니다. 역사를 돌아보면, 이러한 창의성이 우리의 삶을 변화시키고 새롭게 이끌어 가는데 중요한 역할을 해왔음을 알 수 있습니다.

평범함을 벗어나 새로운 것을 추구하는 노력은 처음에는 낯설고 어설프게 느껴질 수 있지만, 시간이 지나면서 훌륭한 창작물로 이어지기도 합니다. 새로운 아이디어와 문화 활동에 관심 있는 사람들이 용기를 내어 도전할 수 있는 환경이 필요하며, 이를 뒷받침하는 성숙한 가정과 사회의 역할도 중요합니다. 그리고 모든 창의적 노력의 열매를 주님께 영광으로 드릴 때, 그리스도인의 창의성은 비로소 온전히 완성됩니다.

책임성

 '자유'란 원하는 대로 행동할 수 있는 상태를 의미합니다. 그러나 자유를 자신의 원하는 대로만 모든 일에 적용한다면, 공동체의 유지가 어려워지고 결국 통제할 수 없는 혼란에 빠지게 될 것입니다.

 따라서 '자유'는 '책임'이라는 저울추와 함께할 때 비로소 균형 잡힌 삶이 될 수 있습니다. 즉, 자유의 크기는 책임의 정도에 비례한다고 볼 수 있습니다. '책임'이란 주어진 상황에서 자신에게 맡겨진 역할과 해야 할 일을 알고, 그것을 성실하게 그리고 최선을 다해 이루어야 하는 것을 의미합니다.

 주변을 보면 자유만을 주장하는 미숙한 사람들이 종종 있습니다. 공동체의 안전과 유익을 위해 개인의 자유를 제한해야 할 때도, 자신의 자유만을 고집하는 경우가 있습니다. 이는 건전한 공동체 구성원으로서 가져야 할 책임감이 부족한 모습입니다.

 자녀를 양육하다 보면 자녀의 자유를 어디까지 허용할 것인가를 두고 자주 갈등을 겪게 됩니다. 특히 어린 자녀는 더 많은 자유를 요구하지만, 부모는 자녀의 책임감이나 문제 해결 능력이 아직 부족하다고 생각해 그 자유를 제한하거나 조건적으로 허락합니다. 더 큰 자유를 누리기 위해서는 책임감을 길러야 합니다. 또한, 자유와 책임의 균형이 제대로 이루어지지 않은 채 사회에 진출하면, 자신과 공동체 모두 크고 작은 갈등과 문제를 겪게 될 수 있습니다.

 사실 피조물로서 누리는 자유는 제한되어 있었지만, 그 제한은 하나님께서 정하신 것이었고 그 안에서 인간은 충분히 만족하며 살아

 하나님의 형상 예수님 안에서 회복되다

갈 수 있었습니다. 하나님께서는 사람에게 자유의 한계를 주시고, 그 한계를 넘었을 때 어떤 책임이 따르는지 분명히 말씀하셨습니다. 그러나 인간은 그 한계를 지키지 않았고, 그 행위의 결과는 죽음으로 이어졌습니다.

아담과 하와는 주어진 자유로 불순종을 선택했고, 그 책임을 다하지 못한 결과로 죽음을 맞이하게 되었습니다(창 2:16-17). 이후로 사람은 죄의 노예가 되어 진정한 자유를 경험하지 못하게 되었습니다(잠 5:22, 롬 6:20, 6:23, 7:23, 7:5, 요 8:34).

사람에게는 죄로부터 자유로워질 새로운 기회가 주어졌습니다. 하나님께서는 인간이 책임을 다하지 못한 결과로 마땅히 감당해야 할 죽음을 예수 그리스도께서 대신 지도록 하셨습니다. 그리고 사람이 스스로 복음을 믿기로 선택할 때, 하나님께서는 그를 의롭게 하시고 죄에서 해방되는 참된 자유와 영원한 생명을 주십니다(롬 6:16, 8:21, 벧전 3:18, 요 8:32, 8:36, 갈 5:1).

> 하나님이 죄를 알지도 못하신 자로 우리를 대신하여 죄를 삼으신 것은 우리로 하여금 저의 안에서 하나님의 의가 되게 하려 하심이니라(고후 5:21)

복음을 믿고 성령 안에서 자유를 누리는 사람은, 아직 죄에 묶여 있는 이들에게 참된 자유의 길인 복음을 전할 수 있습니다(고후 3:17, 눅 4:18). 또한, 이 자유로 그리스도인의 덕을 서로 세우고, 하나님의 뜻에 순종하는 삶을 살아갈 때 축복을 주시겠다고 성경은 약속하셨습니다(고전 8:9, 9:19, 벧전 2:16, 약 1:25).

> 형제들아 너희가 자유를 위하여 부르심을 입었으나 그러나 그 자유로 육체의 기회를 삼지 말고 오직 사랑으로 서로 종 노릇 하라(갈 5:13)

모세가 혼자서 모든 책임을 감당하기 어렵다고 하나님께 호소했을 때, 하나님께서는 그 짐을 함께 질 동역자를 붙여 주셨습니다(민 11:14-17). 또한 하나님은 각 사람에게 분명히 책임을 물으시는 분이시므로, 우리는 그 책임을 피하거나 미루지 말아야 합니다(겔 33:8, 잠 24:12).

책임 있는 사람은 각자의 역할에 따라 자신이 해야 할 일을 알고 실천하는 사람입니다. 자녀에게 공부를 권하는 것도 중요하지만, 어릴 때부터 책임감을 잘 길러 주면, 학업에도 큰 힘이 될 것입니다. 책임감 있게 행동하는 사람은 안정된 사회를 이루는 든든한 기둥이 됩니다.

철저함

중요한 일을 앞두고 철저하게 점검하고 준비하는 것은 당연한 일입니다. 이는 중요한 일을 잘 마무리하고자 하는 마음에서 비롯된 태도입니다. 때로는 주위에서 매사에 철저함을 보이는 분을 만나기도

    하나님의 형상 예수님 안에서 회복되다

합니다. 그런 분과 함께 일하다 보면 숨이 막히고 답답할 만큼 꼼꼼하게 일하는 모습을 볼 수 있으며, 이들이 다른 사람에게도 같은 수준의 철저함을 요구하는 때도 있습니다. 만약 이런 분이 직장 상사나 관리자라면, 우리는 그 철저함을 배우고 익숙해지거나, 혹은 피하고 싶어질 수도 있습니다.

실험실에서 방사성 물질을 다룰 때는 오염을 방지하기 위해 철저하게 지침을 따릅니다. 가끔 실험을 마치고 집으로 가는 길에 정리 과정을 제대로 기억하지 못해, 차를 다시 돌려 실험실로 가서 혹시나 하는 마음에 한 번 더 철저하게 확인하곤 했습니다.

'철저함'이란 일이나 말에서 효력이 떨어지거나 실패를 초래할 수 있는 요소를 세세하게 파악해 명확히 제거하는 것, 또는 목적을 이루기 위해 모든 과정을 빈틈없이 확인하여 부족함이 없도록 하는 것을 의미합니다. 철저함은 분명 서로에게 도움이 되는 가치이지만, 필요 이상으로 철저하면 때때로 '강박적'이라는 불평을 들을 수도 있습니다.

학교에서 일반 학생들은 길이를 측정할 때 교육용 눈금자를 사용하지만, 제도나 금속공학을 전공하는 학생들은 더 정밀한 제도용 또는 공학용 측정 기구를 사용합니다. 병원에서는 몸무게를 측정할 때 일반 저울을 쓰지만, 화학 실험실에서는 1mg 이하까지 측정할 수 있는 정교한 저울을 사용합니다. 이렇게 각각의 상황에 따라 요구되는 정밀도와 수준이 다르므로, 철저함에는 상황에 따른 상대적인 기준이 적용된다고 볼 수 있습니다. 그래서 '철저'에는 올바른 지식과 지혜, 그리고 분별이 필요합니다.

하나님은 외아들까지 내어주실 만큼 우리를 철저하게 사랑하셨기에, 그 어떤 사랑도 이 사랑보다 더 크고 깊을 수는 없습니다. 예수님 또한 우리를 철저하게 사랑하셨고, 그 사랑은 하나님이 예수님을 통해 드러내신 가장 본질적인 성품이었습니다.

> 하나님이 세상을 이처럼 사랑하사 독생자를 주셨으니 이는 그를 믿는 자마다 멸망하지 않고 영생을 얻게 하려 하심이라(요 3:16)

하나님 나라에 합당한 사람은 헌신적인 태도로 갖춘 사람입니다(눅 9:23-24, 빌 3:7-8). 또한 성경은 예수님의 제자가 되기 위해 자신의 모든 것을 내려놓고 주님만을 철저히 따를 것을 말씀합니다(눅 5:10-11, 18:28, 14:33, 14:26-27).

그리스도인은 가식적이거나 대충 넘어가려는 태도를 지양하고, 사랑 안에서 서로 책망하고 권면하여 철저한 신앙인의 태도를 기르도록 노력해야 합니다(갈 2:11-16, 마 5:20).

그리스도인의 의는 오직 믿음으로 말미암습니다. 그리고 의롭게 살기 위한 철저한 삶의 태도 역시 우리의 행위나 능력으로 이루어지는 것이 아니라, 하나님의 사랑과 은혜로만 가능하게 됩니다. 바로 이 하나님의 사랑과 은혜가 우리를 하나님의 형상으로 회복시키는 능력이 됩니다. 그러므로 신앙생활이란 죄의 습관에 물든 옛 자아를 날마다 부인하고, 거듭난 새 피조물로서 이 땅에서 하나님이 맡

   하나님의 형상 예수님 안에서 회복되다

기신 자리와 역할을 성실히 감당하며, 주님을 끝까지 따라가는 삶이
라 할 수 있습니다.

바울이 삶을 정리하며 남긴 고백은 모든 그리스도인들이 이러한
목표를 바라보며 믿음을 철저히 지켜 나가기를 소망하게 합니다.

충성

'충성'이란 객관적인 옳고 그름이나 현실적인 판단을 넘어서, 어
떤 대상의 가치나 관계를 끝까지 지켜 내기 위해 전적으로 헌신하는
마음을 행동으로 드러내는 것입니다. 위기의 마지막 순간에 목숨을

걸고 왕을 지키는 충직한 신하의 이야기는 깊은 감동을 줍니다.

충성은 존경, 신뢰, 성실, 순종, 인내, 희생과 같은 성품을 포함하고 있습니다. 그리고 충성은 반드시 그 가치가 있는 대상에게 해야 한다는 점이 중요합니다. 개인마다 차이는 있지만, 평생 충성을 바칠 만한 가치 있는 대상을 만날 수 있다는 것은 큰 축복이라고 생각합니다.

예수님께서는 사역을 시작하기 전에 하나님만을 섬기겠다는 전적인 충성의 태도를 보이셨습니다(마 4:10). 또한 모든 사역을 하나님께서 가르치시고 명령하신 뜻대로 행하셔서 충성의 본이 되셨습니다. 예수님의 깊은 충성심은 하나님의 뜻을 따라 십자가 위의 죽음을 받아들이신 결단에서 잘 드러납니다(마 26:42).

다시 두번째 나아가 기도하여 가라사대 내 아버지여 만일 내가 마시지 않고는 이 잔이 내게서 지나갈 수 없거든 아버지의 원대로 되기를 원하나이다 하시고(마 26:42)

그리스도인이 하나님께 충성하는 이유는 하나님이 우리의 창조주이시며, 우리를 사랑하시고 구원하신 분이시기 때문입니다. 또한 하나님께서 우리에게 명령하신 모든 일은 궁극적으로 우리에게 축복이 되기 때문입니다. 성경은 그리스도인이 충성스럽게 살아야 하며, 주님께서 충성된 사람을 사용하신다고 말씀합니다(눅 16:10, 마 25:21-23, 고전 4:2, 계 2:10).

     하나님의 형상 예수님 안에서 회복되다

친절

'친절'은 선한 진심에서 우러나오는 정겹고 다정한 태도나 표현을 의미합니다. 상대에 대한 존중과 배려의 마음을 가지고, 도움을 주고자 하는 진정한 마음이 친절입니다.

물론 친절하기 위해서는 인내가 필요하고, 자신의 시간이나 자원을 내어주는 관대함과 희생도 요구될 수 있습니다. 친절은 달콤하고 부드러운 아이스크림 같은 마음이라고 할 수 있습니다. 친절한 대우를 받으면 기분이 좋아집니다.

친절하게 대하면 친절을 되돌려 받기도 합니다. 친절한 사회는 여유가 있습니다. 친절은 서로를 아끼며 돌아보는 마음에서 우러나옵니다. 물론 친절 뒤의 보상을 생각하여 친절을 앞세우는 경우도 있습니다. 우리는 그것을 계산된 친절이라고 생각하지만, 악의적인 것이 아니면, 친절하지 않은 것보다는 낫다고 생각합니다.

서로 인자(친절)하게 하며 불쌍히 여기며 서로 용서하기를 하나님이 그리스도 안에서 너희를 용서하심과 같이 하라 (엡 4:32)

하나님은 우리를 친절하게 대해 주셨습니다. 친절은 가까운 사람뿐만 아니라 가능한 모두에게 베풀어야 합니다. 또한 친절함은 존경을 받는 기회가 될 수도 있습니다.

친절은 주님이 우리 가운데 이루어 가는 성령의 열매이며, 주님의 뜻을 섬기는 일에 중요한 요소입니다(갈 5:22-23, 엡 4:32, 롬 2:4). 그리고 친절하게 지혜로운 말을 해 주는 사람이(잠 31:26) 주위에 있다면 정말 힘든 일상 중에서도 삶에 큰 힘이 될 것입니다.

가끔 아내와 자녀들이 여러 질문을 하거나 도움을 요청할 때, 얼마나 친절하게 대답했는지 되돌아봅니다. 남에게는 친절하면서도 정작 가족이나 가까운 사람들에게는 친절하지 않은 경우도 있습니다. 그리스도인은 누구를 대하든지, 모든 사람을 일관되게 친절한 태도로 대하는 것이 중요합니다. 친절은 꾸준히 실천해야 하며, 인내심과 섬기는 마음이 기본입니다. 여기에 지혜까지 더해지면, 마치 아이스크림 위에 초콜릿 가루를 뿌리듯 효과가 한층 더해질 것입니다.

투지

'투지'란 반대나 어려움에 부딪혀도 올바른 목표를 이루기 위해 굳게 마음먹고 밀고 나아가는 것을 의미합니다. 미식축구에서는 경기 시작과 동시에 공격라인과 수비라인이 극도로 긴장된 상태로 맞섭니다. 주심의 신호와 함께 선수들은 상대를 향해 뛰어나가 힘껏 맞서고, 공을 든 선수는 앞으로 돌진하거나 패스를 시도합니다. 이처럼 선수들은 승리를 위해 투지를 앞세워 상대 팀과 치열하게 맞섭니다.

우리는 일상생활에서 운동경기를 할 때만큼 투지가 필요하지 않

 하나님의 형상 예수님 안에서 회복되다

다고 생각합니다. 하지만 투지는 어려운 목표를 이루는 데 매우 중요한 요소 중 하나입니다. 목표의 성격에 따라 다르지만, 계획을 세우고 실행하다 보면 어려운 일들을 마주치게 됩니다. 바로 이런 어려운 순간에 투지라는 성품이 진정한 힘을 발휘합니다.

투지의 성품을 갖춘 사람은 어려운 상대도 금방 제압할 수 있는 정신적 자세로, 늘 공격과 수비 태세를 갖추고 있습니다. 어려운 일이 닥치면 투지는 기회를 살펴보다가 공격할 때라고 판단되면 즉각 움직여 어려운 상황을 제압하고 목표를 향해 전진합니다. 욥기의 말씀은 길고 힘든 고난의 시기를 이겨 내는 강인한 투지를 잘 보여 줍니다.

> 나의 가는 길을 오직 그가 아시나니 그가 나를 단련하신 후에는 내가 정금 같이 나오리라(욥 23:10)

신앙의 투지는 하나님의 부르심을 감당하기 위한 방향으로 나아가야 합니다. 허공을 치듯 헛된 일에 투지를 쏟아 힘과 시간을 낭비하는 것이 아니라(고전 9:24-26), 하나님 나라를 위한 헌신이라는 분명한 목적을 따라가야 합니다(빌 3:14).

성경은 그리스도인의 삶을 종종 '영적인 전투'에 비유합니다. 믿음의 길을 걷는다는 것은, 눈에 보이지 않는 치열한 싸움 속에서 끝까지 하나님과의 관계를 지키는 일이라는 뜻입니다. 그래서 성경은 우리에게 하나님을 향한 확고한 믿음과 흔들림 없는 순종, 그리고 어떤 어려움에도 굴하지 않고 끝까지 나아가는 투지를 가지라고 초대합니다.

하지만, 이 투지는 인간적인 혈기나 고집에서 나오는 완고함이 아닙니다. 잠시 치밀어 올랐다가 금세 사라지는 감정도 아닙니다. 그리스도인의 참된 투지는 우리 안에 거하시는 성령의 능력에서 시작됩니다. 하나님을 향한 사랑이 깊어질수록, 그리고 하나님께서 약속하신 영원한 소망을 마음에 붙들수록, 포기하지 않고 다시 일어서는 힘이 우리 안에서 조용히 자라납니다.

넘어지는 순간에도 다시 주님을 의지하며 일어나 앞으로 나아가려는 마음, 이해되지 않는 상황 속에서도 하나님의 선하심을 붙드는 태도, 결과가 보이지 않아도 순종의 자리를 지키려는 결단, 바로 여기에 그리스도인의 투지가 있습니다. 그리고 이 투지는 우리의 일상 속 어려움을 믿음으로 이겨 내어, 결국 영적인 승리로 나아가게 합니다.

포용

'포용'이란 사람이나 상황이 서로 다른 것의 가치를 존중하고, 함께하는 것을 의미합니다. 다르다는 것은 잘못된 것이 아닙니다. 물론 모든 것을 수용하거나 함께할 수 있다고 생각하지는 않습니다. 그러나 얼마나 많은 것을 수용하고 함께할 수 있는지가 바로 포용력을 결정합니다.

생각보다 포용력은 우리의 일상에 깊이 영향을 미칩니다. 부부 사

 하나님의 형상 예수님 안에서 회복되다

이의 갈등도 서로의 다른 성격을 이해하거나 받아들이지 못해서 발생하는 경우가 많습니다. 다양성과 평등이 존중되는 사회에서는 서로의 차이점을 이해하고 받아들이며, 함께 협력 방안을 모색하는 것이 중요합니다.

특별한 상황을 제외하면, 현대 사회에서는 무조건 일방적으로 따르라는 요구가 여러 가지 어려움이나 문제를 일으킬 수 있습니다. 그러므로 서로 다른 것들이 조화와 균형을 이룰 수 있도록 심도 있게 다루는 것이 중요합니다.

아내와 남편이 서로를 충분히 이해하지 못하거나 역할에 대한 공감이 부족하면 갈등이 생길 수 있습니다. 이런 상황에서는 갈등의 원인을 객관적으로 파악하는 것이 중요하며, 부부가 서로를 존중하고 이해함으로써 차이점을 수용하고 배려하는 방안을 함께 모색하는 것이 필요합니다.

자녀를 양육할 때, 자녀와 다른 성격이나 가치관의 변화를 부모가 지혜롭게 인내하며 받아들이는 태도가 중요합니다. 아이들은 많은 것을 부모에게서 배우지만, 부모의 강요나 과도한 기대는 아이를 답답하게 만들고, 개성과 가치관을 형성하는 데 어려움을 줄 수 있습니다.

예수님은 편견 없이 모든 사람을 사랑하시며, 힘들고 지친 이들을 따뜻하게 포용하시는 분이십니다(마 11:28). 예수님은 예수님을 찾는 모든 사람에게 하나님 나라를 전하셨습니다. 또한 복음의 진리는 모든 민족을 포용하며, 차별 없이 모든 민족에게 전파되어야 합니다(막 16:15, 13:10, 요 4:7-42, 눅 2:30-32, 골 1:23, 마 28:19).

> 오직 성령이 너희에게 임하시면 너희가 권능을 받고 예루살렘
> 과 온 유대와 사마리아와 땅끝까지 이르러 내 증인이 되리라
> 하시니라(행 1:8)

하나님을 경외하고 의를 행하는 사람은 하나님께서 모두 받아주
십니다(행 10:34-35). 또한 바울은 디모데에게 편견 없이 공평하게
대할 것을 권면하고 있습니다.

> 하나님과 그리스도 예수와 택하심을 받은 천사들 앞에서 내가
> 엄히 명하노니 너는 편견이 없이 이것들을 지켜 아무 일도 편
> 벽되이 하지 말며(딤전 5:21)

포용하지 않으려는 마음은 자신이 귀찮거나 손해를 볼 수 있다는
불리한 조건에 대한 선입견이나 오만함에서 비롯될 수 있습니다.
이런 이유로 차별과 제한을 두려는 개인의 마음이나 사회구조가 생
겨납니다.

또한 자신의 소신만을 고집하며 변화하지 않으려는 완고함이나
편견도 원인이 됩니다. 신념이 오직 이익만을 추구하게 될 때는 무
서운 폭력과 비상식적이고 배타적인 결과를 낳을 수도 있습니다.

그리스도인은 자신의 신념과 하나님의 믿음을 명확히 구별하고,

   하나님의 형상 예수님 안에서 회복되다

매일 자신을 부인하는 노력을 통해 자신의 헛된 틀을 깨야 합니다. 그리고 복음의 능력을 힘입어 이웃을 사랑으로 포용하고, 주 안에서 신령한 축복을 간구해야 합니다.

환대

어느 문화권에서든 침입자가 아니라면 이방인에 대한 환대는 흔히 볼 수 있습니다. 오래전, 중국과 라오스 국경 지역에 사는 미전도 종족 '시앙탕족'을 찾아갔었습니다. 산속에 사는 그들을 만나 가족 식사에 초대받았습니다. 앞마당의 땅바닥에 놓인 식탁과 낮은 의자에 둘러앉아서 함께 저녁을 먹었습니다. '시앙탕족'은 밥, 보이차잎으로 만든 야채국, 야생동물 고기, 대나무에서 잡은 애벌레 등 다양한 음식을 준비해 주었습니다. 말도 통하지 않는 이방인을 따뜻하게 맞이하는 그들의 모습을 통해, 하나님께서 사람들 마음속에 환대의 성품을 주셨음을 느꼈습니다.

'환대'란 방문하는 사람을 기쁘게 맞이하고, 필요한 것을 기꺼이 나누어 주며 불편함이 없도록 최선을 다하는 것을 의미합니다. 누군가를 방문객으로 맞이할 때, 마음과 집을 열어 필요한 것을 제공하는 성품은 공동체를 이루는 데 중요한 요소입니다.

성경은 환대의 중요성과 그리스도인에게 서로 힘써 대접하라고 권면합니다(히 13:2, 눅 6:31, 롬 12:13). 바울은 하나님의 은혜와 능력을 전한 후 환대를 받았습니다(행 28:7-10). 또한, 성경은 서로를 잘 대접하는 것이 하나님의 뜻을 이루는 사람에게 중요한 성품임을 강조합니다(딤전 3:2, 5:10, 딛 1:8-9). 예수님께서는 누구를 만나든 지 소홀히 대하지 말라고 가르치셨습니다(마 25:40).

협력성

'협력'이란 공동의 목표를 이루기 위해 함께 힘과 뜻을 모으고, 각 자의 역할에 최선을 다하는 것을 의미합니다. 한 사람이 할 수 있는 일이 있고, 반드시 두 사람 이상이 함께해야 하는 일도 있습니다. 또 한 혼자서도 할 수 있는 일이지만 둘 이상이 함께할 때 훨씬 더 효율 적일 수 있습니다(전 4:9).

협력의 기본은 호혜주의, 즉 서로에게 이익이 생길 때 이루어집니 다. 한쪽이 일방적이고 이타적으로 봉사하기만 한다면 이는 '희생' 이나 '착취'가 되기 쉽습니다. 따라서 함께 일하는 공동의 목표나 상 호 유익이 전제되어야 협력이 효과적으로 이루어질 수 있습니다.

"빨리 가려면 혼자 가고, 멀리 가려면 함께 가라"라는 인디언 명

 하나님의 형상 예수님 안에서 회복되다

언에서 알 수 있듯, 협력과 동반자 관계는 중장기적 성과를 이루는 데 매우 중요합니다. 요즘과 같은 개인 경쟁 사회에서 진정한 협력이 얼마나 이루어질 수 있을지 의문이 들기도 합니다. 협력을 위해서는 신뢰, 정직, 성실, 그리고 존중이 충분히 뒷받침되어야 합니다. 아무리 이익이 되는 일이라 해도 서로를 존중하지 않으면 협력은 쉽게 깨질 수 있습니다. 특히 위험하거나 중요한 일을 함께할 때 신뢰가 없다면 협력은 거의 불가능할 수도 있습니다.

요즘에는 기업의 경제적 가치와 공동체의 사회적 가치를 조화시키는 '공유가치'라는 말을 자주 듣습니다. 공유가치는 기업이 단순히 주주 이익의 극대화만을 추구하는 것이 아니라, 사회의 공익을 함께 나누며 장기적으로 협력하고 성장하는 전략의 기초가 됩니다.

성경 역시 하나님의 사역에서 협력의 중요성과 효과를 강조하고 있습니다(고후 1:11, 롬 12:4-5). 따라서 복음을 전하거나 하나님을 섬기는 일에서도 함께 참여하는 협력이 중요합니다(빌 1:27, 4:15).

성도 각자가 가진 재능과 은사는 다양하고, 교회와 이웃을 섬기면서 각자의 역할이 다르다는 것을 깨닫게 됩니다. 하나님 나라를 세워 가기 위한 협력은 성령 안에서 이루어지는 소중한 축복입니다. 하나님의 뜻에 따라 각자의 부름에 순종하며 성실하게 자기 역할을 감당하고, 서로 협력할 때 하나님의 나라가 더욱 아름답게 확장될 것입니다(롬 8:28). 그리고 성경은 그리스도를 머리로 하여 온몸이 각 지체의 서로 협력을 통해 자라나며, 사랑 안에서 스스로를 세워 간다고 말씀합니다.

그에게서 온 몸이 각 마디를 통하여 도움을 입음으로 연락하
고 상합하여 각 지체의 분량대로 역사하여 그 몸을 자라게 하
며 사랑 안에서 스스로 세우느니라(엡 4:16)

희생

'희생'이란 더 가치 있는 것을 위해 자신에게 주어진 소중한 것을
자발적으로 내어놓거나 포기하는 것을 의미합니다. 희생에 관한 이
야기는 매우 감동적이며, 깊은 의미를 담고 있습니다. 어떤 면에서
는 자신이 맡은 역할 자체가 곧 희생적인 삶이 될 수 있습니다.

대부분의 부모는 자녀들에게 희생적인 삶의 본보기가 됩니다. 어
렸을 때 저의 어머니는 겨울 아침, 추운 날씨에, 밖에서 일하고 들어
오셔서 얼어붙은 손을 녹이시려고 아랫목에 손을 넣으시곤 했습니
다. 아직 잠이 덜 깬 눈으로 어머니의 앞머리 끝에 맺힌 얼음꽃을 바
라보며, 언젠가 어머니 손이 얼지 않는 따뜻한 집에서 살면 참 좋겠
다고 생각했습니다.

인간의 죄를 위해 처음으로 드려진 희생 제물은 아벨이 드린 '양의
첫 새끼'입니다(창 4:4). 인간은 계속해서 죄를 짓고, 희생 제물을 드
리며 그 죄의 용서를 하나님께 구했습니다. 그러나 시간이 지나면서
사람들은 진심이 아닌 형식적으로만 제사를 드리게 되었습니다. 하
나님께서는 진정한 회개가 없는 제사를 받으실 수 없었고, 결국 예수
님께서 인간의 모든 죄를 담당하는 희생 제물이 되셨습니다(엡 5:2).

하나님의 형상 예수님 안에서 회복되다

희생은 자신의 이익을 추구하지 않는 데서 비롯됩니다. 이는 "고린도전서 13:5-7"에서 말씀하는 이기심 없이 사랑하는 것과 연결되어 있습니다. 우리에게 모든 것을 내어주신 예수님께서는 하나님의 가장 위대한 사랑을 보여주신 희생의 본이 되셨습니다.

제가 아버지의 구원을 위해 기도하기 시작한 지 18년 만에, 아버지께서 처음으로 교회를 다니기 시작하셨습니다. 그리고 3년 후, 아버지께서는 아무리 교회에 나가도 마음에 믿음이 생기지 않는다고 말씀하시며 제게로 오셨습니다. 그때 저는 아버지와 함께 하루에 2~3시간씩 성경 공부를 시작했고, 약 열흘이 지난 후에는 로마서 5장 8절을 함께 묵상하게 되었습니다.

그리고 저는 "아버지께서 만약 저와 길을 가다가 둘 중 한 사람만 목숨을 구할 수 있는 상황이라면, 어떻게 하시겠어요?"라고 조심스럽게 여쭈었습니다. 아버지께서는 곧바로 답하지 않으시고 잠시 망설이신 뒤, 저를 바라보며 진지하고 차분한 목소리로 "그렇다면 네가 살아야지"라고 말씀하셨습니다.

평소에 감정을 잘 표현하지 않으셨던 아버지의 진지하고 결심까지 묻어나는 대답에 저는 잠시 말을 멈추고 아버지를 바라보았습니다. 아버지께서 저를 사랑하셔서 자신의 목숨을 희생하실 수 있다는 말씀은 제 마음에 깊은 감동으로 다가왔습니다.

그리고 잠시 후, 저는 "하나님은 자신의 목숨을 희생하는 것보다 더 어려운, 외아들의 목숨을 희생하심으로 우리를 얼마나 사랑하시는지 보여주셨습니다"라고 아버지께 말씀드렸습니다. 아버지는 말없이 한동안 고개를 숙이고 계시다가, 천천히 조용히 기도를 시작하셨습니다. 잠시 후 아버지는 조용히 눈물을 흘리며 마음 깊이 회개의 기도를 오랫동안 드리셨습니다. 그날, 하나님의 사랑과 은혜로 아버지께서는 예수님을 영접하시고 구원을 받으셨습니다.

한국으로 돌아가실 때, 비행기 탑승구 앞에서 아버지는 저를 꼭 안아주시며 고맙다고 말씀하셨습니다. 그것이 이 세상에서 아버지와의 마지막 만남이었습니다.

희생은 진심을 보여주는 가장 분명한 표현이며, 최고의 지혜입니다. 희생은 여러 하나님의 성품이 만나 빚어내는 불꽃입니다. 사랑하는 마음을 나타내는 가장 귀한 표현은 스스로 희생을 선택하는 것입니다. 예수님께서는 십자가 위에서 그 희생을 온전히 보여주시며 사랑을 완성하셨습니다.

 하나님의 형상 예수님 안에서 회복되다

Chapter III

형상의 조화와 적용

Chapter III에서는 형상들이 서로 조화롭게 적용되어
아름다운 그리스도인의 삶을 이루고,
공동체의 회복으로 이 땅에 하나님의 나라를
이루어 가는 과정을 다루었습니다.

형상의 구성과 적용

하나님의 형상대로 창조된 인간의 영적 모습을 점차 의식하게 되면서, '나는 누구인가?'라는 정체성에 관한 질문이 생깁니다. 이에 대해 성경은 '나는 하나님이 만드신 하나님의 자녀'라고 답하고 있습니다.

성경은 그리스도인이 하나님의 형상으로 이 땅에 오신 예수님을 본받아, 하나님의 자녀로서 세상에서 어떻게 살아가야 하는지 잘 설명하고 있습니다. 예수님은 하나님의 아들로서 '하나님의 참 형상'이며, 우리가 닮아 가야 할 믿음의 '맏아들'입니다(롬 8:29).

우리의 형상을 구성하는 요소로는 정체성, 자아, 양심, 의식, 이성, 감정, 의지, 성격, 성품, 재능, 특기, 은사 등이 있습니다. 이러한 형상들은 삶의 목표와 환경에 따라 조화롭게 드러나며, 하나님 나라를 이 땅에 세우고 우리의 삶을 더욱 풍요롭게 만듭니다.

집이나 큰 건물을 짓는 TV 프로그램을 보면, 작업 현장에서 일하는 사람들이 허리 양옆에 여러 도구를 걸고 일하는 모습을 자주 볼 수 있습니다. 망치, 플라이어, 드라이버 등 상황에 따라 적합한 도구를 사용하기 위해 다양한 도구를 준비합니다. 좀 더 세밀하게 보면, 같은 드라이버라도 십자형과 일자형이 각각 필요할 때가 있습니다. 이처럼 우리도 매일매일 삶의 현장에 나아갈 때, 다양한 내적 형상의 도구를 준비하고 갖추는 것이 필요할 것입니다.

하나님은 각 사람에게 하나님의 영적 형상을 닮은 요소들을 주셨습니다. 각 개인은 영적 존재로서 자신의 근본적인 정체성을 찾는 것이 중요하며, 이러한 정체성 속에서 자신의 역할과 삶의 목적, 그리고 비전을 발견하게 됩니다.

우리 삶에는 분명한 목적과 의미가 있습니다. 매일의 일상에도 계획과 목표가 있으며, 장기적인 계획과 목표 역시 존재합니다. 이러한 삶의 목표들을 이루어 가는 과정에서 우리는 다양한 방법으로 자신을 발견하고 개발하며, 성장과 성숙을 이뤄 갑니다. 아침에 일어나면 우리는 모두 그날의 목표를 향해 달려갑니다.

우리는 '나는 누구인가?'라는 질문을 굳이 하지 않아도 이미 자신이 누구인지 잘 알고 있다고 믿습니다. 하지만 정체성의 구성 요소인 '믿음', '가치', 그리고 '관계'를 매일 점검하고, 확인하며, 필요하다면 재조정하는 과정이 필요할 수도 있습니다.

정체성은 의식의 근본을 형성합니다. 각 개인의 영이 의식에 드러나는 근본적인 형상을 '정체성'이라 하며, 이는 곧 그 사람의 영적 존재의 본질이 누구인지를 보여줍니다. 따라서 자신의 영적 정체성을 인식한 후, 의지, 감정, 이성을 새롭게 다듬어 올바른 자세로 하루를 시작하는 것은 그리스도인의 삶에 매우 중요합니다. 이를 위해 아침에 성경 말씀을 묵상하며 하루를 시작하면 큰 도움이 됩니다.

정체성은 이성과 감정, 그리고 의지에 투영됩니다. 이성을 향상하기 위해서는 올바른 지식을 습득하고, 합리적이며 건강한 사고를 위해 지속적으로 노력해야 합니다. 감정은 묻혀 있거나 잊힌 감정을 자각하여 관리하고, 상처받은 감정은 치유와 회복이 이루어져야 합니다. 또한 풍부하고 다양한 감정 경험을 통해 정서가 성장합니다. 반복되는 실패로 점차 약해질 수 있는 추진 의지와, 지나치게 일 중심적인 삶의 방식으로 약화될 수 있는 절제 의지 역시 재조정과 회복이 필요합니다.

기초 형상인 이성과 감정, 의지의 조합은 각 개인의 주요 형상인 성격과 성품을 통해 드러납니다. 또한 각 개인은 재능, 특기, 은사 등과 같은 보조 형상을 갖추기도 합니다. 자신의 성격이 환경에 어떻게 반응하고 적응하는지 잘 이해하고, 부족한 부분은 성품으로 보완해 온전한 하나님의 형상을 닮은 사람으로 성장할 수 있습니다.

각 개인에게 내재해 있는 형상은 환경에 대한 반응과 적용을 반복하면서 재구성되고, 발견되며, 개발됩니다. 이를 긍정적인 측면에서는 성장과 성숙이라고 부르고, 부정적인 측면에서는 퇴행이나 타락이라고 표현하기도 합니다.

공동체를 세우기 위해 각자에게 주어진 재능과 특기, 은사를 주님의 뜻과 부르심에 따라 기쁨으로 질서 있게 순종하며 나누는 것이 중요합니다(빌 2:13). 이러한 노력을 통해 선한 열매를 맺고(갈 5:22-

하나님의 형상 예수님 안에서 회복되다

23, 엡 5:9), 하나님께 감사와 영광을 돌리며 우리는 만족과 기쁨을 경험하게 됩니다. 반면, 하나님 나라를 위한 열매를 맺지 못하는 헛된 삶은 하나님께서 제거하십니다(마 7:20, 엡 5:11, 눅 6:43, 3:9).

> 너희가 나를 택한 것이 아니요 내가 너희를 택하여 세웠나니 이는 너희로 가서 과실을 맺게 하고 또 너희 과실이 항상 있게 하여 내 이름으로 아버지께 무엇을 구하든지 다 받게 하려 함이니라(요 15:16)

재능

대부분의 사람들에게는 크고 작은 재능이 있지만, 자신에게 어떤 재능이 있는지 모르는 경우도 있습니다. 또, 재능이 있음을 알면서도 그것을 개발하지 못하는 사람도 있습니다. 어린 시절 재능이 있다고 생각했지만, 어떤 사정으로 인해 더 이상 재능을 사용하지 않으려는 사람도 있습니다. 또한, 재능을 오용하여 자신과 주변 사람들에게 피해를 주는 경우도 있습니다.

개발된 재능을 효과적으로 활용하려면, 무엇이 서로에게 유익한 일인지 구별하는 지혜가 필요합니다. 재능의 궁극적인 목적은 단순히 성공하여 자신만을 풍요롭게 하거나 다른 사람들에게 과시하는 것이 아니라, 자기실현을 통해 공동체에 유익이 되는 것입니다.

그리스도인에게 재능은 하나님께서 각 성도를 통해 이 땅에 하나님의 나라를 이루기 위해 주신 귀한 도구입니다. 우리는 이 재능으로 서로를 섬기고 그리스도인의 덕을 세우며 복음을 전하고 하나님 나라를 세워갑니다. 그리고 성경 말씀과 성령의 인도에 따라 재능을 나누고, 또 그 재능을 사용한 결과로 하나님께 영광을 돌리며 감사할 때, 그리스도인의 재능은 완성됩니다.

> "두 달란트 받았던 자도 와서 가로되 주여 내게 두 달란트를 주셨는데 보소서 내가 또 두 달란트를 남겼나이다 그 주인이 이르되 잘 하였도다 착하고 충성된 종아 네가 작은 일에 충성하였으매 내가 많은 것으로 네게 맡기리니 네 주인의 즐거움에 참예할찌어다 하고(마 25:22-23)

은사

하나님이 주시는 성령의 은사는 믿는 성도들에게 값없이 주어지는 하나님의 선물입니다. 이 은사는 성령의 주권으로 주어지며, 그 목적은 믿음을 굳게 하고, 마음에 위로를 주며, 복음을 통해 그리스도를 증거하기 위한 것입니다(롬 1:11-12, 15:18-19, 막 16:17-20, 행 1:6-8). 그리고 성도들이 서로를 겸손하고 성실하게 섬기면서 건강한 교회, 곧 그리스도의 몸을 이루는 데 은사는 사용됩니다(고전 12).

> 너희가 모든 은사에 부족함이 없이 우리 주 예수 그리스도의 나타나심을 기다림이라(고전 1:7)

 하나님의 형상 예수님 안에서 회복되다

성령은 은사를 하나님 나라의 유익을 위해 필요에 따라 각 성도에게 나누어 주십니다. 은사를 막지 말고, 사용할 때는 품위 있게, 질서를 지켜 성도 간에 서로 덕을 세울 수 있도록 해야 합니다(고전 14:26-40).

은사는 각 사람의 믿음과 소망 안에서 전적인 성령의 주권으로 나타납니다. 우리는 성령께서 은사를 주실 때, 그것을 표현하는 통로, 즉 '도구'임을 분명하게 이해하는 것이 중요합니다.

물론 각자에게 필요한 것이 무엇인지 하나님께서 미리 우리 마음에 소원을 두서서, 그에 따라 은사를 구하고 사용하기를 원하는 마음을 갖게 하십니다. 그러나 하나님의 뜻이 아닌 일에 우리가 은사를 사용하려 한다면, 결국 하나님을 시험하는 일이 될 수 있습니다.

은사를 사용하는 데 중요한 성품은 믿음, 순종, 정직, 분별, 겸손, 절제, 성실, 인내, 희생 등입니다. 은사의 결과로 나타나는 경이로움에 대해 하나님께 감사와 영광을 돌릴 뿐만 아니라, 은사를 통해 하나님의 임재와 은혜, 그리고 사랑을 경험하는 것도 매우 중요합니다. 이러한 은사의 체험은 하나님 나라의 신비와 기쁨을 누리게 하며, 신앙 성장에 큰 도움이 됩니다.

> 그러나 귀신들이 너희에게 항복하는 것으로 기뻐하지 말고 너희 이름이 하늘에 기록된 것으로 기뻐하라 하시니라(눅 10:20)

각각의 은사들은 성령의 인도하심과 각자의 믿음에 따라 하나님이 필요하실 때 점차적이고 구체적이며 강하게 역사하시는 것을 경험하게 됩니다. 성령의 은사는 기쁨과 경이로운 감동으로 복음을 전하는 귀한 도구가 됩니다.

형상의 적용

형상을 적용한 결과로 우리가 느끼는 감정에는 성취, 기쁨, 평안, 만족 등이 있습니다. 물론 미흡한 부분이 있다면 아쉬움이나 후회가 따르기도 합니다. 그러나 어떤 경우든 최선을 다했다면 미련이나 후회를 최소화할 수 있고, 만족도 충분히 얻을 수 있습니다.

할 수 있는 일에 최선을 다하고, 믿음과 겸손, 그리고 소망으로 결과를 기다리는 자세는 우리에게 주어진 역할입니다. 그리고 하나님께서는 하나님의 일을 하실 것입니다. 따라서 최선을 다한 후에는 우리의 연약함을 포함한 모든 부분을 하나님의 주권에 맡겨야 합니다. 하나님의 은혜는 언제나 각 사람에게 충분하기 때문입니다.

> 내게 이르시기를 내 은혜가 네게 족하도다 이는 내 능력이 약한데서 온전하여짐이라 하신지라 이러므로 도리어 크게 기뻐함으로 나의 여러 약한 것들에 대하여 자랑하리니 이는 그리스도의 능력으로 내게 머물게 하려함이라(고후 12:9)

결과를 통해 얻어지는 여러 감정들도 중요하지만, 그 과정에서 변

 하나님의 형상 예수님 안에서 회복되다

화된 자신의 모습과, 자신의 영향을 받아 변화된 다른 사람들의 모습까지 함께 경험하며 그 기쁨을 나누게 됩니다. 이러한 변화와 결과를 이끄시는 분은 성령이시며, 우리가 기대했던 결과가 아니더라도 그 안에는 충분한 하나님의 섭리가 있음을 신앙생활 속에서 깨닫게 됩니다.

형상을 되돌아보기

자신을 돌아보는 것은 인생에서 중요한 성장과 성숙의 과정 중 하나입니다. 문제의 원인을 외부에서만 찾는 사람은 자신에게는 문제가 없다고 여기거나, 자기 자신을 살펴보는 것을 두려워하는 경우가 많습니다. 그러나 외부 환경을 탓하거나 타인의 문제를 지적하다 보면, 그와 같은 문제가 자기 안에도 있음을 깨닫게 되거나, 문제의 해결 방안을 찾기 위해서는 먼저 자신이 변화되어야 한다는 사실을 알게 됩니다. 그래서 우리는 무엇보다 자신의 마음을 먼저 돌아보아야 합니다.

형제들아 사람이 만일 무슨 범죄한 일이 드러나거든 신령한 너희는 온유한 심령으로 그러한 자를 바로잡고 네 자신을 돌아보아 너도 시험을 받을까 두려워하라 (갈 6:1)

하나님의 형상 예수님 안에서 회복되다

바둑을 잘 두는 고수는 '복기'를 하며 자신이 두었던 바둑의 '수'를 다시 되돌아보곤 합니다. 이는 다음에 바둑을 둘 때 같은 실수를 반복하지 않고, 부족했던 '수'를 보강하기 위한 노력입니다.

'성찰'도 이와 유사한 목적이 있습니다. 결국 더 나은 삶을 향해 나아가려는 노력입니다. 그리스도인에게 성찰의 기준은 성경 말씀입니다. 말씀과 어긋난 자기 모습을 회개하고, 성령의 도움으로 다시 회복하며 조정하게 됩니다.

오늘날 많은 문제의 원인을 생각해 보면, 각 개인과 가정, 그리고 공동체에 '성찰'이 부족하다는 생각이 듭니다. 주님의 말씀 안에서 자신을 성찰하는 사람은 삶의 다양한 모습들이 유익한 방향으로 재조정 될 수 있습니다.

삶을 돌아보기

기회가 있을 때마다 자신을 돌아보는 일은 성장과 성숙에 매우 중요합니다. 매일의 사건을 되돌아보는 것도 중요하지만, 때때로 자신과 주변 사람들의 삶을 전체적으로 살펴보며, 다른 사람들의 필요와 유익에도 적극적인 관심을 가지고 섬길 수 있도록 삶을 재조정하는 것은 매우 중요하고 의미 있는 일입니다.

> 각각 자기 일을 돌아볼 뿐더러 또한 각각 다른 사람들의 일을
> 돌아보아 나의 기쁨을 충만케 하라(빌 2:4)

정체성의 형성은 일반적으로 청소년기에 시작됩니다. 가정, 환경, 지식, 신앙, 가치, 그리고 개인적 관계들이 결정적인 영향을 미치며, 이 시기에 사람의 가장 기본적인 요소인 정체성이 형성됩니다. 어떤 부모 밑에서 자랐는지, 어린 시절 어떤 경험을 했는지, 어떤 책이나 사람의 영향을 받았는지, 그리고 어떤 신념을 가졌는지는 모두 정체성을 형성하는 중요한 요소입니다.

특히 다른 문화권에서 성장한 2세의 경우에는 정체성에 대한 혼란을 경험하는 경우가 많습니다. 아이는 가정, 학교, 그리고 직장에서 인종적 정체성과 문화적 정체성 사이의 여러 갈등을 겪기도 합니다. 또한 어린 시절 불안한 가정환경 속에서 자라난 경우에도 정체성의 혼란이 오랜 기간 지속되는 경우가 있습니다. 이러한 정체성의 혼란과 불확실성은 결국 문화의 경계에 서거나 공동체 내에서 주변인으로 살아가는 모습을 보이기도 합니다.

삶의 목표는 우리가 살아가며 겪는 여러 경험 속에서 느끼는 필요와 의미를 이루기 위해, 각 사람의 내면의 갈망과 주변 환경의 영향을 따라 세워지기도 합니다. 목표는 삶의 태도를 결정하는 중요한 요소입니다. 목표를 향한 일관된 삶의 방식은 규칙적인 일상을 유지하도록 만듭니다. 이러한 가운데 맡은 일들을 성실히 이루기 위해 노력하며, 관심과 성취감을 느끼면서 일생을 보내게 됩니다.

많은 사람들이 인생에서 결정적인 변화를 겪는 순간을 경험합니다. 이런 결정적 순간은 위기 속에서 기회로 작용하기도 하고, 때로는 실패로 인한 깊은 절망에서 새로운 삶의 전환점을 만들어내기도

    하나님의 형상 예수님 안에서 회복되다

합니다. 삶을 조정하는 과정은 더 나은 미래를 위해 노력할 때나, 현실을 견디기 힘든 순간에 자주 찾아옵니다. 또한 절망적인 순간이 닥치면 삶을 다시 조정해야 할 필요성을 느끼게 됩니다.

삶을 돌아보면 미련, 후회, 증오, 부끄러움, 보람, 기쁨, 아쉬움 등 다양한 감정이 내면에서 나타납니다. 마음속의 부끄러움이나 쓴 뿌리가 계속해서 자기 삶에 부정적인 영향을 주지 않도록 치유하고 회복할 필요가 있습니다. 상처를 치유하기 위해서는 정직, 이해, 용서, 수용, 그리고 주님의 도움이 필요합니다.

주님께서 주시는 힘과 지혜, 그리고 능력은 우리가 스스로는 할 수 없다고 생각했던 일들도 가능하게 될 수 있습니다. 이러한 은혜와 축복을 받기 위해서는 정직하고 겸손한 마음으로 주님께 나아가야 합니다. 또한 문제와 상처를 주님 앞에 내려놓고, 주님의 인도에 순종하며, 자신에게 주어진 역할을 성실히 감당해야 합니다.

성찰의 이해

'성찰'의 넓이와 깊이에 따라 그 효과는 다양하게 나타날 수 있습니다. 아무리 많은 것을 성찰하더라도 깊이가 부족하면 충분한 성찰이 이루어지지 않습니다. 물론 이러한 넓이와 깊이는 성령의 인도를 전제로 결정되어야 합니다. 따라서 마음의 결단으로 '나'를 전적으로 성령께 드리는 영적 결단의 자세가 필요합니다.

기도로 준비한 후, 하나님께 자신을 온전히 맡기고, 영적 대화를 나눌 수 있는 리더나 동역자와 함께 자신의 어려움을 나누는 시간을 갖습니다. 이때 마음을 열고 귀 기울여 듣는 것이 중요합니다. 대화 중에는 때로 기분이 상할 수도 있지만, 쓴 약이 몸에 좋듯 오히려 적극적으로 자신이 미처 알지 못했던 부분에 대해 듣기 위해 노력합니다. 이러한 '개방성'은 자기 성찰을 효과적으로 하는 데 있어 중요합니다.

충분히 경청한 다음에 자신에 대한 반성과 회개로 회복의 시간을 갖도록 하며, 장점 등은 잘 개발하고 발달시켜 나가도록 노력합니다. 수용적인 태도는 본인의 모습에 대한 문제점이나 미처 몰랐던 사실을 받아들인 후 다음 단계로 나가는 중요한 과정입니다. 그리고 자신의 변화된 모습에 대한 신뢰할 만한 주위의 반응을 다시 경청하고 관계를 더욱 개선해 나갑니다.

각 개인의 자기 성찰이 폭넓고 깊이 있게 이루어져 성장과 성숙의 열매를 맺으면, 가정과 교회 그리고 또 다른 공동체의 성장과 성숙으로 이어지게 됩니다.

> 어찌하여 형제의 눈 속에 있는 티는 보고 네 눈 속에 있는 들보는 깨닫지 못하느냐 보라 네 눈 속에 들보가 있는데 어찌하여 형제에게 말하기를 나로 네 눈속에 있는 티를 빼게 하라 하겠느냐 외식하는 자여 먼저 네 눈속에서 들보를 빼어라 그 후에야 밝히 보고 형제의 눈속에서 티를 빼리라(마 7:3-5)

성찰의 과정

성찰을 통해 우리는 자신을 돌아보고 새로운 결심을 할 수 있습니

 하나님의 형상 예수님 안에서 회복되다

다. 물론 성찰의 과정에서는 후회나 실망, 때로는 더 깊은 절망을 느끼기도 합니다. 실제로 그리스도인이 되는 과정에서 자신의 죄로 인해 어쩔 수 없이 죽을 수밖에 없는 자신을 발견하고 절망을 경험했다는 간증을 들은 기억이 있습니다.

하지만 후회나 절망에 머무르면, 성찰은 오히려 우울한 삶 속에 자신을 가두게 됩니다. 인생에서는 때때로 어떤 희망도 보이지 않는 순간을 겪기도 합니다. 그러나 그리스도인은 어떤 상황에서도 두 번째 기회와 새로운 희망이 있다는 사실을 반드시 기억해야 합니다. 이 두 번째 기회는 하나님께서 우리에게 주신 선물과 같습니다. 그리고 우리에게 주신 최고의 선물은 모든 길과 진리, 그리고 생명이 되시는 '예수님'이며, 예수님을 닮아 가는 삶을 통해 성찰과 회복이 온전히 이루어질 수 있습니다.

> 우리가 다 하나님의 아들을 믿는 것과 아는 일에 하나가 되어 온전한 사람을 이루어 그리스도의 장성한 분량이 충만한데까지 이르리니 이는 우리가 이제부터 어린 아이가 되지 아니하여 사람의 궤술과 간사한 유혹에 빠져 모든 교훈의 풍조에 밀려 요동치 않게 하려 함이라 오직 사랑 안에서 참된 것을 하여 범사에 그에게까지 자랄찌라 그는 머리니 곧 그리스도라(엡 4:13-15)

만물이 그분에 의해 창조되고 그분의 발 아래에 놓였기 때문에, 예수님 안에서 회복을 경험할 수 있습니다(고전 15:27, 히 2:8, 엡 1:22, 골 1:16-17, 요 1:3, 3:35, 롬 11:36, 행 3:19-21, 계 4:11). 물론 그 회복이 항상 우리가 원하는 대로 이루어지는 것은 아닐지라도, 하나님께서 이루셨다는 믿음이 있다면 그것이 최선의 결과입니다.

회복된 우리는 다시 새로운 결심이나 변화에 대한 '정립'을 하게 됩니다. 그러나 이 정립의 과정이 내 생각으로만 이루어진다면 같은 실패를 반복할 수 있습니다. 그러므로 주님의 뜻 안에서 바르게 세우는 것이 필요합니다.

정립한 후에는 믿음 안에서 '실행'하게 됩니다. 실행에는 최선의 노력이 필요하지만, 그 최선의 노력에는 나의 부족함을 하나님께 의지하는 태도가 포함됩니다.

실행한 후 또는 실행하는 과정에서 우리는 '평가'를 하게 됩니다. 이 과정은 긴장과 스트레스를 겪게 하지만, 더 나은 결과를 위한 중요한 단계입니다. 평가 결과를 받아들이고 분석하며, 주님과 함께 새로운 긍정적인 자기 모습을 계획하고 만들어 갑니다.

명상과 묵상

요즘 성찰의 도구로 명상을 실천하는 사람들을 주위에서 많이 볼 수 있습니다. 명상을 통해 마음의 평안을 얻거나, 더 나아가 종교적 체험을 하기도 합니다. 명상(meditation)의 어원은 "그윽하고(冥) 고요하게 생각한다(想)"는 뜻입니다. 명상의 목적은 복잡한 생각을 잠시 내려놓고 마음을 정리함으로써, 고요한 마음 가운데 내면을 성

     하나님의 형상 예수님 안에서 회복되다

찰하고 심신의 안정과 평안, 그리고 통찰을 얻는 데에 있습니다.

명상은 종교적 진리를 탐구하거나 왜곡된 사실을 바로잡고, 복잡한 생각을 정리하며, 상처받은 감정을 치유하거나 답답한 마음을 해소하는 데 널리 활용됩니다. 또한 심리학에서는 이러한 방법을 발전시켜 심리치료에도 적용하고 있습니다.

기독교에서는 '묵상(devotion)'이라는 단어를 사용합니다. 묵상은 '누군가 또는 무언가에 대해 충성심과 사랑, 관심을 집중하는 행위'이거나, '하나님과 성경 말씀을 깊이 생각하며 영혼의 만족과 즐거움, 그리고 하나님과의 교제를 위한 매우 유익한 신앙 행위'라고 할 수 있습니다.

명상(meditation)과 묵상(devotion)은 유사한 점이 있지만, 그 시선이 바라보는 방향에는 큰 차이가 있다고 생각합니다. 조용히 자기 내면을 바라보고, 자신을 성찰하며 깨달음을 통해 필요한 것을 자기 스스로 해결하려는 인본주의적인 성향이 강한 것이 명상이라면, 기독교의 묵상은 자신을 구원하신 하나님을 바라보며, 성경 말씀 안에서 자신에게 주신 하나님의 형상을 비추어 보고 깨달아 성령의 도움으로 회복하는 신앙적 실천입니다.

묵상은 조용히 주변을 정리하고 마음을 가다듬으며 자신을 돌아보며 시작할 수 있습니다. 이런 점에서는 명상과 유사합니다. 그러나 묵상은 하나님의 주권을 인정하고, 하나님의 은혜와 사랑으로 예수님을 통해 구원받은 영적 존재임을 믿으며, 하나님의 임재를 향해 나아가는 것을 목적으로 한다는 점에서 명상과 분명히 구분됩니다.

그리스도인은 성경 말씀을 깊이 묵상하고, 그 말씀이 인도하는 뜻을 삶에 적용할 때 신앙의 열매를 맺으며 성경적인 삶에 한 걸음 더 가까워질 수 있습니다.

자기를 아는 한계

Johari는 각각의 '나-자기(Self)'를 '공개된(Open)', '눈먼(Blind)', '숨겨진(Hidden)', 그리고 '미지의(Unknown)'영역으로 분류했습니다. 공개된 '나'는 자기와 타인 모두가 본인에 대해 알고 있는 범위이고, 눈먼 '나'는 자신은 알지 못하지만, 타인만이 알고 있는 부분입니다. 숨겨진 '나'는 자기만 알고 타인에게는 비밀로 하는 부분이며, 미지의 '나'는 자기와 타인 모두 모르는 영역입니다.

자기에 대해 모두 알고 살아가는 사람은 없습니다. 우리는 몸에 대해 의학적이나 과학적으로 완벽히 알지는 못하지만, 실제로 사용하는 데 큰 어려움은 없습니다. 그러나 자신을 더 이해하는 것은 더 효율적이고 나은 삶을 살아가는 데 큰 도움이 됩니다. 자신을 더 잘 알기 위해서는 내가 볼 수 없는 부분을 다른 사람이 알려 주도록 요청할 필요가 있습니다. 또한 타인이 내가 몰랐던 점을 이야기해 줄 때는 그 의견에 귀 기울여야 합니다.

나의 비밀을 타인이 모두 알 필요는 없겠지만, 타인과의 관계와 공감, 그리고 신뢰를 위해 자신에 대한 정보를 적절히 나누는 것도 중요합니다. 자신을 계속 감추면 공감대가 좁아지고, 무심코 자신을 과대 포장하거나 가식적으로 보일 위험이 커집니다. 소통은 '공개된

   하나님의 형상 예수님 안에서 회복되다

나’가 많아질수록 더 자연스럽고 폭넓게 이루어질 수 있습니다.

‘나’도 타인도 알지 못하는 ‘나’의 영역은 미지의 세계입니다. 사람마다 그 비중은 다르겠지만, 어쩌면 우리에게는 나와 타인 모두 알지 못하는 부분이 상당히 많고, 그것이 무의식중에 일상에 큰 영향을 미칠 수도 있습니다. 이러한 미지의 영역에 속한 모습이 환경이나 상황에 따라 드러날 때, 주변 사람들은 ‘그런 면이 있었네요’라고 말하지만, 정작 본인조차 자신에게 그런 모습이 있는 줄 몰랐던 경우가 많습니다.

하지만 전지전능하신 하나님은 우리가 알지 못하는 “미지의 나”에 대한 부분까지도 알고 계시며, 또한 하나님의 시간과 계획에 따라 기도와 여러 방법으로 이 부분을 알려 주십니다.

그리스도인이 해야 할 일은 잘 경청하고, 자신을 성찰하며, 성령의 인도에 순종하고, 자신을 변화시켜서 하나님이 만드신 형상으로 회복하는 것입니다.

공동체는 열린 소통과 신뢰를 바탕으로 깊은 관계와 넓은 협력을 끌어냅니다. 신뢰, 배려, 협력, 포용이 이루어지는 곳에서 마음의 소통이 활발해지고, 개인의 자기표현과 성장, 성숙이 촉진됩니다. 가정, 교회, 학교는 이런 공동체의 대표적인 예입니다.

건강한 형상을 위한 재구성

건강한 일상은 누구나 바라는 삶이며, 육체뿐 아니라 혼과 영의 건강도 매우 중요합니다. 영, 혼, 육은 각각 분리해서 볼 수 있지만 서로 유기적으로 연결되어 통합적으로 작용하므로, 어느 하나도 소홀히 해서는 안 됩니다.

하나님과의 지속적인 관계를 유지하며, 말씀과 기도, 예배, 성도와의 교제, 믿음의 실천, 성령을 따라 죄에서 떠나 회개하는 삶을 살 때 영의 건강이 유지됩니다.

사랑하는 자여 네 영혼이 잘 됨같이 네가 범사에 잘 되고 강건하기를 내가 간구하노라(요한3서 1:2)

혼의 건강은 건강한 영으로부터 형성된 정체성 안에서 생각, 감정, 의지가 하나님의 말씀과 성령의 다스림을 받아 조화롭고 균형 있게 유지되는 상태입니다. 이 상태는 세속의 가치관이나 욕망에 휩쓸리지 않고, 평안, 기쁨, 사랑, 선함으로 가득 찬 삶입니다.

그리고 성경은 우리의 육신을 성령께서 거하시는 거룩한 성전이라고 말씀합니다(고전 6:19). 그러므로 우리는 몸을 잘 관리하여 성령의 능력을 따라 하나님의 뜻을 실천함으로, 우리의 삶을 통해 하나님께 영광을 돌릴 수 있습니다. 육신의 건강은 영원하지 않지만, 하나님께서 주신 선물로 귀하게 여기고 책임 있게 돌보아야 합니다.

삶 중심의 재구성

정체성은 삶의 중심을 형성합니다. 올바른 정체성이 내면에 안정적으로 자리 잡으면, 우리의 삶 역시 그 정체성을 중심으로 형성되어 갑니다.

> 내가 그리스도와 함께 십자가에 못 박혔나니 그런즉 이제는
> 내가 산 것이 아니요 오직 내 안에 그리스도께서 사신 것이라
> 이제 내가 육체 가운데 사는 것은 나를 사랑하사 나를 위하여
> 자기 몸을 버리신 하나님의 아들을 믿는 믿음 안에서 사는 것
> 이라(갈 2:20)

자기중심적인 삶은 이기적인 사고와 주관적 관점만을 생활에 적용하기 쉬우며, 결국 닫힌 생활 태도를 보이게 됩니다. 물론 겉으로는 다소 개방적이고 양심적이며 객관적으로 보일 수 있지만, 대부분

은 결국 이기적인 목적에 귀결됩니다.

공동체 중심의 삶은 이타적이며 객관적인 관점의 이해와 적용으로 열린 생활 방식을 갖게 합니다. 이는 공동체 내에서 자유와 평등, 그리고 공동의 이익을 우선시할 뿐 아니라, 책임과 협력, 그리고 서로에 대한 존중의 태도를 보여줍니다.

이기적인 본성을 지닌 우리 내면의 변화가 우선되어야 이기적인 삶에서 벗어나 삶의 구조가 재구성될 수 있습니다. 인간의 이기적 본성은 자기중심적인 죄에서 비롯되어 자신의 욕구를 채우는 것을 우선시하며, 결국 그 죄의 열매로 사망에 이르게 된다고 하나님은 말씀합니다.

그러나 우리 안에서 하나님의 형상이 중심이 되어 영원한 가치를 추구하고, 그 가치를 실현하기 위해 하나님의 인도에 순종하면 하나님의 적절한 시기에 성령의 열매를 맺게 됩니다.

우리가 썩어 없어질 육체의 이기적인 욕심을 채우며 살았다면, 그 삶은 육체의 죽음 뒤에 모두 사라질 것입니다. 하지만 영적 존재로서 영원한 가치를 위해 하나님의 뜻에 순종했다면, 그 영원한 가치와 함께 그 삶은 영원히 존재하게 될 것입니다.

이러한 삶은 그 영원한 가치를 얼마나 확실히 믿고 성령의 인도를 따라 행동에 옮기는가에 달려 있습니다. 따라서 세상이 자신만의 중심으로 돌아가는 것이 아니라는 깨달음을 통해, 하나님 중심으로 삶의 틀을 재구성하는 것이 필요합니다.

 하나님의 형상 예수님 안에서 회복되다

자기의 육체를 위하여 심는 자는 육체로부터 썩어진 것을 거
두고 성령을 위하여 심는 자는 성령으로부터 영생을 거두리라
〈갈 6:8〉

긍정적인 태도에는 다음과 같은 것들이 있습니다: 상대방을 칭찬
하기, 감사의 마음을 갖기, 타인에 대한 용서, 다른 사람의 역할에
대한 이해, 다른 사람의 성취를 존중하고 인정하기, 실패에 대한 자
신의 책임을 수용하기, 매일의 삶을 돌아보기, 다른 사람의 성공도
기대하는 마음, 좋은 아이디어를 나누기, 해야 할 일들의 목록을 준
비하기, 기쁨을 표현하기, 목표 설정과 계획 수립, 변화를 받아들이
려는 노력, 행동으로 보여주기, 포용적인 태도, 객관적인 태도를 유
지하기, 구체적이고 사실적인 해결을 위해 노력하기.

부정적인 태도에는 다음과 같은 것들이 있습니다: 비관적인 태도,
상대방을 낮추려는 행동, 원한을 품는 것, 자기 권리만 주장하는 것,
다른 사람의 노력을 가로채는 것, 실패의 책임을 남에게 떠넘기는
것, 비생산적인 일에 시간을 보내는 것, 필요한 변화를 두려워하는
태도, 삶을 돌아보는 것을 게을리하는 것, 모든 것을 다 아는 척하는
태도, 근거 없이 모든 것이 쉽게 될 것처럼 말하는 것, 대충 이야기하
는 것, 다른 사람의 실패를 은근히 기대하는 것, 좋은 정보와 아이디
어를 나누지 않는 행동, 무엇을 하는지 모르고 시선을 끌려는 태도,
이유 없이 자주 분노하는 것, 건전한 목표를 세우지 않는 것, 과장된
말이나 행동을 하는 것.

물론 위의 태도들이 반드시 한쪽에만 국한되는 것은 아닙니다. 상황에 따라 적절하게 구분하고 적용할 수 있는 분별력과 지혜가 필요합니다.

틀의 재구성

일반적으로 '틀'은 무엇인가를 담거나 일정한 형태를 만들어내는 도구입니다. 틀은 일정한 형태를 유지하고 보호하는 역할도 하지만, 때로는 발전을 가로막고 갇히게 할 수 있으므로 깨거나 변형할 필요가 있습니다. 보호를 위해 틀을 유지해야 할 때도 있지만, 변화가 필요할 때는 상황에 맞게 틀을 조정해야 합니다.

번데기가 나비가 되기 위해서는 고치에서 성장하지만, 고치를 깨고 나오지 않으면 날 수 없습니다. "줄탁동시"라는 사자성어는 병아리가 알에서 깨어날 때 안에서 쪼면, 어미 닭 역시 밖에서 껍질을 쪼아 병아리가 나올 수 있도록 함께 돕는다는 의미입니다. 이는 자신의 노력뿐 아니라 외부의 도움이 더해질 때 비로소 성장과 발전을 할 수 있다는 것을 의미합니다. 좋은 결과를 얻기 위해서는 내부 역량과 외부 환경이 조화를 이루어야 하며, 우리도 틀을 깨고 나아가려면 먼저 스스로 노력하고, 필요하면 주변의 도움이나 주님의 도움을 구해야 합니다.

사람은 각자 자기만의 틀을 가지고 있습니다. 그 틀 중에는 꼭 필요한 것도 있지만, 불필요한 것도 있을 수 있습니다. 어떤 사람은 강박이라는 틀 속에 갇혀 살아가고, 또 다른 사람은 잘못된 믿음이나

   하나님의 형상 예수님 안에서 회복되다

문화적 틀에 얽매여 살아가기도 합니다.

우리가 갇혀 있는 가장 근본적인 틀은 죄악의 틀입니다. 이 죄악의 틀에 갇히면 우리의 의식은 눈에 보이는 세상에 집착하게 되어, 영적 세계와 하나님을 볼 수 없게 됩니다. 설령 영적 세계를 인식하더라도, 잘못된 믿음과 미혹으로 인해 어떤 신을 믿고 섬겨야 할지 혼란스러워하는 경우가 많습니다. 실제로 세상의 대부분 민족은 신을 믿고 섬기지만, 아직도 창조주를 바로 알지 못하고 우상이나 헛된 신들을 섬기는 민족이 많습니다.

잘못된 사상의 틀에 갇혀 살아가는 사람들도 종종 있습니다. 때로는 자신이 믿는 사상이 모든 문제를 해결할 수 있다고 믿으며, 지나친 과대망상에 빠지는 경우도 있습니다. 이런 사람이 힘과 권력을 갖게 되면, 많은 이들이 고통받게 된다는 사실을 우리는 역사를 통해 여러 차례 배웠고, 지금도 그와 같은 사례를 볼 수 있습니다.

지식의 틀에만 갇혀 살아가는 사람도 있습니다. 이들은 지식이 모든 문제를 해결할 수 있다고 믿으며, 오직 지식에 근거한 사실만을 받아들이려고 합니다. 그러나 지식이 모든 질문에 답할 수 없다는 한계를 깨닫는 순간, 그들이 믿는 지식의 틀에는 서서히 균열이 생기기 시작합니다.

사고나 트라우마를 겪은 후, 상한 감정의 틀에 갇혀 살아가는 경우가 많습니다. 그래서 비슷한 상황이나 환경에 처하면 유사한 감정이 다시 살아나기도 합니다. 이러한 경우는 다양한 심리치료를 통해 회복되는 사례를 볼 수 있습니다.

우리는 모두 각자의 틀 속에서 살아가고 있습니다. 어떤 틀 안에 살고 있든, 우리는 그 틀이 올바른 틀인지 점검하고, 때로는 그 틀을 뛰어넘거나 깨뜨려야만 다음 단계로 발전하여 새로운 삶의 차원으로 변화할 수 있습니다. 그리스도인은 하나님께 나아가는 길을 막는 모든 헛된 틀을 성령의 도움으로 극복하거나 허물어 그리스도에게 복종하도록 노력해야 합니다.

> 우리의 싸우는 병기는 육체에 속한 것이 아니요 오직 하나님 앞에서 견고한 진을 파하는 강력이라 모든 이론을 파하며 하나님 아는 것을 대적하여 높아진 것을 다 파하고 모든 생각을 사로잡아 그리스도에게 복종케 하니 너희의 복종이 온전히 될 때에 모든 복종치 않는 것을 벌하려고 예비하는 중에 있노라 (고후 10:4-6)

틀을 재구성하는 첫 단계는 자신의 한계나 잘못된 틀을 인정하는 데서 시작됩니다. 지금 가지고 있는 틀로는 변화와 발전, 또는 보호가 어렵다는 사실을 받아들이고, 틀을 새롭게 재구성해야 한다고 인정해야 합니다.

두 번째 단계는 자신의 틀이 주관적 관점에서 비롯되었음을 이해하는 것입니다. 모든 주관적 관점이 틀린 것은 아니지만, 자신의 시각에 치우치거나 과장될 때가 많습니다. 제한된 시야와 복잡한 내면에서 나온 주관적 견해는 때로 재조정이 필요할 수 있습니다.

 하나님의 형상 예수님 안에서 회복되다

세 번째 단계에서는 주관적 관점이 자기중심적 사고에 기초해 있기 때문에, 객관적인 검증이나 새로운 정보로의 업데이트가 필요합니다. '다른 사람들이 어떻게 생각하는가?' 또는 '더 발전시킬 방법은 없는가?'를 확인해 보는 것이 중요합니다.

네 번째 단계는 주관적 이해와 객관적 이해를 통합하는 과정이 필요합니다. 삶에서는 객관적으로 확인할 수 없는 부분이 많아서, 일부가 주관적인 상태로 남아 있는 것은 자연스러운 일입니다. 그러나 객관화 과정을 거치면 더 폭넓고, 깊이 있으며, 조정된 주관적 견해의 틀을 갖출 수 있습니다. 또한 주관적 관점과 객관적 관점이 합리적으로 서로에게 열려 있는 개방된 틀의 상태가 되면, 더욱 원만한 통합이 이루어질 수 있습니다.

다섯 번째 단계는 두려움을 극복하는 것입니다. 사람은 심리적으로 옳고 발전적인 삶보다는 편안하고 익숙한 삶에 머무르려는 경향이 있습니다. 특히 새로운 삶의 형태로 나아가려 할 때 두려움이 찾아오는 경우가 많으므로, 어느 정도 도전적인 자세가 필요합니다. 두려움을 극복하려면 충분한 이해와 믿음, 그리고 때로는 주변의 도움도 필요할 수 있습니다.

여섯 번째 단계는 갇힌 틀이나 불필요한 틀을 극복하고 버림으로써 얻게 되는 자유를 기대하며 경험하는 것입니다. 자유는 억압에서 벗어난 사람에게 주어지는 가장 큰 선물입니다.

예수님께서 대속하신 십자가 사건을 진심으로 믿고 부활하신 예수님을 영접하면, 우리는 죄악의 틀에서 벗어나 자유를 누릴 수 있습니다. 하지만 때로는 자유를 잠시만 경험하거나, 감정이 죄악의 틀에서 완전히 벗어나지 못해 방황하는 때도 있습니다. 주님 안에는 죄악의 틀이 더 이상 존재하지 않으며, 온전한 자유가 있습니다 (갈 5:1, 요 8:36, 롬 8:1-2).

기억의 재구성

좋고 기쁜 일은 기억하고 싶고, 그런 기억은 떠올릴 때마다 힘이 되고 위로와 격려가 됩니다. 그러나 어떤 일들은 전혀 기억하고 싶지 않아도 계속 떠오르는 경우도 있습니다.

외상 후 증후군(PTSD)은 심한 충격을 주는 사건이나 사고, 재난, 전쟁 등을 겪은 후에 발생하는 정신장애를 의미합니다. 정신과적 진단이 필요할 정도로 심각하지 않더라도, 우리는 과거의 어떤 경험으로 인해 의식적이든 무의식적이든 삶에 지속적으로 부정적인 영향을 받을 수 있습니다.

어떤 상황에 직면할 때 과거의 아픈 상처로 인해 떠오르는 유사한 기억과 감정을 '공포 기억'이라고 합니다. 이런 경우에는 감정을 단순히 덮어두기보다 치유하고 회복할 필요가 있습니다.

우리의 내면에는 해결되지 않은 기억에서 비롯된 증오와 반감이 존재합니다. 학대나 폭력의 희생자가 되었을 때, 이러한 기억은 무의식적으로 일상에 영향을 주어 판단이나 감정을 극단적이거나 왜곡된 방향으로 이끌 수 있습니다.

적응 유연성(Resilience)은 어려운 상황을 극복하고 회복된 뒤, 유

 하나님의 형상 예수님 안에서 회복되다

사한 문제가 다시 발생했을 때 신속하게 대응하여 피해를 최소화하고 다시 회복하는 능력을 의미합니다. 이러한 회복력은 신체에 면역성을 더해, 비슷한 문제로 인한 상처를 덜 받도록 돕기도 합니다. 우리는 과거의 힘들고 고통스러운 경험을 숨기거나 감추기보다, 그것을 잘 극복하며 '적응 유연성'을 길러 갈 때, 더 이상 그것이 마음의 장애가 되지 않거나 자연스럽게 잊혀지게 됩니다.

우리는 긍정적인 기억을 자주 떠올리고 강화하여 삶에 긍정적인 영향을 미치게 해야 합니다. 반면, 부정적인 기억으로부터 충분히 학습했다면, 그 감정의 기억이 삶에 부정적인 영향을 주지 않도록 정리해야 합니다.

가끔 우리는 이미 버려야 할 생각과 감정을 마음의 쓰레기통에 넣어두고, 그 쓰레기통을 비우지 않을 때가 있습니다. 이제는 과감히 그 쓰레기통을 들고 나가 비워야 합니다. 이 비움의 과정에서 전적으로 성령의 도움을 의지해 믿음으로 나아갈 때, 더 이상 과거의 어두운 기억에 머무르지 않게 될 것입니다. 왜냐하면 성령의 위로와 치유의 능력이 과거의 어떤 상처와 쓴 뿌리도 분명히 치유하시고, 우리를 새로운 사람으로 회복시키기 때문입니다(고후 5:17).

그가 찔림은 우리의 허물을 인함이요 그가 상함은 우리의 죄악을 인함이라 그가 징계를 받음으로 우리가 평화를 누리고 그가 채찍에 맞음으로 우리가 나음을 입었도다(사 53:5)

또한 하나님은 우리의 죄를 기억하지 않으신다고 말씀하셨습니다(히 10:17, 8:12). 반면, 하나님의 은혜와 축복과 같이 우리가 꼭 붙들어야 할 것들은 기억하라고 하십니다(딛 3:2, 시 77:11, 딤후 2:8). 자유를 향해 나아갈 때는 증오와 반감 같은 나쁜 감정들을 내려놓아야 합니다. 그렇지 않으면 이러한 감정의 '틀'에서 벗어날 수 없게 될 것입니다.

표현의 재구성

자신의 내면세계는 자연스럽게 외부로 표현되며, 이미 습관화된 표현들이 다시 내면에 영향을 미치게 됩니다. 말뿐만 아니라 표정과 행동 역시 사람 관계나 주어진 상황을 긍정적으로 변화시키는 데 중요한 역할을 합니다.

긍정적인 마음의 태도와 표현에는 격려, 위로, 희망, 안정감, 회복, 활력, 용기 등이 포함됩니다. 반대로, 부정적인 태도와 표현에는 낙심, 무가치함, 짜증, 자책감, 절망, 두려움, 우울, 자살 충동 등이 있습니다.

저녁에 받은 메일에 당황하거나 기분이 상해 답장을 즉시 썼다면, 이제부터는 다음 날 아침까지 기다렸다가 다른 감정의 관점에서 다시 확인한 후 보내는 것이 불필요한 표현을 줄이거나 상황이 악화하는 것을 막는 방법입니다. 감정을 어떻게 표현하느냐에 따라 우리의 삶은 희망과 성장의 방향으로 나아가기도 하고, 반대로 실망과 퇴행의 길로 떠내려가기도 합니다(엡 4:31-32).

 하나님의 형상 예수님 안에서 회복되다

무릇 더러운 말은 너희 입밖에도 내지 말고 오직 덕을 세우는
데 소용되는대로 선한 말을 하여 듣는 자들에게 은혜를 끼치
게 하라(엡 4:29)

긍정적 표현의 재구성은 단순히 부정적인 표현을 멈추고 긍정적
인 표현으로 바꾸는 것이 아니라, 예수 그리스도 안에서 우리의 마
음과 생각, 그리고 말과 행동의 상황 해석을 하나님의 진리와 관점
에 따라 새롭게 표현하는 과정입니다. 이는 성령의 도우심으로 지
속적으로 말씀을 묵상하고 기도하며, 하나님의 선하심을 신뢰할 때
가능합니다.

공동체의 삶

가끔 예외적인 경우도 있지만, 대부분의 사람은 어딘가에 소속되어 있습니다. 이러한 소속 형태를 공동체라고 부릅니다. 가족 공동체, 마을 공동체, 학교 공동체, 민족 공동체, 국가 공동체 등 다양한 공동체가 존재합니다.

공동체 안에서 공동의 생활과 목표를 이루기 위한 중요한 마음이 바로 '소속감'입니다. 공동체는 질서와 분명한 방향을 가지고 서로 협력하며 한마음으로 집중할 때, 공동의 목표를 이루기 위해 최고의 성과를 낼 수 있습니다.

공동체를 효과적이고 능동적으로 구성하는 요소로는 적응과 조화, 질서와 협력, 책임과 자유, 용서와 화해, 존중과 관계, 신뢰와 인정 등이 있습니다. 그리스도인은 각자가 주님께서 맡기신 사명을 따라 서로 협력하며, 함께 하나님 나라를 이루게 됩니다.

 하나님의 형상 예수님 안에서 회복되다

섬김

섬김은 신(神)이나 윗사람을 정성을 다해 모시고 받드는 행위, 또는 남을 위해 실제적인 도움과 봉사를 제공하는 것을 의미합니다. 일반적으로는 다른 사람을 위하여 자신을 낮추고 봉사하는 마음과 행동에 섬김이라는 표현이 자주 사용됩니다. 그리스도인이 예수님을 닮아가며 삶으로 나타내야 할 가장 중요한 자세 역시 섬김입니다.

섬기는 사람은 먼저 허리를 굽히는 자세를 보여야 합니다. 예수님께서도 허리를 굽히시고 몸을 낮추어 제자들의 발을 씻기며 겸손한 섬김의 본을 직접 보여주셨습니다. 때로는 무릎을 꿇을 만큼 마음의 자세도 낮추어야 합니다.

시고 그 두르신 수건으로 씻기기를 시작하여(요 13:4-5)

섬김의 목적은 무조건 상대의 요구를 수용하는 것이 아닙니다. 필요에 따라 '상대에게 궁극적으로 유익한 것이 무엇인가?'를 분별하는 능력이 필요합니다. 또한 섬김은 결코 대충해서는 안 되며, 언제나 성실하게 감당해야 합니다. 그 과정에서 상대가 지나친 부담을 느끼지 않도록 친절과 배려를 함께 기울여야 합니다.

섬김의 도구에는 권위, 재능, 은사, 물질, 경험, 지식 등 다양한 것이 있습니다. 건전한 직업이라면 세상의 어떤 직업도 섬김의 도구가 될 수 있습니다. 진심으로 이웃을 섬기는 사람의 마음에는 하나님의 나라가 이루어져 있습니다. 그리고 하나님의 나라에서는 섬기는 사람이 큰 사람입니다.

너희 중에 큰 자는 너희를 섬기는 자가 되어야 하리라(마 23:11)

갈등의 해결

'갈등'의 어원은 한자에서 비롯됩니다. '갈'은 칡덩굴을, '등'은 등나무를 가리키며, 칡 나무는 왼쪽으로, 등나무는 오른쪽으로 감아 올라갑니다. 이 두 식물이 서로 얽히면 감긴 나무도, 칡 나무도, 등나무도 모두 성장하기 어렵고 풀기도 어렵습니다. 이러한 의미에서 '갈등'이라는 단어가 생겨났다고 합니다.

하나님의 형상 예수님 안에서 회복되다

갈등은 과정이지, 목적지가 아닙니다. 우리의 삶에는 갈등이 전혀 없을 수 없습니다. 크고 작은 갈등이 종종 찾아오며, 불필요한 갈등은 최대한 줄이고, 필요한 갈등이라면 해결해야 합니다.

갈등을 해결하는 데 중요한 세 가지 요소는 존중, 관계, 그리고 화해입니다. 상대를 존중하지 않고서는 관계를 온전히 개선할 수 없습니다. 또한 이기적이고 교만한 사람은 상대를 존중하기가 쉽지 않습니다. 존중은 '모든 사람은 하나님의 형상으로 지어진 평등한 존재'라는 기본적인 마음가짐에서 시작해야 합니다.

물질, 교육, 외모 또는 본인이 정한 가치를 남과 비교해 부족하다고 여기며 차별하거나 무시하는 마음을 갖는다면, 진정한 존중이 이루어질 수 없습니다. 온전히 상대방을 존중하려면 겸손, 정직, 포용, 배려, 진정성, 그리고 친절한 태도가 필요합니다.

관계는 상호 이해와 감정의 교류를 위한 신뢰의 다리와 같습니다. 관계를 개선하려면 용서가 필요한 경우가 있습니다. 용서는 나에게 잘못한 사람에 대해 보복하려는 마음을 내려놓는 것입니다. 용서를 통해 마음의 짐을 덜고, 존중을 바탕으로 상대를 대할 때 관계의 다리가 다시 놓이기 시작합니다. 그렇게 관계를 통해 서로를 더 깊이 알아 가며 이해의 폭이 넓어지고, 신뢰가 차츰 쌓여가게 됩니다. 관계는 사람 사이의 활동을 더욱 풍요롭게 하는 중요한 요소입니다.

화해는 관계 안에서 상호 이해를 이루거나, 비록 충분히 이해되지 않더라도 감정의 교류를 통해 용서 이후 맺어지는 열매입니다. 화해는 서로의 다름을 이해하고, 잘못된 점을 사과와 용서를 통해 용납하며, 깊은 공감대를 형성하는 과정입니다.

또한 부정적이고 정체된 환경을 개선하고, 긍정적이고 희망적인 방향으로 이끄는 감동의 순간이기도 합니다. 때로는 화해를 위하여 자신의 기득권이나 세속적인 이익을 포기해야 할 때도 있지만, 이는 미련한 일이 아니라 더 큰 가치를 위한 지혜로운 선택이자 용기 있는 결단입니다.

죄로 인해 하나님과 사람 사이에 생긴 갈등에서, 하나님은 예수님을 보내셔서 먼저 용서와 화해를 시작하셨습니다. 이러한 용서와 화해는 하나님께서 인간을 구원하시고 파괴된 창조 세계를 바로잡으시려는 사랑의 결단이었습니다. 하나님은 예수님을 통해 사람과의 진정한 용서와 화해를 가능하게 하는 새로운 길을 열어 놓으셨습니다.

모든 것이 하나님께로 났나니 저가 그리스도로 말미암아 우리를 자기와 화목하게 하시고 또 우리에게 화목하게 하는 직책을 주셨으니 이는 하나님께서 그리스도 안에 계시사 세상을 자기와 화목하게 하시며 저희의 죄를 저희에게 돌리지 아니하시고 화목하게 하는 말씀을 우리에게 부탁하셨느니라(고후 5:18-19)

하나님은 사람을 존중하셨고, 예수님을 통한 사랑의 관계가 회복되기를 원하셨습니다. 우리가 하나님의 사랑을 알고, 진정으로 회개하며 용서를 구한 후에 믿음으로 예수님을 받아들이면 하나님과

　하나님의 형상 예수님 안에서 회복되다

화해를 이루게 됩니다. 이것이 바로 구원입니다!

문화 지도

에린 메이어(Erin Meyer)는 다양한 문화를 경험한 다문화인으로서, 서로 다른 문화적 환경에서 자란 사람들을 이해하고 실제 생활에 적용할 수 있도록 문화 지도를 만들었습니다(저서: "문화지도—The Culture Map"). 문화 지도는 8가지 문화적 차원을 설정하고, 각 차원에 대한 상대적인 수치를 제시하였습니다.

- 의사소통: 저맥락 vs 고맥락
- 평가: 직접적인 부정적 평가 vs 간접적인 부정적 평가
- 설득: 원칙 우선 vs 적용 우선
- 조직 관리: 평등주의 vs 계급주의
- 의사 결정: 합의적 vs 하향적
- 신뢰: 일 중심 vs 관계 중심
- 이의 제기: 대립 지향 vs 회피 지향
- 일정 관리: 선형적 vs 융통적

다양한 문화를 배경으로 하는 사람들과 함께 일할 때는, 상호 목표를 달성하기 위해 각 문화의 차이를 이해하고 극복하며 협력하는 것이 중요합니다.

네팔을 방문했을 때, 저는 약속한 미팅 시간에 맞추어 아침 10시

에 기다리고 있었습니다. 그러나 네팔 사업 파트너는 11시쯤 나타났고, 별다른 미안한 기색을 보이지 않았습니다. 또한 산을 오르며 다음 며칠간의 계획을 자세히 알고 싶었지만, 현지 안내자는 대충 이야기하며 계획이 그리 중요하지 않다고 했습니다.

현지에서 며칠을 지내고 나서야 사업 파트너가 왜 그렇게 행동했는지 그 이유를 알게 되었습니다. 모든 일을 구체적으로 계획하고 진행하는 문화와 다르게, 네팔 사람들은 여러 사정상 시간을 정확히 지키기 어려운 환경에서 살아가고 있었습니다. 그래서 그들은 모든 것을 유연하게, 또 상황에 맞게 적응하며 생활하는 문화를 갖고 있었습니다.

각각의 사람과 가정, 민족은 다양한 문화적 배경을 가지고 있습니다. 이러한 문화적 배경을 깊이 이해하고, 한편으로 존중하며, 필요할 때는 수용하고, 또 다른 한편으로 서로의 잘못을 용서하며 바르게 고쳐 나가려는 노력이 필요합니다. 이러한 노력은 서로 적응하고 협력하는 데 큰 도움이 될 수 있습니다.

삶의 실현

건강한 사람은 삶을 통해 이루고자 하는 목표를 가지고 있습니다. 그리스도인이라면 우리 삶 안에 하나님의 분명한 목적과 그분이 이루실 계획이 있음을 믿어야 하며, 그 뜻을 분별하기 위해 노력하고 하나님의 뜻에 맞게 삶을 조정하며 실천하는 것이 중요합니다.

하나님께서 각 사람의 삶에 비전을 이루는 과정과 다양한 삶의 모습을 주신다는 것을 이해한다면, 보다 효율적이고 적합한 삶의 방식을 적용할 수 있을 것입니다.

삶의 구성

'비전'이란 조직이나 개인이 목표 달성을 통해 이루고자 하는 미래의 큰 그림입니다. 현실에 대한 이해와 상상력, 직감력, 통찰력 등을 바탕으로, 앞으로의 모습을 전망하는 것입니다.

'사명'은 조직이나 개인의 존재 이유로, '왜 존재해야 하는가?'라는 질문에 대한 답이 될 수 있습니다. 반드시 이루고자 하는 결심이 담긴 이유이기도 합니다. '핵심 가치'는 사명을 이루기 위한 실행 과정에서, 전체 맥락 안에서 반드시 지키고자 하는 가치입니다.

'전략적 목표'는 사명을 이루기 위해 세운 단계별 또는 분야별 주요 과정에 대한 목표입니다. '행동 계획'은 각각의 전략적 목표를 달성하기 위해 실행하는 구체적인 계획입니다. '평가'는 실행된 결과를 측정하고 분석하여, 비전의 방향과 사명에 맞게 진행되고 있는지를 확인하고 조정하는 것입니다.

그리스도인의 비전은 하나님께서 다스리시는 하나님의 나라가 이 땅에 임하고, 모든 나라와 민족이 하나님을 찬양하는 모습입니다(계 7:9-12, 마 6:10). 또한 그리스도인은 복음을 전하는 사명을 감당하도록 부르심을 받았으며, 이에 헌신된 자세로 살아가야 합니다(마 28:19-20, 행 20:24).

> 그러므로 너희는 가서 모든 민족을 제자로 삼아 아버지와 아들과 성령의 이름으로 침례를 베풀고 내가 너희에게 분부한 모든 것을 가르쳐 지키게 하라 볼지어다(마 28:19-20)

그리스도인의 핵심 가치는 믿음, 소망, 사랑 등 주님께서 이 땅에서 우리에게 보여주셨던 소중한 것들입니다(고전 13:13). 그리스도인 삶의 전략적 목표로는 구원의 삶, 전도의 삶, 회복의 삶, 봉사의 삶, 충성의 삶, 제자의 삶, 순종의 삶, 선교의 삶 등이 있으며, 이는

 하나님의 형상 예수님 안에서 회복되다

하나님의 뜻에 따라 각자가 전략적 목표를 세우게 됩니다.

행동 계획은 기도, 성경 묵상, 찬양, 전도, 선교, 봉사, 교육, 직업 등 구체적인 행동을 실행할 수 있도록 세우는 것입니다. 평가는 비전, 사명, 핵심 가치, 전략적 목표와 행동 계획이 실제로 실행된 결과를 성경 말씀에 비추어 점검하고, 부족한 부분을 개선하는 과정입니다. 또 어떤 경우에는 회개를 통해 영적 회복이 필요할 때도 있습니다.

삶의 종류

사람들은 다양한 삶의 모습으로 살아가고 있습니다. 전쟁이나 질병, 자연재해와 같은 생명의 위협을 받는 환경이나, 극심한 가난 속에서 사는 사람은 대부분 '생존적인 삶'의 모습을 보입니다.

상대적으로 기회가 적은 사회에서는 사람들이 '경쟁적인 삶'을 살아갑니다. 제한된 기회 속에서 많은 이들이 경쟁을 통해 소수만 원하는 것을 얻을 수 있다면, 그 사회는 자연스럽게 경쟁적인 사회가 되고, 그 속에 사는 사람들은 '경쟁적 삶'을 살 수밖에 없습니다.

'성취적 삶'이란 어떤 이유에서든 자신이 원하는 목표를 이루는 삶을 말합니다. 반드시 남보다 더 잘해야 하는 것이 아니라, 자신의 목표를 성취했다면 만족하는 삶의 방식입니다.

'가치적 삶'이란 일반적인 관점에서의 성공도 포함하지만, 그보다 자신의 삶에서 중요하게 여기는 윤리, 도덕, 문화적 또는 그 밖의 이유로 가치 있다고 생각하는 것에 집중하며 살아가는 생활 방식입니다.

'소명적 삶'이란 신의 부르심에 응답하고 순종하며 살아가는 삶입니다. 성경적 관점에서 보면, 그리스도인은 모두 하나님의 뜻 안에서 부르심을 받은 '소명적 삶'을 살아가고 있습니다(엡 4:1, 4:4, 고전 7:20, 롬 1:6, 벧후 1:10, 딤전 6:12).

사람들은 위에 언급한 여러 삶의 종류 중 어느 하나만을 위해 사는 것은 아닙니다. 다만 '어떤 삶을 더 중요하게 여기고, 무엇에 더 집중하여 살아가느냐'에 따라 우리의 삶의 모습이 달라질 수 있습니다.

그리스도인의 삶의 실현

그리스도인의 삶의 실현은, 예수 그리스도를 믿어 구원받은 사람이 하나님의 뜻을 성경적인 방법으로 이루어 가는 것이라고 이해됩니다. 이 실현의 구체적인 모습은, 믿음이 우리의 선택과 행동, 그리고 습관을 거쳐 인격으로 서서히 드러나기 시작하는 데서 볼 수 있습니다. 그래서 그리스도인의 삶은 보이지 않는 내면의 변화와 보이는 외적인 모습이 긴 시간에 걸쳐 조화롭게 빚어져 가는 과정이라고 할 수 있습니다.

이러한 삶의 여정은 거듭난 삶으로부터 시작됩니다. 예수님을 믿는 순간, 성령께서 우리 안에 함께하시며, 익숙하게 붙잡고 살던 옛 습관과 죄악된 본성을 내려놓게 하시고, 우리를 부르신 하나님의 성품을 닮아가고자 하는 조용하지만 간절한 소망을 마음에 품게 하십니다(고후 5:17, 갈 2:20).

이 새로운 소망은 자연스럽게 하나님의 말씀에 순종하는 삶으로 이어집니다. 그리스도인은 성경 말씀을, 인생의 방향을 잃지 않도

    하나님의 형상 예수님 안에서 회복되다

록 길을 비추어 주는 발의 등불로, 흔들리는 마음을 다시 붙잡아 주는 신실한 약속으로 믿기 시작합니다(시 119:105, 빌 4:6-7). 그래서 말씀을 배우고 묵상하며, 일상의 크고 작은 선택 속에서 성경 말씀에 근거하여 결정하고 순종해 보려고 노력합니다(요 14:23-24). 그런 가운데 성경은 점점 우리 삶의 전 영역에서 기준이자 나침반이 되어 갑니다(딤후 3:16-17).

신앙생활이 깊어지면서, 우리 안에서는 성령의 열매를 맺는 삶이 조금씩 드러나기 시작합니다. 성령은 조용하지만 분명하게 우리의 성품을 빚어 가십니다. 이 성령의 열매들은 하루아침에 만들어지지 않지만, 매일매일 조금씩 빚어져 갑니다. 때로는 뒷걸음질 치는 것처럼 보일 때도 있지만, 결국 이전과는 달라진 자신을 발견하게 됩니다(갈 5:22-23). 그 작은 변화들이 모여, 우리를 통해 예수님의 모습이 세상에 비치게 됩니다(마 5:14-16).

하나님 나라는 함께 이루어 가는 나라입니다. 그러므로 그리스도인의 삶에는 언제나 예배와 영적인 교제가 함께 합니다. 주일마다, 또 삶의 여러 자리에서 우리는 하나님을 경배하고 찬양하며, 믿음의 형제자매로부터 위로와 도전을 주고받으며 서로의 믿음을 붙들어 줍니다. 교회는 완벽한 사람들이 모인 곳이 아니라, 미완성인 사람들이 함께 자라 가는 영적 공동체입니다. 그 안에서 우리는 영적으로 성장하고, 섬김을 배우며, 신앙이 현실의 삶 속에 구체적으로 적용되는 것을 경험하게 됩니다(히 10:24-25, 행 2:42).

또한 그리스도인의 삶은 자연스럽게 복음 전파와 섬김의 삶으로 이어집니다. 우리가 받은 사랑과 은혜가 얼마나 큰지 알게 될수록, 그 사랑과 은혜는 우리 안에서 넘쳐흐르게 됩니다. 그래서 가까운 가족과 친구에게, 우리가 서 있는 일터와 이웃에게, 그리고 타문화 선교지에까지 예수님의 사랑을 전하고 싶어집니다. 말로 복음을 전하기도 하고, 구체적인 섬김과 나눔을 통해 하나님의 나라를 함께 조금씩 세워 갑니다. 이것은 특별한 사람들만의 소명이 아니라, 모든 그리스도인에게 주어진 위대한 사명입니다(마 28:19-20, 막 10:45).

그러나 이 모든 과정 속에서 우리는 여전히 죄와의 싸움과 회개라는 현실과 마주하게 됩니다. 그리스도인이 되었다고 해서 죄의 습관이 한순간에 사라지지 않는다는 사실을, 누구보다도 그리스도인 자신이 가장 잘 압니다. 여전히 넘어지고, 후회하고, 부끄러워하는 순간들이 찾아옵니다.

하지만 예전과 다른 점이 있다면, 이제 우리는 그 자리에서 주저앉아 포기해 버리기보다, 하나님께 나아가 회개하며 다시 일어설 수 있게 되었다는 것입니다. 우리의 연약함을 있는 그대로 아시는 하나님 앞에 나아가 그분의 용서와 은혜를 구하며, 다시 시작하는 삶을 배워 갑니다(요일 1:9, 롬 7:15-20).

이렇듯 그리스도인의 삶의 실현은, 우리의 결심과 의지만으로 완성할 수 있는 프로젝트가 아닙니다. 궁극적으로 이 모든 여정은 예수 그리스도 안에서, 성령의 능력으로만 가능해집니다. 우리는 때로는 빠르게, 때로는 더디게 걸어가지만, 하나님은 결코 우리를 포기하지 않으시고 끝까지 이끌어 가십니다. 그래서 그리스도인의 삶

 하나님의 형상 예수님 안에서 회복되다

은 '완벽함'이나 '완성'의 이야기가 아니라, '성장'과 '성숙'의 이야기이며, 오늘보다 조금 더 주님을 닮아 가는 내일을 향한 조용하지만 거룩한 걸음의 연속입니다.

이 여정은 우리의 일생 전체에 걸쳐 이어집니다. 숨이 다하는 그 날까지 우리는 여전히 배우고, 넘어지고, 다시 일어서며, 주님의 은혜를 더욱 깊이 그리고 새롭게 경험하게 될 것입니다. 그리고 마침내 천국 문 앞에서 우리를 기다리시는 주님을 만나, 그때 비로소 우리의 삶이 온전히 실현되었음을 깨닫고, 영원한 감사와 영광을 주님께 올려 드리게 될 것입니다.

> 내가 선한 싸움을 싸우고 나의 달려갈 길을 마치고 믿음을 지켰으니 이제 후로는 나를 위하여 의의 면류관이 예비되었으므로 주 곧 의로우신 재판장이 그 날에 내게 주실 것이니 내게만 아니라 주의 나타나심을 사모하는 모든 자에게니라(딤후 4:7-8)

글을 마치며

성경에는 죄로부터의 구원과 삶의 목적과 방향, 그리고 어떻게 하나님의 뜻에 합당하게 지혜로운 삶을 살아갈 수 있는지가 담겨 있습니다. 돌아보면, 성경을 따라 주님과 동행해 온 시간은 예수님 안에서 하나님의 형상을 회복해 가는 여정이었습니다. 그래서 '그때 더 열심히, 더 보람 있게 시간을 보낼 수 있었을 텐데…' 하는 아쉬움은 남지만, 깊은 후회나 허무함은 없습니다. 그 이유는, '하나님의 형상'을 회복하며, 하나님의 나라를 이 땅에 세우는 도구로 부르심을 받았고, 그것이 제 삶의 목적이었다고 믿기 때문입니다.

이제는 주님의 은혜로, 삶의 여러 자리에서 조용히 맺혀 온 신앙의 열매들을 하나씩 떠올려 봅니다. 크지 않아 보이는 열매들이지만, 그 안에 담긴 은혜와 기쁨은 제게 매우 소중합니다. 그 기쁨을 이 책 속에 담아, 여러분과 나누고 싶습니다.

이 책이 누군가에게 주님의 사랑과 지혜를 전하는 작은 도구가

하나님의 형상 예수님 안에서 회복되다

되기를, 그래서 또 다른 삶 속에 소중한 열매로 맺히기를 소망합
니다.

2018년 11월 11일, 늦은 가을날 아침에,

이요셉

하나님의 형상
예수님 안에서 회복되다

초판 1쇄 발행 2026년 2월 2일

지은이	이요셉
펴낸이	이기봉
편집	좋은땅 편집팀
펴낸곳	도서출판 좋은땅
주소	서울특별시 마포구 양화로12길 26 지원드빌딩 (서교동 395-7)
전화	02)374-8616~7
팩스	02)374-8614
이메일	gworldbook@naver.com
홈페이지	www.g-world.co.kr

ISBN   979-11-388-5404-7 (03230)